Zeit der Zikaden
Japanisches Lesebuch

SERIE PIPER
Band 1193

Zu diesem Buch

Die in dieser Anthologie vorgestellten Erzählungen japanischer Autoren der Gegenwart offenbaren ein Japanbild, in dem, neben Großstadtkultur und den damit verbundenen zwischenmenschlichen Konflikten, kaum mehr Raum bleibt für Traditionsbewußtsein und -pflege.

Manche Erzählungen befassen sich mit diesem Anachronismus direkt – wenn beispielsweise Holzhäuser inmitten von Hochhaussiedlungen vom Verfall bedroht sind oder Kultschreine nur Bestand haben, solange einige wenige dort noch Opfer darbringen –, in allen aber wird deutlich, wie schwierig es für das Individuum ist, sich in einer Welt der Entfremdung zu behaupten, einen selbstgewählten Weg aus der Ausweglosigkeit zu finden.

Eigentlich ist die »Zeit der Zikaden« vorbei, ihr Zirpen ist nicht mehr Begleitmusik der Sommertage, sondern eine zur Unzeit einbrechende bedrohliche Erinnerung, die ins Leere weist – wie es in der Titelerzählung heißt: »Das Sirren des Zikadenschwarms – es klang wie ein Flüstern aus dem Munde eines großen Mannes, geheimnisvoll lächelnd und doch in einem von Schmerzen verzogenen und erstarrten Gesicht.«

Tadao Araki, geboren 1932 in Nordjapan. Studium an der Universität von Tōkyō, Promotion; 1956 Eintritt in den diplomatischen Dienst; seit Juni 1990 außerordentlicher und bevollmächtigter Gesandter an der Japanischen Botschaft in Bonn.
Ekkehard May, geboren 1937 in Wredenhagen/Mecklenburg. Studium der Japanologie, Sinologie und Völkerkunde in Hamburg und Marburg; heute Professor für Japanologie an der Johann Wolfgang Goethe-Universität, Frankfurt/Main.

Zeit der Zikaden

Japanisches Lesebuch

Erzählungen der Gegenwart

Herausgegeben von
Tadao Araki und Ekkehard May

Piper
München Zürich

Lesebücher in der Serie Piper

Bayerisches Lesebuch
Von 1871 bis heute (431)

Unter apenninischem Himmel
Italienisches Lesebuch (600)

Das Lied des Feuers
Lateinamerikanisches Lesebuch (900)

Das Leben ist schön und traurig
Russisches Lesebuch (1025)

Lächelnd über seine Bestatter: Österreich
Österreichisches Lesebuch von 1900 bis heute (1040)

Adieu Tristesse
Französisches Lesebuch (1090)

Ich ging durch Meer und Steine
Israelisches Lesebuch (1041)

Blütenmond
Japanisches Lesebuch (1650–1900) (1192)

ISBN 3-492-11193-9
Originalausgabe
September 1990

Umschlag: Federico Luci,
unter Verwendung des Gemäldes »Sommeranfang« (1968)
von Kaii Higashiyama

Gesamtherstellung: Clausen & Bosse, Leck
Printed in Germany

Inhalt

Zeit der Zikaden

Einführung

Würde man das Bild des modernen Japan aus den durch die Massenmedien vermittelten Eindrücken zusammensetzen, so dürften Attribute wie »dynamisch«, »expansiv«, »zukunftsorientiert», »optimistisch« oder auch »technik- und fortschrittsgläubig« nicht fehlen – vielleicht auch nicht einige eher negative Entsprechungen dieser Kennzeichnungen.

Zum Image des modernen Japan gehören aber auch die fast unausrottbaren Klischees seiner traditionellen Kultur. Klischees, die nicht nur vom Westen, der nur zu gerne am Bild einer idealisierten Gegengesellschaft festhält, gepflegt und weitergegeben werden, sondern auch von den Japanern selbst.

Erwartet man nun, dieses Japan-Bild in seiner Literatur heute wiederzufinden, so wird man enttäuscht oder aber auch – angenehm – überrascht sein. Die großen Erfolge Japans als Weltwirtschaftsmacht, seine schier unaufhaltsame Expansion auf alle Märkte, seine ungeheure finanzielle Potenz, die Allgegenwärtigkeit seiner Menschen und Waren in so vielen Bereichen rund um den Erdball – sie scheinen in der Literatur keine Entsprechung zu haben.

Und in der Tat hat es seit dem großen Aufbruch der Intellektuellen in den fünfziger und sechziger Jahren, als sich viele bedeutende Autoren auch mit der großen Politik, mit drängenden gesellschaftlichen Problemen, mit Krieg, Kriegsschuld, politischen Skandalen oder Umweltverschmutzung beschäftigten, in den siebziger und achtziger Jahren eher einen Rückzug der Schriftsteller ins Private gegeben. (Auf eine vergleichbare Zeitströmung bei uns braucht kaum hingewiesen zu werden).

Die Hinwendung zum Ich, zum persönlichsten, engsten Lebensbereich, zur Selbstreflexion, zur Bestätigung des Autobiographischen (in Japan von jeher traditionsreich), hat einer ganzen Generation von Schriftstellern, die Krieg und Umbruch höchstens noch als Jugendliche erlebten, ihren Namen gegeben: Die introvertierte Generation (naikô no sedai).

Die hier vorgelegten achtzehn Erzählungen von fünfzehn zeitgenössischen Autoren spiegeln – weit entfernt von dem Anspruch, wirklich repräsentativ zu sein – diese Tendenz wider.

Der Ton der meisten Erzählungen unserer Sammlung ist verhalten, nachdenklich, gar düster. Schwierige Beziehungen zum Partner, zu den Kindern, zur Familie stehen im Vordergrund, von Krankheit, Sterben und Tod, von Trennung und Angst ist die Rede. Selbst die satirischen, die skurril-heiteren Geschichten lassen Bedrängnis und Druck spüren, die hinter der Fassade einer Erfolgsgesellschaft in einem übervölkerten Land mit seinen sozialen Problemen wachsen.

Als Symbol für das Gefühl des Vorübergehenden, der Vergänglichkeit, tauchen in den Geschichten wiederholt die Stimmen der Zikaden auf, die – bei aller Schönheit und Eindringlichkeit – immer an ein Ende, ein Aufhören gemahnen, das mit dem Herbst für sie kommt.

Das Bild der japanischen Nachkriegsliteratur bei uns im Westen ist nicht unwesentlich von den Werken Yasunari Kawabatas (1890–1972) bestimmt. Daß er der erste und bisher einzige japanische Literaturnobelpreisträger wurde, ist sicher nur allzu verständlich, ist er doch in seinen Romanen und Erzählungen dem Ideal einer eigenständigen japanischen Sensibilität, einer ganz besonderen japanischen Ästhetik verpflichtet, die er vor dem Hintergrund der Schauplätze traditioneller japanischer Kultur, so der alten Hauptstädte Kyōto und Kamakura, mit ihrer Natur, ihren Tempeln und Gärten dargestellt hat: Teezeremonie und Blumenstecken, Theater und traditionelle Gedichtkunst und vor allem das Idealbild der im Geisha-Typus verkörperten Frau.

Drei weitere Autoren, die mit den Übersetzungen ihrer Werke im Westen das Bild von der japanischen Nachkriegsliteratur geprägt haben, sind mit ihren deutlich erkennbaren Japan-Ingredienzen ebenfalls für die Rezeption japanischer Literatur typisch: Yasushi Inoue (geb. 1907), der nicht zuletzt im deutschen

Sprachraum umfassend vorgestellt wurde, vor allem mit seinen historischen Romanen; Jun'ichirō Tanizaki (1886–1965), neben der kompromißlosen Hinwendung zur traditionellen Ästhetik in erster Linie bekannt durch seine erotischen und sexuellen Obsessionen; und Yukio Mishima (1925–1970), der hochreflektiert und intellektuell begründet, den Weg Japans bis zu seiner militanten Verteidigung nachvollzieht.

Eine andere, »neue« japanische Literatur, die in keiner Weise mehr nur als Vehikel dazu dienen möchte, Informationen über ein fernes, fremdes, reizvolles und exotisches Land zu vermitteln, sondern als Literatur sui generis verstanden und aufgenommen werden will, vertreten u. a. die Autoren Shūsaku Endō (geb. 1923), Kenzaburō Ōe (geb. 1935) und Kōbō Abe (geb. 1924).

Es ist in der Tat an der Zeit, von der Literatur, die unser Japanbild bestätigt, zur Rezeption der japanischen Literatur überzugehen, die im eigenen Land ein großes Lesepublikum erreicht, da sie – nahe genug an der Lebenswirklichkeit – Identifikationsmöglichkeiten für viele anbietet.

Allerhöchstes Streben der Dichtung war seit alten Zeiten – ausgesprochen oder mehr noch unausgesprochen – die absolute Lebenswahrhaftigkeit (makoto), ein Prinzip, das in der Anfangsphase der literarischen Moderne, etwa um die Jahrhundertwende, durch die ins japanische Denken übernommenen und umgedeuteten Richtlinien des aus dem Westen importierten Naturalismus, zum allgemeingültigen und bis heute latent wirkenden Schaffensimpetus wurde. Und da die Lebenswirklichkeit ungeordnet, facettenhaft, amorph erscheint, folgen auch die meisten Zeugnisse japanischen Erzählens diesem Prinzip, muten »ungestalteter« an, eben weil sie »wahr« sein wollen. Dem westlichen Leser muß sich diese Sichtweise erst erschließen. Der oft abrupte Wechsel der Zeitebenen entspricht der assoziativen Struktur des Erzählens und vermittelt wie diese die vielfältigen und ungeordneten Eindrücke, die wir von der Welt aufnehmen.

Den besten Zugang zu dieser Kunstauffassung bietet die japanische Erzählung. Und bezeichnenderweise ist auch die narrativische Kurzform – trotz der geheiligten Tradition des höfischen Romans – die eigentliche Stärke des Epischen in Japan seit jeher gewesen. Aus Kurzformen können sich dabei Langformen aufbauen, eher als naturhafte Agglomerationen, denn als geplant strukturierte »Kunst«-Werke anzusehen. So sind viele japanische Romane eher das Resultat einer Kette von Einzelerzählungen, durch gleiche Schauplätze und gleiche Protagonisten locker, aber erkennbar verbunden. Die Geschichten drücken dabei, für sich genommen, den gleichen »Sinn« aus wie das Gesamtwerk.

Es ist daher nicht von ungefähr, daß der renommierteste japanische Literaturpreis, der Akutagawa-Preis, für Erzählungen, gegebenenfalls für Erzählungssammlungen verliehen wird. Dieser Preis wird Neulingen auf der literarischen Bühne zugesprochen, die durch Publikationen in kleineren Zeitschriften auf sich aufmerksam gemacht haben. Der Preis, zweimal jährlich verliehen, ebnet früh den Weg zu einer literarischen Karriere, bringt die Werke in renommierte Zeitschriften, führt fast automatisch zur Veröffentlichung einer ersten Erzählungssammlung.

Nahezu alle kürzeren Erzählungen werden in Japan zuerst in Zeitschriften publiziert, erst danach in Buchform. Dies trifft daher auch für die hier vorliegenden Werke zu. Gut die Hälfte wurde der Anthologie »Bungaku« (Literatur) entnommen, die der japanische Schriftstellerverband alljährlich herausgibt. Hierin werden die besten vorpublizierten Erzählungen des vorausgegangenen Jahres aufgenommen.

Diese Anthologie gewährleistete eine Auswahl, die nicht einseitig von hiesigen vorgefaßten Meinungen bestimmt war, sondern sich schon auf eine Vorauswahl von Erzählungen stützen konnte, die von Japanern als repräsentativ angesehen wurden.

Bei der Planung unserer Anthologie hatten wir uns folgenden Rahmen vorgegeben: Die Erzählungen sollten aus den siebziger und achtziger Jahren stammen und so ein Bild des heutigen Japan, seiner Gesellschaft und ihrer Probleme vermitteln. Die historische Erzählung und die Science-fiction- (bzw. Fantasy-) Story – sehr beliebte Genres in Japan – waren damit ausgeschlossen. Der zeitliche Rahmen wurde mit einer einzigen Ausnahme – Shin'ichi Hoshi – eingehalten, die Grenze zur Science-fiction bei zwei Geschichten des gleichen Autors leicht überschritten. Da sie jedoch ein bezeichnendes Schlaglicht auf die japanische Gesellschaft werfen und gerade in ihrer Überspitzung der sogenannten Realität viel näher kommen, durften sie nicht fehlen.

Die hier vorgestellten Autoren sind im deutschen Sprachraum noch so gut wie unbekannt. Monographische Buchpublikationen von ihnen fehlen, nur vereinzelt finden sich kürzere Erzählungen in Anthologien übersetzt. Die einzige Ausnahme ist auch hier der erwähnte Hoshi, der Meister der gut pointierten »Short Short Story«, dessen Stoffe und Themen zumeist der Sciencefiction oder der Fantasy-Story zuzuordnen sind. Typisch für ihn ist der äußerst schlichte, lakonische Stil seiner Geschichten, die oft an Märchen, Parabeln oder Fabeln erinnern.

Von den übrigen Autoren sind die meisten – obwohl im Westen kaum vorgestellt – bereits seit langem feste Größen auf der literarischen Bühne Japans. Das gilt besonders für die Autorinnen, die sowohl quantitativ als auch vor allem qualitativ die literarische Szene der japanischen Gegenwartsliteratur dominieren.

Harumi Setouchi schreibt ganz in der Tradition der japanischen Form der Ich-Erzählung. Das gleiche gilt für die wesentlich jüngere Tsushima Yūko – Tochter des sehr bekannten Autors Dazai Osamu (1909–1948) –, die sich in ihrer erst relativ kurzen literarischen Laufbahn schon eine große Reputation erworben hat. Ayako Sono, deren Zugehörigkeit zur christlichen Religion von japanischen Kritikern immer zur Kennzeichnung ihrer Werke herangezogen wird (häufig sicher zu Unrecht), überzeugt durch scharfe Beobachtung, das Geschick – ganz unprätentiös – mit wenigen Worten Lebenssituationen transparent zu machen. Nicht viele Autoren geben uns eine derart detailgenaue Innensicht in Verhaltensmuster und Lebenseinstellungen der modernen japanischen Gesellschaft.

Yoshikichi Furui, einer der herausragenden Autoren der »Introvertierten Generation«, ist ein großer Stilist. Seine dichten poetischen Texte beschreiben differenzierteste Gefühlsregungen, in die er die genaueste Schilderung der Umgebung zur Vergegenwärtigung und Intensivierung mit einbezieht.

Wie Furui von Hause aus Germanist und deshalb mit westlicher Literatur sehr wohl vertraut, verbindet Shō Shibata typisch japanisches Erzählen mit westlichem Formwillen.

Die Herausgeber möchten allen am Zustandekommen der Anthologie Beteiligten ihren Dank aussprechen.

An erster Stelle steht der Dank an die Mitarbeiter und Studenten am japanologischen Institut der Universität Frankfurt am Main, die mit viel Engagement, Mühe, Zähigkeit, Verständnis und Können sich in ihre Aufgaben vertieften. Prof. Shō Shibata, Tōkyō, hat die Übersetzungen seiner Erzählungen geprüft, verbessert und autorisiert. Frau Ursula Gräfe, M. A., danken wir für die redaktionelle Mitarbeit in der Endphase.

Großer Dank gebührt auch der Japan Foundation sowie dem Verein zur Förderung der kulturellen und wissenschaftlichen Beziehungen zwischen Japan und der Bundesrepublik Deutschland e. V. / Köln für ihre finanzielle Unterstützung in Form von Druckkostenzuschuß und Übersetzerhonoraren, die das Erscheinen dieser Sammlung erst ermöglichten.

Frankfurt, im Mai 1990 *Tadao Araki*
Ekkehard May

Takashi Atōda
Tod eines Angestellten

Matsumoto Jirō stand auf dem Dach eines Hochhauses. Vor seinen Augen lag die Stadt in der Abenddämmerung. Die Menschen bewegten sich rastlos.

»Ob es da unten wohl Menschen gibt, die heute vollkommen glücklich sind?« Während ihm solche Gedanken durch den Kopf gingen, zog er die Schuhe aus. Dann nahm er ein Blatt Papier aus seiner Tasche und steckte es in die Schuhe. Es war fast windstill. Kein Grund zur Sorge also, daß sein Abschiedsbrief weggeblasen würde.

Kurz zuvor hatte er an seinem Schreibtisch seinen letzten Brief geschrieben.

»Ich habe kein Vertrauen in meine Arbeit. Ich danke für die erwiesene Unterstützung. Matsumoto Jirō.«

Mehr stand nicht drin.

Er war von der erstklassigen Universität abgegangen, um in einer Firma Karriere zu machen. Aber im Gegensatz zu seinem Studium hatte er im Beruf keinen Erfolg. Ob in Mathematik oder Englisch, ob im Ankreuzen der richtigen Antworten oder im Schreiben von Aufsätzen, während seines Studiums war ihm alles gelungen und hatte sein Selbstvertrauen gestärkt. Aber, was immer er an seinem Arbeitsplatz auch tat, nichts gelang ihm. Er hatte das Gefühl, ihm würde von allen übel mitgespielt. Alle Leute aus der Gruppe seines Jahrgangs waren erfolgreich, und immer wieder hatte er das Gefühl, daß nur er Fehler beging. In letzter Zeit war ihm keine befriedigende Aufgabe mehr anvertraut worden.

Seine Vorgesetzten dachten sicherlich: »Matsumoto ist ungeeignet. Er macht nichts als Fehler.«

Weit davon entfernt, zur Elite zu gehören, würde man ihn

jetzt bestimmt endgültig auf einen ruhigen Posten abschieben. Während die Leute seines Jahrgangs allmählich Karriere machten, war er als einziger immer noch ein einfacher Angestellter. Er hielt es nicht mehr aus.

An diesem Tag hatte Matsumoto Jirō Überstunden machen müssen, weil er seine Arbeit noch nicht erledigt hatte. Ein natürliches Bedürfnis hatte ihn zur Toilette gehen lassen. Während er auf der Toilette saß, vernahm er durch die Öffnung der Außentür einen Laut.

Wer mochte das sein? Matsumoto hielt den Atem an und lauschte. Den Stimmen nach zu urteilen, waren es der Abteilungsleiter und sein Stellvertreter. Die beiden waren in ihrem Büro geblieben und gingen jetzt wahrscheinlich gleich nach Hause. Er hörte das Geräusch des Urinierens und gleich darauf die Stimme des Abteilungsleiters.

»Matsumoto ist ungeeignet.« »Ja, richtig. Wir versuchen es mit Hokkaidō.« »Das ist gut. Das wird mal eine gute Erfahrung sein.« »Hm.«

Sie verließen die Toilette.

Er saß da und fühlte, wie ihm das Blut im ganzen Körper stockte. Der Augenblick, der kommen mußte, war endlich gekommen. In seiner Schulzeit war er nach Hokkaidō gefahren. Die Natur war dort schön, die Freundlichkeit der Menschen echt, es war eine wunderschöne Gegend. Aber wenn man von der Firma nach Hokkaidō geschickt wurde, ging es nicht um die Qualität des Klimas. Kurz gesagt, Hokkaidō war ein Ort für Typen, die weg vom Fenster waren. Es war eine Demütigung. Noch nie hatte er gehört, daß jemand aus einer vergleichbaren Position nach Hokkaidō geschickt worden war. Ihm wurde ganz schwarz vor Augen. So tief war er in der Wertschätzung der anderen gesunken! Als er von der Toilette kam, hatte er sich schon entschieden.

Er war an seinen Schreibtisch zurückgekehrt und hatte den kurzen Abschiedsbrief geschrieben. Dann war er mit dem Fahrstuhl zum Dach hinaufgefahren. Ohne Schwierigkeiten hatte er das Drahtgitter überstiegen. Wenn er nicht zur Elite gehören konnte, war es besser zu sterben.

Er sah noch einmal auf die Schuhe, die er ausgezogen hatte.

»Das sind die Schuhe, die ich von meinem ersten Bonus gekauft habe«, dachte er, dann richtete er seine Augen zum dunklen Himmel, und mit einem »Aaaaahh...« drehte er sich im leeren Raum.

Zur selben Zeit befanden sich der Abteilungsleiter und sein Stellvertreter mitten im Menschenstrom einer belebten Straße.

»...weil die Berge dazwischen liegen.« »Ja. Ein Ort im Flachland wäre gut. Die Entfernung ist auch zu groß.« »Jedenfalls ist Matsumoto ungeeignet. Die Berge sind zu steil.« »Also, abgemacht. Wir versuchen es mit Hokkaidō.« »So machen wir's.«

Die beiden hatten ein ungewöhnliches Hobby. Sie züchteten Brieftauben und ließen sie fliegen.

Zigeunerprophezeiung

Herr Harada wachte in einem Tōkyōter Hotel auf.

Als er die Gardinen aufzog, schien das blendende Morgenlicht ins Zimmer. Auf den Wegen zwischen den Häusern liefen die geschäftigen Angestellten.

Sein Kopf tat weh. Er hatte Bauchschmerzen. Die Zigarette schmeckte bitter. Das Zimmer sah verzerrt aus, und es schien ihm, als stürze die Decke auf ihn herunter. Ein furchtbarer Kater...

Wo hatte er letzte Nacht getrunken? An die ersten drei oder vier Bars erinnerte er sich, aber von da an wußte er kaum noch etwas.

Erstaunlich, daß er wohlbehalten ins Hotel zurückgekommen war!

Er war nach Tōkyō gekommen, um sich Geld zu leihen. Sämtliche Verhandlungen waren fehlgeschlagen. Er hatte vollkommen resigniert.

»Alles ist zu Ende«, murmelte er, aber in diesem Moment dämmerte ihm etwas.

»Irgend etwas war da doch noch gewesen.«

Was war es wohl?

Er versuchte, den Faden der Erinnerung wieder aufzuspulen.

Ach so.

»Quatsch!« Herr Harada schnippte mit den Fingern und lächelte bitter.

Wenn er so zurückdachte, war seine Erinnerung ungewöhnlich deutlich. Aber vielleicht war alles nur ein besonders lebendiger Traum gewesen. Aber wo sich dieser Traum abgespielt hatte, wußte er nicht.

Roppongi? Aoyama... Nein, Moment, es war wahrscheinlich in der Nähe von Shinjuku gewesen. In einer dunklen Bar erklang eine Flamenco-Gitarre.

»Herr Direktor, Sie haben wohl eine Menge Ärger runterzuspülen?«

Wie hatte der Barkeeper ausgesehen?

»Ja, ja, das stimmt. Die Firma zahlt die Wechsel nicht, und das ist der Bankrott. Danach bleibt nur noch das Erhängen.«

»Überstürzen Sie doch nichts. Lassen Sie sich mal von dieser Frau die Zukunft vorhersagen. Man sagt, daß ihre Prophezeiungen oft eintreffen.«

Als er sich mit trüben Augen umschaute, sah er an der Ecke des Tresens eine Frau mit langen Haaren sitzen, die ziemlich unterernährt aussah.

»Sie prophezeit wie eine Zigeunerin.«

Hm, er mußte lachen. Warum sollte es in Tōkyō eine Frau geben, die wie eine Zigeunerin prophezeite?

»Unmöglich. Ich kann nur die Zukunft von Frauen vorhersagen.«

Wenn man Betrunkene abweist, werden sie meist hartnäckig.

»Was? Männern prophezeist du nicht? Gut, dann prophezeie meiner Alten. Mamas Glück ist Papas Glück. Also, wieviel?«

»5000 Yen. Meine Prophezeiungen treffen bestimmt ein.«

»Gut. 5000 Yen, 10000 Yen, wen kümmert's? Los jetzt!«

Hin und her schwankend, zog er aus der Tasche seines Geschäftsanzuges seine Geldbörse hervor.

»Wann ist Ihre Frau geboren?«

»Am 21. Juni 1948.«

»Hm, Zwilling.«

»Was weißt du schon, ob sie ein Zwilling oder ein Drilling ist?«

In der Bar war es ganz dunkel geworden.

Es gab wohl keine anderen Gäste. Die Frau setzte sich auf einen Holzstuhl, der in einer Ecke der Bar stand. Unter einem schwarzen Tuch holte sie eine Kristallkugel hervor.

»Darin siehst du alles?«

»Pst. Ruhe.«

Eine ernsthafte Zeremonie hatte begonnen, bei der die Frau mit heiserer Stimme murmelte.

»Ich sehe eine weiße Hand. Ich sehe eine Frauenhand. Die Finger Ihrer Frau. Der Mittelfinger ist lang. Der kleine Finger ist kurz.«

Das stimmte.

Herr Harada kannte die Finger seiner Frau gut. Der Mittelfinger war schrecklich lang, der kleine Finger sehr kurz.

Wieso wußte sie das, obwohl sie seine Frau nie gesehen hatte?

Ob es in der Kristallkugel gespiegelt wurde?

»Am Finger ein großer Diamant. Er funkelt hell. Das Gesicht einer Frau. Sie lacht. Sie lacht vor Glück. Eine glückliche Familie. Ein großer Junge und eine kleines Mädchen. Ich sehe grünen Rasen. Ein blaues Dach. Eine weiße Wand. In der Sonne ein altes Malteserhündchen. Eine glückliche Familie. Es gibt keine Geldprobleme. Es gibt keine Eheprobleme. Die Frau ist treu. Die Kinder strotzen vor Gesundheit. Ich sehe ein Auto. Ein schwarzes Auto. Der Vater kommt von der Firma nach Hause, die Kinder und der Hund laufen aus dem Haus. Ein Gartenweg. Der Wind in den Platanen. Die Frau lächelt...«

Es stimmte, daß er zu Hause einen Sohn und eine Tochter hatte. Dann gab es auch noch einen zweijährigen Maltesermischling...

Aber ein großes Haus mit Garten...? Jetzt lebte er in einem kleinen Haus. Und ein Diamant am Finger – was sollte der Unsinn!

Würde er vielleicht, wenn der Hund alt geworden war, so leben wie die Frau es vorhergesehen hatte?

»Quatsch!«

Wie viele Stunden waren seitdem vergangen? Während Herr Harada seine Zigarette in dem Aschenbecher, der neben dem Bett stand, ausdrückte, sprach er so zu sich selbst.

Wahrscheinlich war er in einer Bar eingeschlafen, und bestimmt hatte er einen verrückten Traum gehabt. Er konnte sich nicht vorstellen, daß in kurzer Zeit alles gut werden sollte.

Aber für einen Traum war seine Erinnerung zu deutlich.

Wenn es kein Traum gewesen war, wieso kannte diese Frau dann seine Familie so gut? Die Finger seiner Frau, die Kinder, den Hund.

»Meine Prophezeiungen stimmen. Sie stimmen garantiert.«

Die Worte, die die Frau ausdruckslos, aber mit Überzeugung gesprochen hatte, gingen ihm nicht aus dem Sinn.

Es war anzunehmen, daß die Prophezeiung stimmte. Vielleicht waren irgendwelche Geheimnisse in der Kristallkugel verborgen.

Wenn alles zuträfe, brauchte er sich nicht überstürzt zu erhängen.

Herr Harada schlug sich an den Kopf, stieg aus seinem Bett und traf die Vorbereitungen zur Heimkehr. Die Zeit, das Flugzeug nach Hause zu erreichen, war knapp.

Im Flugzeug hatte Herr Harada einen rosigen Traum. Je stärker er von seinem Traum gefangen wurde, desto mehr spürte er, daß er an die Prophezeiung glauben wollte; und er hatte das Gefühl, daß sich durch irgendeine glückliche Fügung alles zum Guten wenden würde.

Aber die Zeit für Tagträume war nicht lang. Schwankend neigte sich plötzlich der Flugzeugrumpf, und vor dem Fenster erschienen die Berge, die auf einmal ungewöhnlich nahe wirkten.

Dann ein heftiger Aufprall...

Nach dem Tod von Herrn Harada heiratete seine Frau mit den beiden Kindern noch einmal. Es wurde eine glückliche Ehe.

Ein blaues Dach, eine weiße Wand, im Garten Platanen. Der Ehemann kommt immer mit einem schwarzen Auto nach Hause...

Yoshikichi Furui
Das Tal

Tief in den Bergen war eine Stimme zu hören, die Sutren rezitierte. Von dem ehrwürdigen Klang angezogen, durchstreiften die Leute das ganze Gebiet, aber sie konnten den Urheber der Stimme nicht entdecken. Als man nach einem halben Jahr wiederkam, war die Stimme noch immer schwach zu hören. Nach langem Suchen fand man dann auf dem Grund des Tales ein ausgebleichtes Gerippe, ein Hanfseil um beide Beine geschlungen, so als habe es sich von der hohen Klippe gestürzt. Auch nach weiteren drei Jahren war die Sutren rezitierende Stimme nicht erloschen. Als man verwundert das weiße Gerippe genau untersuchte, war die Zunge im Schädel noch nicht verwest und sprach voll Hingebung die heiligen Worte.

In der Dunkelheit einer unbewohnten Hütte im Tal, eingehüllt in einen Schlafsack, erinnerte ich mich an diese merkwürdige alte Geschichte, in der eine Sutren rezitierende Stimme mit dem Rauschen eines Baches vom Talgrund emporgestiegen kommt – ich hatte sie vor sicher sechzehn, siebzehn Jahren in der Schule gehört. Von den Bergen war gerade ein Regenschauer mit schnellen Schritten herangeeilt, klatschte auf die Zweige der Bäume, stülpte sich über das Tal, verband sich zu einer Einheit mit dem Rauschen des Baches und wallte auf, gerade so, als stiege er aus der Tiefe der Erde empor. Und dann schien es, als hallte eine Sutrenstimme voll und glänzend aus der fast lähmenden Stille, die im Innersten des Rauschens eingehüllt war. Lauschte man angestrengt, so war es keine bestimmte, einzelne Stimme, sondern man empfand das Flüstern und Rauschen des Tales, als würde es allmählich das Atmen vieler verschiedener Menschen in sich bergen.

Es war nicht das erste Mal, daß ich in den Bergen unter akustischen Halluzinationen litt. So hörte ich zum Beispiel Zikadenzirpen sogar noch im Spätherbst, in einer stürmischen Regennacht. In einem weit entfernten Wäldchen zirpten betäubend Nii-Nii-Zikaden. Auch von der anderen Seite des Tales tönte ihr Echo vielfältig zurück. Je aufmerksamer ich lauschte, desto deutlicher konnte ich sie hören. Wahrscheinlich war es einfach eine Art von Ohrensausen aus Übermüdung, denn wenn ich den Kopf hob, um mich zu vergewissern, hörte es plötzlich auf und war als Geräusch der Außenwelt nicht mehr zu erkennen. Lange Zeit dachte ich, nur ich allein hätte solche akustischen Halluzinationen. Aber Koike sagte direkt vor seinem Tod im Krankenhaus, daß auch er wiederholt nachts in den Bergen vom Zirpen der Zikaden gequält worden sei. Und Nakamura meinte ebenfalls, er könne sich an Ähnliches erinnern. Obwohl wir in unseren Zwanzigern häufig zu dritt Bergtouren unternommen hatten, war bis dahin unter uns niemals darüber gesprochen worden.

Wenn Nakamura sich im Schlafsack bewegte, gab er Laute von sich, die man weder als Seufzer noch als Stöhnen bezeichnen konnte. Seine Hüfte, die er sich am Tag in den Bergen angeschlagen hatte, schien auch noch im Schlaf zu schmerzen. Es war schon Mitte Oktober, und wir waren für Koike nach Ende der siebten Trauerwoche auf eine Gedenktour gegangen – hatte er doch bis zu dem Morgen, an dem er das Bewußtsein verlor, über unsere früheren Bergwanderungen geredet. Für uns beide – jetzt schon über dreißig – war es die erste Bergtour nach fünfjähriger Pause. In all diesen Jahren hatten wir keinen richtigen Sport mehr getrieben, und auch unsere Statur hatte sich völlig verändert. Bis zu diesem Frühjahr hatte Koike ebenfalls noch bei jedem Treffen geklagt, sein Bauch sei zu dick. Aber dann wurde er in nicht einmal drei Monaten dünner, als er mit zwanzig gewesen war, und nach fünfzigtägigem Krankenhausaufenthalt ließ er am Ende des Sommers seine Frau und die beiden Kinder, fünf und drei Jahre alt, zurück und starb mit schwärzlich ausgemergeltem Körper einen qualvollen Tod. Noch so jung, hatte er schon Magenkrebs gehabt.

Bei der Planung der Bergtour hatte uns beide Überlebende von Anfang an eine seltsam euphorische Stimmung erfüllt. Geradezu besessen von der Vorstellung, auch noch einen Berg besteigen zu können, waren wir auf der Flucht vor dem kühlen Todesatem des Freundes plötzlich wie an Leib und Seele verjüngt. Wenn wir auch sehr beschäftigt waren, trafen wir uns doch immer wieder in freien Stunden und trieben die Vorbereitungen eilig voran. Im Grunde genommen hielten wir das Ganze für riskant und genierten uns fast ein wenig darüber, daß wir gestandenen Familienväter von fünfunddreißig Jahren uns von einem solchen doch unrealistischen Einfall hinreißen ließen. Und dennoch waren wir mit gleichem Tagesprogramm und ebenso schwerer Ausrüstung wie seinerzeit als Zwanzigjährige in die Berge gekommen. Am vergangenen ersten Tag hatte unsere Alltagskondition dann auch wirklich nicht ausgereicht: Allein mit dem Hochtransportieren des Gepäcks vom Fuß des Berges bis zu der Hütte am Ende des Tales hatten wir unsere Kräfte aufgebraucht. In der Hütte angekommen, schafften wir es gerade noch, das Essen zu machen. Das schmutzige Geschirr blieb verstreut auf dem Lehmboden – lediglich Sake vergaßen wir nicht zu trinken. Während wir in die Schlafsäcke krochen, scherzten wir sogar noch: »Wenn wir uns morgen nicht wieder frisch fühlen, sollten wir vielleicht doch nicht zum Gipfel aufsteigen.« Heute früh waren wir jedoch neu belebt erwacht, räumten nach dem Frühstück voll Ungeduld auf und verließen mit den Rucksäcken auf dem Rücken die Hütte. Immer wieder überzeugten wir uns von der eigenen Kraft, und je weiter wir in den Duft des morgendlichen Nadelwaldes emporstiegen, desto mehr gerieten wir in Begeisterung über unsere unerwartet sicheren Beine. Jede Einzelheit der Berglandschaft, jede Einzelheit der eigenen Bewegung erinnerte uns an früher, und wie berauscht erstiegen wir mühelos in vier Stunden den Gipfel.

Auf dem Rückweg, als der Regen vom dunkel gewordenen Himmel vertrieben worden war, und wir bis zu einem Geröllhang hinuntergeklettert waren, rutschte Nakamura aus. Obwohl er nur etwas nach unten schlitterte, fiel er auf den Rücken, drehte sich, versuchte nicht einmal, den Fall aufzuhalten und blickte mir nur mit völlig verblüfftem Ausdruck ins Gesicht. Dabei rutschte er ganze fünf Meter tiefer, kam schließlich in die Seitenlage, stieß dumpf mit seiner Hüfte gegen einen Felsblock und lag dann still. Die Sache war nicht gerade gefährlich, aber die vollkommene Widerstandslosigkeit Nakamuras, der früher außergewöhnlich behende gewesen war, erschien mir irgendwie unheimlich.

»Eigentlich bin ich nicht erschrocken. Aber – aber der Körper reagiert einfach nicht mehr so.« Nakamura sagte das etwas verstört, während er zu mir heraufkroch.

In der Nacht kühlte es im Tal plötzlich ab, und von dem Berg, den wir bestiegen hatten, strömte ununterbrochen ein Herbstregen gegen den Flußunterlauf. Ganz anders als im Flachland kommen nachts in einem Tal – selbst wenn man sich in einer Hütte befindet – die Geräusche nur von oben und unten, in der Waagerechten nimmt das Gehör nichts wahr. Gerade meint man noch, das Rauschen des Baches halle vom Talgrund zum Himmel auf, dann wieder hat man das Gefühl, es stürze vom Himmel herab. Mit dem Wind näherte sich vom Bergkamm her in den Nadelbäumen ein Rauschen, das wie Meeresbrandung dröhnte. Es schlug auf das Zinkdach der Hütte, und als es dann in Richtung des Tales weiterzog, drang wie sein Nachhall das Knarren von Ästen empor. Allein die Schwere der Dunkelheit war es, die sich lastend nach unten senkte. Schon bald hüllte der Regen alles gleichförmig ein, er rauschte einige Zeit und ging dann vorüber. Inmitten der Stille, die einem augenblicklich bis in das Innerste des Kopfes drang, spürte man das eigene Bewußtsein wie ein gelbes Licht, das verloren und bedeutungslos am Berghang brennt.

Nach dem Abendessen räumten wir auf, tranken dann unseren Whisky neben dem verglimmenden Feuer und atmeten versunken den Duft des schwelenden Holzes ein. Nakamura klagte über die Schmerzen an seiner Hüfte, und wir machten unsere Witze darüber. In unserem Alter waren Kreuzschmerzen einfach noch lächerlich. Ganz von alleine verlagerte sich das Gespräch auf unser Sexualleben – wir waren eben nicht mehr die Allerjüngsten. Während dieser etwas anzüglichen Geschichten streckte Nakamura sich plötzlich und verzog das Gesicht, grinste dann aber trotzdem. Als das Feuer schließlich erloschen war, breiteten wir die Schlafsäcke auf dem Holzboden aus und legten uns hinein. Wir zogen die Kapuzen bis über den Kopf, setzten nur das Gesicht der sich schnell abkühlenden Luft aus und redeten eine Weile über den verstorbenen Koike. Das Gespräch wurde etwas traurig.

»Das Unangenehmste bei den Krankenbesuchen war, daß er mich immer anfassen wollte«, murmelte Nakamura schon ganz schläfrig. »Während wir uns unterhielten, starrte er plötzlich auf meine Arme oder meine Brust und streckte ganz langsam seine dünne Hand aus. Er schien irgendwie neidisch zu sein und betastete mich ewig. Ich glaube, es war noch in der sehr heißen Zeit...«

Die Unterhaltung wurde zu bedrückend und stockte. Auch ich hatte wiederholt solche Dinge mit Koike erlebt. Dabei wunderte er sich wohl mehr über unsere Gesundheit, als daß er uns darum beneidete. Immer wieder betrachtete er sie wie etwas Unbegreifliches, etwas, von dem man sich nur durch Berührung überzeugen konnte. Wenn ich so angeschaut und ab und zu auch von seinen abgemagerten Händen betastet wurde, dachte ich jedesmal: ›Ich muß einfach genauso dumm und überheblich werden wie alle Weiterlebenden. Ich muß mich jetzt darüber freuen, daß ich nicht in Koikes Lage bin‹, und ließ es über mich ergehen. Dabei waren das noch nicht einmal Augenblicke, in denen ich am wenigsten Mitgefühl für ihn aufbringen konnte.

Als ich zu Nakamura sagte: »Ich mach' das Licht aus«, und die Kerze dann ausblies, tauchte die Hütte unvermittelt in die Geräusche des Tales ein. Auch in dieser Nacht drang ein blasser Lichtschein durch das kleine Fenster, breitete sich Stück für Stück aschgrau auf dem Boden aus und ließ die schwarzen Umrisse des Eßgeschirrs, des Wasserhahns und der Rucksäcke neben unseren Schlafsäcken hervortreten. Wenn Nakamura sich stöhnend umdrehte, lachte ich jedesmal leise und neckte ihn. Er lachte dann ebenfalls gezwungen auf. Irgendwann wandte er seinen Kopf entschlossen zur Tür.

»Kommt da nicht jemand hochgestiegen?«

Der Regen hatte gerade aufgehört, und außer dem Rauschen des Bergbaches und dem zeitweiligen Krachen von Ästen, die auf den Boden fielen, war alles still.

»Hab' mich wohl verhört.«

Nakamura sagte das einfach so dahin und streckte sich wieder aus. Erneut begann er, in regelmäßigen Abständen tiefer aufzuseufzen, und schon bald reagierte er nicht mehr auf mein Lachen und stöhnte im Schlaf weiter. Das Horchen hatte er anscheinend mir überlassen, und ich fand keine Ruhe. Um endlich müde zu werden, dachte ich an den Schlaf von kleinen furchtsamen Tieren. Wenn sie ein Geräusch wahrnehmen, das sie betreffen könnte, schrecken sie aus tiefstem Schlummer sofort hellwach auf. Dafür müssen sie aber zuerst fest eingeschlafen sein, denn auf ein Geräusch, das sie im Halbschlaf hören, können sie gar nicht so schnell reagieren. Ihre Augen sind im Nu weit geöffnet, und wenn sie dann den Klauen des Todes um Haaresbreite entkommen sind und sich fürs erste an einen sicheren Platz geflüchtet haben, schlafen sie sofort wieder ein – ob nun das Stöhnen eines Gefährten zu hören ist oder nicht. Auch haben sie nicht einmal das erleichterte Gefühl, einer Gefahr entronnen zu sein.

Während ich mir das noch so überlegte und dabei einzunicken begann, hörte ich vom Tal her das stoßweise Atmen eines Menschen, der mit schwerem Gepäck einen steilen Hang emporsteigt. Ein warmes, gequältes Keuchen, als würde das Herz dabei mit ausgestoßen, tönte zwischen dem ausdruckslosen Rauschen der Bäume herauf. Es schien etwas näher zu kommen, verlor sich dann aber im Tosen des Baches, und nach langer Zeit vernahm man es wieder aus der gleichen Richtung wie zuvor. Wir hatten öfter erlebt, daß spät nachts Bergsteiger in einer Hütte ankommen. Zwar ist es eine Regel unter Bergsteigern, sich nicht ohne weiteres den Mitgliedern einer anderen Gruppe anzuschließen, aber in einem solchen Fall wird der Spätankömmling auch von völlig fremden Hüttenbewohnern freundlich aufgenommen. Selbst diejenigen, die gerade eingeschlafen sind, kriechen aus dem Schlafsack, als seien sie zufällig aufgewacht, entfachen das erloschene Feuer, wärmen Reste des Abendessens auf, und manchmal verbringt man die halbe Nacht damit, über unsinniges Zeug zu reden. Die Schritte näherten sich aber schließlich doch nicht.

Danach träumte ich einige Zeit. Mit gespitzten Ohren schlief ich ein. Das Rauschen des Baches und Nakamuras Stöhnen begleiteten mich dabei. Aus der Ferne vernahm man einen Augenblick lang den Ruf einer Eule. Kurz darauf kamen die Schritte näher und hielten vor der Hütte an. Nakamura und ich hoben gleichzeitig den Kopf. Von außen versuchte jemand, die Tür zu öffnen. Als wir auf den Vorplatz hinuntergingen und von innen nachhalfen, trat ein großgewachsener Mann mit starrem Blick über die Schwelle und blieb in der Hütte stehen. Man sah ihm an, daß er sich verlaufen hatte und lange in der Dunkelheit umhergeirrt war. Nakamura nahm ihm von hinten den Rucksack ab, und ich wollte ihm von vorne aus dem feuchten Anorak helfen. Plötzlich riß der Mann Mund und Augen auf und stieß einen tonlosen Schrei aus. Dabei kippte er mir entgegen, packte mich mit beiden Händen an der Brust und begann am ganzen Körper krampfhaft zu zucken. Den Mann in den Armen, taumelte ich zurück und konnte mich gerade noch auf die Eingangsstufe setzen, um das Gewicht abzufangen. Als ich dann breitbeinig den starren Körper hochnahm und ihn fürs erste zwischen unsere Schlafsäcke legte, hatte der Mann schon das Gesicht eines Toten.

»Er ist tot.« Wir blickten uns an und begannen hastig, uns um ihn zu kümmern. Nakamura kniete sich neben den Mann, zog ihm die durchnäßte Jacke und das Unterhemd aus und fing an, seine blaue Brust kräftig mit einem trockenen Handtuch abzureiben. Ich legte Brennholz nach, schürte das Feuer und kochte in einem großen Topf heißes Wasser, ohne genau zu wissen wofür. Aber während wir uns noch bemühten, veränderte sich der Mann zusehends. Nakamuras Trockenmassage rief nicht einmal eine leichte Rötung hervor; als er sich von der Brust her allmählich dem Nacken näherte, fiel der nach oben gerichtete Kopf des Mannes durch Nakamuras Druck kraftlos zur Seite, Mund und Nase waren mir zugewandt, und schwarzes gerinnendes Blut floß heraus.

»Los, schlafen wir«, Nakamura warf das Handtuch auf den Boden, kroch schnell mit den Beinen voran in den Schlafsack neben dem Leichnam und begann wieder regelmäßig zu stöhnen.

Den Toten zwischen uns, lagen wir auf dem Grund der Dunkelheit ausgestreckt. Jedesmal wenn Nakamura aufstöhnte, wandte ich ihm erschreckt den Kopf zu: »He, der lebt ja noch.« Und jedesmal grinste mich dann das bleiche Gesicht, dem Blut aus Mund und Nase sickerte, aus nächster Nähe an. Wenn ich dieses Gesicht hastig wieder nach oben drückte, hatte ich das Gefühl, ein kaltes Stück Materie anzufassen, und man konnte spüren, wie die Leiche in unendliche Tiefen der Finsternis sank, mit einem spöttischen Lächeln voller Qual, das ihr bis in alle Ewigkeit im Gesicht stehen würde. Nur mit Mühe konnte unser Atem ihr Gewicht von beiden Seiten abfangen. Gaben wir nach, dann gerieten wir in den Sog der Schwerkraft des absinkenden Körpers. Ich war erstaunt, daß auch im Atem ein verborgener Wille wirkte. Unversehens lösten sich das Dach und die Bodenstützen, und wir schwebten mit dem Leichnam zwischen uns über dem Talgrund. Das Geräusch herabbrausenden Wassers wurde eins mit der ausdruckslosen Schwere des Körpers, das Rauschen des Waldes ließ nur die unvorstellbare Ausdehnung der Zeit anklingen. Im ganzen Tal waren wir die einzigen, die lebten und ein wenig Wärme verströmten. Ich versuchte mit aller Kraft, im Tosen des Baches einen menschlichen Laut auszumachen. Stimmen oder Schritte, Stöhnen oder Keuchen, sogar ein Todesschrei wäre mir recht gewesen – ich wollte, daß die Ausdruckslosigkeit des Tales zumindest erschüttert wurde.

Da ging ein Regenschauer nieder, das ganze Tal geriet in Aufruhr, und mit einer Sutren rezitierenden Stimme im Ohr erwachte ich erlöst.

Die Sutrengesänge, die ich mit Nakamura von Koikes Totenwache an bis zur siebten Trauerwoche immer wieder gehört hatte, verfolgten mich noch und hatten wohl so geklungen wie die Stimme, die jetzt vom Talgrund emporstieg. Bei allem war es eine sehr menschliche Stimme, eine Stimme, geschult darin, den menschlichen Körper zu ihrem Instrument zu machen, eine schwerlastende Stimme mit üppigem Glanz. Ob man nicht damit, so überlegte ich mir, vielleicht die Ehrwürdigkeit der menschlichen Stimme nachahmte, wie sie zum ersten Mal unter dem Schweigen des Todes hervortönt? Hörte man genau hin, so schien sie noch tief eingeschlossen in das Rauschen des Baches. Sie war nur schwer von einem Laut aus der Natur zu unterscheiden, dennoch unverkennbar die natürliche Stimme eines Menschen, die in sich die Gesamtheit der Gefühle barg.

Der Regenschauer ging vorüber, und eine tiefe Ruhe senkte sich auf das Tal. Nur der Bach rauschte weiter. Für mich jedoch hatte diese Stille jetzt eine ganz andere Qualität. Die Dunkelheit im Tal rings um mich war bis in die kleinste Nische erfüllt vom vielfachen Atmen menschlicher Körper, die eine üppige Stille ausbreiteten. Sogar das Beben einer Frauenstimme glaubte ich herauszuhören. Natürlich existierten außer dem Stöhnen Nakamuras direkt neben mir und meinem eigenen Atmen all diese Geräusche genausowenig wie das Zikadenzirpen in jener stürmischen Nacht; mein kleines Leben schlug nur leise den Puls am Trommelfell oder in den Kapillaren im Inneren meines Ohrs und gaukelte mir in der allumfassenden Dunkelheit unzählige Leben vor. »Aber auch dies ist nichts weiter als eine Bewegung des Lebens«, murmelte ich und sah Koike vor mir, wie er bewegungslos in seinem Krankenbett lag.

Auch nachdem Koike jedes Anzeichen von Bewußtsein verloren hatte und sich in eine rein körperliche Existenz verwandelte, stöhnte er zwei ganze Stunden weiter. Nakamura und ich waren auf Frau Koikes Bitte hin ins Krankenzimmer gekommen und sahen von der Wand her hilflos mit an, wie Koike sich quälte. Als er sein Leben aushauchte und die Ärzte sich zurückzogen, wischte Frau Koike sacht mit einem Taschentuch über die Stirn ihres Mannes, führte es dann an die Augen und seufzte tief auf. Da drangen die fernen Geräusche der Straße in das Krankenzimmer. Ein zartes Schluchzen schwang in ihnen. Ich hörte es weniger, als daß es sich gierig in meiner zu Eis erstarrten Brust einnistete. Die Erleichterung, weiterleben zu dürfen, erfüllte mich so, daß kein Raum blieb, den Tod des Freundes zu betrauern. Auch Nakamura lehnte sich völlig erschöpft an die Wand – ganz als habe er gerade mühevoll eine gefährliche Felswand bezwungen –, mit geschlossenen Augen wandte er sich zur Decke und rang heftig nach Atem.

Der tiefe Seufzer der Frau dehnte sich in der Dunkelheit aus. Die Rundung ihrer weißen Kehle sank in jeden Winkel der Dunkelheit hinab und löste die Todesstarre. Ihr Seufzer hatte fast die gleiche Wirkung wie die Sutrenstimme. Selbst das Knarren der Äste im Wind schien etwas Weibliches in sich zu bergen. Alle Geräusche begleiteten das Seufzen, und es strahlte eine unbestimmte verführerische Anziehungskraft aus – wie schwaches Kleiderrascheln in einem vollkommen ruhigen Raum.

Bei der Vorstellung, daß dies die Stimme der Ehefrau des verstorbenen Freundes sei, hatte ich doch ein schlechtes Gewissen. Aber es war ebenso die Stimme einer anderen Frau. Auch Koike hatte mit uns diese Stimme gehört. Bis kurz vor seinem Tod hatte er ihre Lockungen wohl nicht vergessen können.

Im Frühherbst des Jahres, in dem wir zwanzig wurden, waren wir drei ausnahmsweise an die Küste gefahren. Verglichen mit den Bergen war der Aufenthalt allzu bequem; wir wußten nichts mit unserer Zeit anzufangen und lagen einmal gegen Mittag auf einer ins Meer ragenden weiten Anhöhe in einem Feld von Pampasgras, nahmen die schweren Sonnenstrahlen mit dem ganzen Körper in uns auf und sprachen über Frauen, obwohl wir alle noch unschuldig waren.

Mitten ins Gespräch drang plötzlich das dunkle Seufzen einer Frau aus einem Gebüsch in der Nähe.

»Aah.« Ein Stöhnen folgte, in dem ganz offen fast schmerzliche Lust mitschwang. Wir richteten uns alle drei gleichzeitig auf und starrten in die Richtung, aus der das Stöhnen gekommen war. Kurz darauf kam eine Frau im weißen Kleid aus dem Dikkicht hervor und trat auf die Straße; sie reckte sich genüßlich dem vom Meer herkommenden Wind entgegen und verschränkte die Arme über der Magengrube. Mit langen festen Schritten, immer die Fersen zuerst aufsetzend, ging sie an uns vorüber, wandte sich wie abwesend halb in unsere Richtung und verschwand wieder hinter einem Gebüsch. Sie schien älter als wir zu sein, war aber so mager, daß wir uns fragten, ob der tiefe Seufzer tatsächlich von ihr gewesen sein konnte. Ihren schwarzen Gürtel hatte sie so fest geschnürt, daß er fast in die Taille einschnitt. Auf dem Kopf trug sie einen Strohhut, der ihr Gesicht von der Stirn bis zur Nase vollständig beschattete, die leicht geöffneten Lippen und das feine spitze Kinn streckte sie dem Sonnenlicht entgegen. Sie hatte auch nur Kinn und Lippen uns zugewandt, die Augen blickten über unsere Köpfe hinweg in die Ferne. Hals, Arme und Waden waren bleich und glanzlos und wirkten in der Helligkeit ringsumher fahl.

Wir warteten ab, bis die Erregung sich gelegt hatte, die das Seufzen in uns entfacht hatte, und standen dann auf. Als wir aus den Büschen auf die Straße traten, war uns die Frau schon weit voraus und verschwand gerade in einem Pampasgras-Feld neben einer Straßenbiegung. Aber als wir diese Stelle erreichten, hatten wir die Frau völlig aus den Augen verloren. Unschlüssig hielten wir an und standen da, dem gleißenden Licht des Himmels und des Meeres ausgesetzt. Schloß man die Augen, war der ganze Körper hellrot durchleuchtet – öffnete man sie, sammelte sich die Dunkelheit wie Öl im Innern an. Jede Wiederholung glich einem trägen Ein- und Ausatmen.

Auch als sich Koike plötzlich in die Büsche stürzte, löste das nur einen matten Schrecken in mir aus. Ich schaute Koike nach, und da tauchte vor der schwarzfunkelnden Weite des Meeres der Oberkörper der Frau aus den Grasähren auf, das seltsam weiß angespannte Profil uns zugewandt. Es war schwer einzuschätzen, aber sie schien ungefähr dreißig Meter entfernt. Ich verfolgte Koikes Davonstürmen und empfand dabei ein Lustgefühl, als ließe ich meiner eigenen Begierde geradewegs die Zügel schießen. Die Frau hörte die Schritte, wandte ihr Gesicht in unsere Richtung, und mit einem strengen Blick schien sie rückwärts unterzutauchen.

»Sie dürfen nicht sterben«, rief Koike; das Gras zerteilend entschwand er ebenfalls unseren Blicken. Nakamura und ich blickten uns an und folgten ihm verblüfft.

Am Rand der Klippe duckte Koike sich mit rundem Rücken tief nach unten wie ein in die Enge getriebenes Tier; am ganzen Körper leicht zitternd, verharrte er wie angewurzelt.

Die Frau war schon über den niedrigen Eisenzaun gestiegen, sie starrte Koike mit gerötetem Gesicht an, setzte sich mit einer fast anmutigen Bewegung am äußersten Klippenrand seitlich nieder und schob ihre Beine langsam über den Rand hinaus.

»Bitte, hören Sie auf«, flehte Koike und näherte sich vorsichtig um zwei, drei Schritte, kauerte sich noch tiefer und holte Atem, bereit, nach vorne zu springen.

Die beiden starrten sich lange in die Augen. Wessen Willenskraft würde das Gleichgewicht aufheben? Nakamura wollte sich einfach von der Seite auf sie stürzen, aber ich hielt ihn zurück, da es mir gefährlich schien. Koike löste sich allmählich aus seiner Bewegungslosigkeit und versetzte damit die Frau offensichtlich in immer größere Anspannung.

Als Koike mit einem weiteren Schritt die Hände der Frau, die das Geländer umfaßten, hätte erreichen können, schnellte er vorwärts auf den Zaun zu. Nur ein Atemzug, eine winzige Distanz stimmte nicht, die Frau löste die Hände vom Geländer, drehte den Rücken zum Himmel, rutschte, auf der Seite liegend, über den Rand des Felsens und war verschwunden.

»Halt«, rief Koike. Er stieg über den Zaun, ergriff mit der linken Hand das Geländer, um sich festzuhalten, und streckte die rechte Hand nach dem Felsen aus.

Am Klippenrand erschien das Gesicht, nur das Gesicht der Frau, ein bleiches Antlitz mit dem Zeichen des Todes mitten im Glitzern des Meeres.

»Was willst du denn?« fragte die Frau Koike mit leiser, deutlicher Stimme. Und dann huschte über ihre violetten Lippen etwas wie ein Lächeln.

»Hören Sie auf damit«, stammelte Koike, sprang weg von der Frau, kletterte über die Abgrenzung und kroch auf allen vieren zu uns zurück. Im gleichen Augenblick wandte sich das Gesicht der Frau dem Himmel zu und verschwand vom Rand der Klippe. Ein Stück Materie, etwas wie ein schwerer Sandsack, rutschte über den Felsen, ein lauter Schrei ertönte, der weder von einem Mann noch von einer Frau zu stammen schien, wurde in die Luft geschleudert, zog ein langes, langes Stöhnen mit sich in eine Tiefe, die einem die Sinne schwinden ließ. Dort ein dumpfer Aufschlag im Wasser. Koike stützte sich mit den Händen auf die Erde, krümmte sich und erbrach. Dann schüttelte er den Kopf über dem Erbrochenen heftig hin und her und begann lautlos zu weinen.

Nakamura kümmerte sich um Koike, und ich rannte so schnell ich konnte die Straße hinunter bis zu dem Fischerdorf in der Bucht. Jedesmal, wenn ich um eine Kurve bog, hatte ich das beängstigende Gefühl, der Horizont, randvoll mit schwerem Licht, neige sich mir entgegen. Als ich in die Polizeiwache stürzte und berichtete, nahm man die Sache gelassen, schien schon an Ereignisse dieser Art gewöhnt zu sein. Sofort waren Leute zusammengerufen, die von dem kleinen Anlegeplatz aus in ein Fischerboot stiegen und sich dabei über den letzten Vorfall unterhielten; mit gemächlich tuckerndem Außenbordmotor umfuhren sie die Klippe von der offenen See her und waren dann außer Sicht. Zum Auffischen der Leiche aus dem Wasser hatten sie ein Netz an Bord, das sich in nichts von einem normalen Fischernetz unterschied. Nach einiger Zeit erschienen Nakamura und Koike, beide mit gleichermaßen blassen Gesichtern, stellten sich schweigend neben mich und schauten auf das Meer.

»Sie fahren gerade mit dem Schiff raus, um sie zu bergen«, sagte ich nur.

»Wenn ich doch nur am Anfang nicht gezögert hätte und direkt auf sie zugerannt wäre«, meinte Koike niedergeschlagen.

»Der Fischgeruch ist hier so stark«, murmelte Nakamura, hockte sich am Kai nieder und erbrach ins Wasser. Das Erbrochene breitete sich fein im klaren Wasser aus und sank nach unten. Kleine Fische schwärmten mit glänzenden Flanken heran und schnappten danach.

Es dauerte dreißig Minuten, bis das Boot hinter der Klippe wieder auftauchte. Wir versuchten angestrengt, im Heck etwas zu entdecken, aber es sah nicht so aus, als läge dort etwas. Die Männer im Boot rauchten mit mürrischen Mienen – ganz anders als beim Auslaufen. Das Boot näherte sich schnell, und als wir uns vom Kai herabbeugten und in banger Erwartung hineinschauten, lag etwas auf dem braunen Netz am Schiffsboden, vom Wasser durchnäßt und in sich zusammengesunken. Eine weiße Wade mit blau durchscheinenden Adern war zu erkennen, ein eigenartig langer Nacken und zwei Arme, die den Kopf stützten.

»Sie lebt«, sagte einer der Männer irgendwie enttäuscht zu uns.

Trotzdem war anzunehmen, daß sie im Sterben lag oder zumindest schwere Verletzungen davongetragen hatte – doch als das Schiff am Anlegeplatz ankam und die Männer sie ansprachen, hob die Frau den Kopf, strich sich das an den Wangen klebende nasse Haar mit beiden Händen zurück, und während sie es so in Ordnung brachte, streckte sie sich träge und stand auf. Als man sie dann an den Händen die Hafenmauer hochgezogen hatte, bückte sie sich ein wenig, zupfte ihr nasses, am Körper klebendes Kleid von der Taille bis zum Saum mit den Fingerspitzen zurecht und schritt davon, den Blick sittsam auf ihre bloßen Füße gesenkt.

»Sind Sie – nicht – verletzt?« fragte Koike mit schwankender

Stimme, als die Frau auf uns zukam. Er trat ihr entgegen und lief dann rückwärts gehend neben ihr her.

»Danke schön. Es ist alles in Ordnung«, antwortete die Frau mit derselben Stimme wie auf der Klippe, senkte sanft ihren Kopf und ging, ohne Koike eines Blickes zu würdigen, neben den Männern den Sandstrand entlang zur Polizeistation. Den herbeilaufenden Kindern lächelte sie verlegen zu.

Nun hatte mich allmählich doch ein kaltes Gefühl der Furcht ergriffen. Ihr Körper lebte noch, nachdem er uns bereits sein bleiches Totenantlitz gezeigt hatte und mit hohlem Ton von der Leere um ihn aufgesaugt worden war. Sie triefte zwar vor Nässe, bewegte sich aber nicht anders als eine ganz normale Frau durch das friedliche Fischerdorf an der Bucht. Lächelte sogar freundlich den Kindern zu. Plötzlich stieg mir der Fischgeruch in die Nase. Der sonnenüberflutete Strand wurde vor meinen Augen mit einem Mal dunkel. Die bloßen Füße der Frau im Sand waren mir unangenehm. Hinter Koike und Nakamura, die ihr verwirrt nachschauten, bückte ich mich in eine Ecke und übergab mich.

Da die Frau letzten Endes unversehrt war, wäre es das beste gewesen, wenn wir uns danach nur an unsere Verwirrung erinnert und darüber gelacht hätten. Das machten wir immer, wenn wir in den Bergen eine gefährliche Stelle überwunden hatten. Nun aber äußerten wir alle lediglich unser Erstaunen über das günstige Schicksal der Frau und sprachen nichts weiter, fuhren von dort direkt mit dem Bus in die Stadt und kehrten einen Tag früher als geplant mit dem Nachtzug zurück.

»Daß wir in solch einem Fall nicht zum Himmel zu beten wissen – das ist eben unsere Schwäche«, murmelte Koike im Bus. »Deshalb laden wir uns alles mögliche auf, selbst das, was unsere Kräfte übersteigt.«

»Meinst du? Als die Frau sich im Boot aufrichtete, dachte ich ›Gott sei Dank‹ und sonst nichts. Habe ich damit nicht gebetet?« antwortete Nakamura.

Wenn ich überhaupt beten würde, dann zu dieser unheimlichen Frau, zu etwas Schrecklichem! Gerade wollte ich aussprechen, was mir da plötzlich in den Sinn gekommen war, doch die Abscheulichkeit eines solchen Gebetes machte mir Angst, und ich ließ es ungesagt.

Bis zum Schluß war es für uns schwer, über diese Sache zu reden. Wenn ich mit Nakamura alleine war, kam es schon vor, daß wir verschiedene Mutmaßungen anstellten über die Herkunft der Frau, die uns schließlich unbekannt geblieben war, über den Grund ihres Selbstmordversuches oder auch über ihr späteres Leben. Aber wenn Koike dabei war, unterhielten wir uns kein einziges Mal über diesen Zwischenfall. Und Koike war ein Mann geworden, der Frauen nicht mehr gerade in die Augen sehen konnte.

Nakamura und ich waren es dann auch, die daran mitwirkten, Koike und seine spätere Frau zusammenzubringen. Je mehr er von ihr angezogen wurde, um so mehr versuchte er, vor ihr zu fliehen. Als Freunde waren wir sehr besorgt um ihn. Nur weil wir beide damals an der Küste anfangs nicht aufgepaßt hatten, mußte Koike alleine eine schlimme Erfahrung machen. Und während Nakamura und ich auch danach im allgemeinen keine Probleme mit Frauen hatten, konnte Koike das damals erlittene Trauma bis beinahe zu seinem dreißigsten Lebensjahr nicht überwinden. Wir hatten das nagende Gefühl, daran auch schuld zu sein. Außerdem fühlten wir uns zu der Zeit fast ein wenig bedroht von der Freundin Koikes, seiner späteren Frau. Sie konnte es nicht mehr ertragen, daß er dauernd schwankte zwischen Begehren und Verweigerung, und deshalb drängte sie ihn: »Dann möchte ich deine besten Freunde treffen, sie fragen, was du für ein Mensch bist, und so Klarheit gewinnen.« Sie entlockte ihm meinen und Nakamuras Namen und unseren Arbeitsplatz, und eines Tages rief sie mich an. Koike sagte zwar zu mir, ich sollte mich nicht unnötig einmischen, aber ich merkte, daß er ganz offensichtlich von ihr angezogen war. Auf ihr Betreiben hin trafen wir uns mehrmals in der Stadt und redeten miteinander, aber da ich mir selbst – wie oft mir Koike seine Gefühle auch erklärt hatte – nicht ganz sicher war, konnte ich sie natürlich auch nicht gut überzeugen. Koike hatte ihren Stolz als Frau verletzt, doch sie brachte es nicht fertig, sich von ihm zu trennen, und litt sichtlich. Je mehr ich erklärte, desto gereizter wurde sie und überschüttete mich in vorwurfsvollem Ton mit Fragen. Zum Schluß wurde mir die Heftigkeit ihrer Liebe klar, und ich gab auf.

Eines Abends trieb sie mich wieder mit Fragen in die Enge, und so erzählte ich ihr schließlich von dem Vorfall am Meer. Sie schaute mir unverwandt in die Augen und hörte zu. »Seitdem ist Koike Frauen gegenüber so geworden«, fügte ich zum Schluß noch hinzu und dachte, daß ich ihr damit zum ersten Mal eine richtige Erklärung gegeben hatte. Doch zu meiner Überraschung ließ diese Erklärung sie aufbrausen. »Habt ihr solche Gefühle, wenn ihr mit Frauen verkehrt?« fragte sie nur, drehte sich zur Seite und gab keine Antwort mehr – wie sehr ich mich auch zu rechtfertigen versuchte. Nach einer Weile kam mir der Gedanke, daß wir auf unsere Umgebung wie ein streitendes Liebespaar wirken mußten, und auf mein Zureden hin begaben wir uns nach draußen.

Auf dem Weg zum Bahnhof war mir gar nicht richtig bewußt, wer da eigentlich neben mir ging. Als ich zufällig einen Blick auf ihr abwesendes, tränennasses Gesicht warf, tauchte plötzlich die seltsame Vorstellung auf, was wohl wäre, wenn ich sie jetzt an mich zöge. Die Sache würde dann ein Dreiecksverhältnis unter Freunden und als Liebesaffäre wohl sogar um einiges normaler. Aber natürlich konnte ich so etwas unmöglich tun. Selbst wenn ich nicht an Koike dächte und wir beide zusammenkämen, wußte ich nicht, wie sehr sie mir die Sache von vorhin übelnehmen würde. Nachdem ich mich am Bahnhof von ihr getrennt hatte, ging ich geradewegs zu Nakamura und erzählte ihm, was bisher geschehen war. Wenn es so weiterginge, sei das schlecht für Koike, meinte ich und überließ alles weitere Nakamura.

Eine Woche später kam er mit verdrießlichem Gesicht zu mir. »Wie man es auch sehen mag – Koike ist schuld. Er denkt immer nur an die eigenen Gefühle und versucht nicht einmal, seine Ängste für die Frau, in die er verliebt ist, aufzugeben. Wenn er sie gehen läßt, ist er kein Mann«, sagte Nakamura in seiner typischen Art, aber irgendwie schwang auch Ratlosigkeit darin.

Wir waren uns darüber einig, daß wir die beiden unbedingt zusammenbringen sollten. Als eine unnötige Einmischung empfanden wir es jedenfalls nicht.

Glücklicherweise schien Koikes Ehe gutzugehen. Wenn man sie traf, wirkte er frei und gelassen, und seine Frau, bei der früher die Nerven immer bloßzuliegen schienen, zeigte sich weich und rundlich, ihre Haut war klar und schimmernd geworden. Kinder bekamen sie auch. Dann heiratete Nakamura in einem Abstand, als habe er zuerst den Erfolg von Koikes Heirat abwarten wollen, und auch ich gründete schließlich einen Hausstand.

Fünf Tage bevor Koike starb, besuchte ich ihn im Krankenhaus. Es regnete wieder einmal den ganzen Tag, und in das Krankenzimmer war von irgendwoher der Geruch eines Bergbaches, von nassen Felsen und vom Unterholz im Wald gezogen und schwebte nun schwach im Raum. Auf Koikes Bitte hin setzte ich mich auf einen Stuhl an seinem Kopfende; er blickte mit dunkel eingefallenem Gesicht wie geblendet nach oben und begann ausführlich darüber zu reden, wie wir uns einmal zu dritt in einem Tal verlaufen hatten. Es war mehr als ein Jahr nach jenem Zwischenfall an der Küste. Wir hatten einen Weg in ein Seitental, den wir früher schon zweimal gegangen waren, verpaßt, und waren unversehens in ein völlig unbekanntes Tal hineingeraten.

Während wir talaufwärts gingen, wurde es immer steiler, wir erkletterten einige Felsabsätze, an die wir uns nicht erinnern konnten – schlossen aber trotzdem nicht daraus, daß wir uns verlaufen hatten, sondern gingen beinahe eigensinnig immer weiter. Als wir dann schon in der Nähe des Kammweges zu sein glaubten, wurde uns der Durchgang von einem ziemlich hohen Wasserfall versperrt; wir kletterten verbissen bis zu einer Stufe in mittlerer Höhe, blickten von dort zu der furchterregenden Felswand über uns empor und kamen endlich zur Besinnung. In dieser tiefen Taleinbuchtung, in die wir geraten waren, hatten wir nichts anderes im Blickfeld als den Wasserfall, der sein Wasser seltsam träge von oben herabschickte, schwarz-graue Felsen, die uns kesselartig von beinahe allen Seiten einschlossen und den Himmel, der sich rasch bewölkte. Lange Zeit schauten wir schweigend zu den Felsen hoch. Hätten wir so verbissen weitergemacht wie bisher, wäre die Felswand wohl zu bezwingen gewesen, aber die hinter uns liegende Strecke hatte auch einen Großteil unserer psychischen Kraft gekostet. Anstatt nach einer Kletterroute zu suchen, ermaß jeder nur die Menge an Energie, die er verbraucht hatte. Koike war als einziger nervös und ungeduldig. Seiner Meinung nach war das Risiko am geringsten, wenn man eine schwierige Stelle ohne Zaudern zügig ersteigt: Je länger man nachdächte, desto eher käme man innerlich ins Rutschen. Die Frage, ob wir auf dem richtigen Weg waren, hatte er bei seinen Überlegungen erstaunlicherweise völlig unberücksichtigt gelassen. Das verblüffte mich zwar, aber ich war mir selbst noch im Unklaren, ob wir uns wirklich verirrt hatten. Nach einer Weile meinte Nakamura trocken, es sei doch wohl das beste, auf alle Fälle bis zur ersten Abzweigung zurückzugehen. Nun war es einmal ausgesprochen, eine zutreffendere Feststellung gab es nicht. Wir kletterten mit Hilfe eines Seils die Felswand hinab, kehrten zum Anfang des Seitentales in derselben Zeit, die wir auch für den Hinweg benötigt hatten, zurück, und da es im Tal schon ziemlich dunkel geworden war, schlugen wir dort unser Zelt auf. Als wir am nächsten Morgen aus dem Zelt krochen, sahen wir auf den ersten Blick, daß diese Abzweigung die falsche gewesen war. An einem Bergbach, der kurz vor der richtigen Gabelung lag, waren wir in ein Tal eingebogen, das sich bis zu einer steilen Felswand vorgefressen hatte und in einem Wasserfall endete.

»Warum haben wir nur diesen Fehler gemacht?«

Geradeso, als sei es erst gestern gewesen, und als habe dieser Irrtum schwerwiegende Folgen nach sich gezogen, redete Koike von seinem Bett aus drängend und klagend auf mich ein.

»Im Tal macht man doch oft Fehler, die einem später völlig unerklärlich sind.«

»Trotzdem – an der Stelle waren wir doch vorher schon zweimal. Man hätte wirklich sofort bemerken müssen, daß es nicht ein so düsteres Tal war – wir waren immerhin zu dritt.«

Es klang, als wolle er jemanden verantwortlich machen. Seine Augen starrten mit vorwurfsvollem Blick in die Ferne. Und dann kam seine rechte Hand zitternd unter der Wolldecke hervor und umfaßte schlaff mein rechtes Handgelenk. Die rauhe, ausgetrocknete Handfläche streichelte meinen rechten Arm Stück für Stück vom Handgelenk bis zum Ellbogen. Ich unterdrückte meinen Widerwillen, wurde mir aber gleichzeitig auch der widerlichen Fettigkeit der Haut meines eigenen Armes bewußt, und ich antwortete ruhig: »Die Müdigkeit war schuld. Wir waren doch schon lange unterwegs. Wenn man erschöpft ist, urteilt man nicht mehr mit dem Kopf, man fängt an, mit dem Körper zu entscheiden. Man spürt, daß man so und so weit gegangen ist und jetzt die Abzweigung da sein müßte. Und durch die Ermüdung biegt man ein wenig zu früh...«

»...auf einen Seitenweg ab!« Koikes Mund umspielte zu meiner Überraschung ein ironisches Lächeln. »Aber man hat gar keine andere Möglichkeit. Wenn es im eigenen Inneren dunkel wird, dann wird auch das ganze Tal dunkel, nicht wahr? Es bringt nichts, zu sagen, es sei beim letzten Mal heller oder dunkler gewesen. In ein Tal kommt man immer zum ersten Mal. Und trotzdem, das Gefühl, ins Innere eines Tals einzudringen, das man zu kennen glaubt und dann doch wieder nicht – das Gefühl, auf dem Wege plötzlich nicht mehr weiterzukommen...«

Während Koike das murmelte, faßte er mein Handgelenk erneut und zog es unter die Wolldecke auf seine flache Brust. Als ich ihm dabei mein Gesicht leicht näherte, schaute er mir in die Augen und begann mit gedämpfter Stimme zu flüstern, als vertraue er mir ein wichtiges Geheimnis an.

»Ja, jetzt fällt es mir ein. Der Steinhaufen. Du weißt schon, an dieser etwas unübersichtlichen Stelle, als wir auf das Seitental trafen, da lagen fünf, sechs kleine Steine einfach so übereinander, als seien sie gerade von jemandem im Vorübergehen aufgehäuft worden. Dieses Wegzeichen stand mit Sicherheit an einer Stelle, die je nach Blickwinkel bedeuten konnte, man solle geradeaus gehen oder aber nach links in das Seitental hinein. Ein heimtückischer Streich. Da wir geradewegs von der rechten Seite des ausgetrockneten Flußbettes gekommen waren, sah es so aus, als weise der Steinhaufen auf das Seitental links. Aber jetzt weiß ich wieder. Als wir in das linke Seitental hineingingen, habe ich wirklich sofort gedacht: ›Das ist doch komisch, da stimmt doch etwas nicht!‹ Na, du doch auch, oder?«

»Ja, richtig, so war das.« Da er eine Antwort von mir forderte, stimmte ich widerspruchslos zu, aber als er das so sagte, glaubte auch ich mich zu erinnern, daß ich anfangs den starken Eindruck hatte, wir gingen in die falsche Richtung. Dabei brachte ich jedoch nicht die Willensstärke auf, es den beiden anderen gegenüber auszusprechen, und so marschierten wir zu dritt nebeneinander in das linke Seitental hinein.

»Wir haben uns in die Irre führen lassen, nur weil wir an der

Abzweigung nicht aufgepaßt haben.« Seine flüsternde Stimme bedrängte mich fast. Tief in seinen Augen flackerte es.

»Deshalb blieb uns nichts anderes übrig, als stumm weiterzugehen, auch nachdem wir das begriffen hatten. Genau so war es. Ich habe es wirklich gesehen, jedesmal, wenn wir an einen Felsabsatz kamen, winkte sie uns von oben näher, es blickte uns schrecklich vom Rand der Felsenstufen her an, das Gesicht der Frau...«

»Das Gesicht einer Frau? Warum hast du es uns denn nicht gesagt? Das macht man aber nicht unter Freunden.«

Ich wich mit diesem etwas verunglückten Scherz aus und zog unwillkürlich Gesicht und Hände von Koike zurück. Dabei wurde sein Kopf leicht vom Kissen gehoben, und er klammerte sich mit beiden Händen an meinen Arm. Sein halb lachendes, halb weinendes Gesicht, sein Gesicht, das jedem einzelnen der buddhistischen Heiligen in einer dunklen Tempelhalle glich – ich erkannte dieses Todeszeichen deutlich, es war das gleiche, das ich beim Tode meiner Mutter erlebt hatte. Von kalter Fassungslosigkeit übermannt, wollte ich mich vom Stuhl erheben, da streckte Koike seine Hände bis zu meiner Brust aus, packte mich, begann am ganzen Körper zu zittern, und preßte gleich darauf ein lautes Stöhnen aus seiner Brust.

»Ihr wart doch auch dabei. Wenn wir in ein Tal gingen, waren wir doch immer zu dritt, oder? Du gibst immer so genau acht, und auf Nakamuras Urteil kann man sich verlassen...«

Frau Koike stürzte herbei und trat zwischen uns, riß Koikes Hände von meiner Brust, schirmte mich mit dem Rücken ab, wandte mir kurz ihr Gesicht zu, legte ihren Zeigefinger leicht an die Schläfe und gab mir mit den Augen ein Zeichen. Dann nahm sie Koike fest in die Arme und drückte ihn mit ihrem Oberkörper auf das Bett zurück.

»Ich will nicht sterben, ich alleine, ich will nicht sterben«, rief Koike unter der Brust seiner Frau. Er wiederholte es immer wieder und begann laut zu weinen.

Frau Koike stützte sich mit einem Ellbogen auf das Bett und zog auch das linke Bein darauf, wobei sie mir eine durchscheinend weiße Kniekehle zukehrte, dann hob sie das rechte Bein vom Boden hoch, drückte es an die Bettkante und näherte ihre

Brust langsam dem Gesicht ihres Mannes, der nach oben schaute und weinte. Und während sie dann mit den Fingerspitzen das wirre Haar ihres Mannes streichelte, begann auch sie selbst mit weicher Stimme zu schluchzen.

Mitten im Rauschen des Regens hüllte ihr üppiges Schluchzen sein Stöhnen ein, schwoll an und brach immer wieder ab.

»Ich will nicht sterben«, stöhnte Koike erneut mehrmals, als erinnere er sich wieder daran, aber seltsamerweise schien ihn das Schluchzen seiner Frau zu besänftigen.

Als Koikes Stöhnen nach einer Weile aufhörte, erhob sich Frau Koike von seinem Bett, richtete unauffällig den Saum ihres weißen Kleides, strich ihre Haare aus der Stirn, wandte mir ihr leicht gerötetes Gesicht zu und schlug die Augen nieder. »Verzeihen Sie«, entschuldigte sie sich mit etwas heiserer Stimme.

Koike schloß die Augen und atmete ruhig im Schlaf.

Nach dieser Aufregung war ich unfähig zu einem Gedanken, ich stand wie erstarrt an der Wand und hörte auf das Rauschen des Regens. Die Stimmen der beiden, die das furchterregende Antlitz des Todes vor sich hatten, wo doch zu leben schon unerträglich geworden war, hatten mich mitten ins Herz getroffen. Das ist mir jetzt endlich klargeworden, am Ende der siebten Trauerwoche für Koike, während ich dem undeutlichen Klagen und Seufzen unzähliger Stimmen lausche, die sich inmitten der Geräusche des Tales verbergen.

Shin'ichi Hoshi

He, komm raus!

Der Sturm war vorübergezogen, und der Himmel strahlte wieder in einem herrlichen Blau.

In dem Dorf, das nicht weit von der Stadt entfernt lag, hatte es einige Schäden gegeben. Ein kleiner Schrein, der am Dorfrand in der Nähe eines Berges gestanden hatte, war durch einen Erdrutsch verschüttet worden.

Am Morgen erfuhren die Dorfbewohner davon.

»Wie lange hat dieser Schrein eigentlich dort gestanden?«

»Bestimmt schon ziemlich lange.«

»Wir müssen ihn sofort wieder aufbauen«, versprachen sich die Dorfbewohner, als sie an den Ort der Verwüstung kamen.

»Hier ist ja alles zerstört worden.«

»Hier hat er gestanden.«

»Nein, das war ein bißchen weiter drüben.«

Plötzlich rief jemand: »He, was ist denn das für ein Loch?«

Alle kamen herbei und versammelten sich um ein Loch von etwa einem Meter Durchmesser. Sie starrten hinein, aber innen war es dunkel, und nichts war zu sehen. Die Dorfbewohner hatten das Gefühl, das Loch reiche bis zum Mittelpunkt der Erde.

Jemand sagte: »Das ist bestimmt ein Fuchsbau.«

»He, komm raus!« rief ein junger Mann in das Loch hinein, aber der Grund warf kein Echo zurück. Er nahm einen Stein, der neben ihm lag, um ihn in das Loch zu werfen.

»Hör auf, oder du wirst es büßen müssen«, versuchte ein alter Mann ihn an seinem Tun zu hindern, aber er hatte den Stein schon entschlossen hineingeworfen. Aus der Tiefe des Lochs kam kein Widerhall. Die Dorfbewohner fällten ein paar Bäume, banden sie mit Seilen zusammen und errichteten einen Zaun um das Loch. Dann kehrten sie in das Dorf zurück.

»Was sollen wir denn jetzt machen?«

»Auf dem Loch können wir keinen Schrein bauen.«

Ein ganzer Tag verging, und sie konnten keine Entscheidung treffen.

Ein Journalist hatte von der Sache erfahren und war mit seinem Auto gleich zur Stelle. Auch ein Wissenschaftler tauchte auf. Mit einem Gesicht, das ausdrückte ›Es gibt nichts, was ich nicht verstehe‹, sah er sich das Loch an. Auch eine Menge Schaulustiger erschien und Leute, die wie Spekulanten aussahen und deren Blicke unstet umherhuschten. Ein Polizist hielt ununterbrochen Wache, damit niemand in das Loch fiele.

Der Journalist band ein Gewicht an das Ende eines langen Seils und ließ es in das Loch hinunter. Das Seil erreichte den Grund nicht, und als er es wieder hochziehen wollte, schaffte er es nicht. Ein paar Leute kamen ihm zu Hilfe und zogen an dem Seil, aber ihr Tun war vergebens, und das Seil wurde am Rand des Lochs zerfetzt. Als dies ein anderer Journalist, mit einem Photoapparat in der Hand, sah, löste er schweigend das dicke Seil, das er sich bereits um die Hüften gebunden hatte.

Der Wissenschaftler benachrichtigte ein Forschungsinstitut und ließ einen starken Lautsprecher bringen, um damit das Echo vom Grunde des Lochs zu untersuchen. Er variierte den Ton verschiedene Male, aber nichts tönte zurück. Er legte den Kopf schief, aber er durfte nicht aufhören, denn alle starrten auf ihn. Als nächstes befestigte er den Lautsprecher exakt am Rande des Lochs, drehte auf volle Lautstärke und ließ den Krach eine ganze Weile hinunterdröhnen. Auf der Erde hätte man ihn über zehn Kilometer Entfernung hören können, doch das Loch schluckte still jedes Geräusch.

Eigentlich war der Wissenschaftler ratlos, doch mit einem gleichmütigen Gesichtsausdruck drehte er den Ton ab und sagte in überzeugendem Ton: »Schüttet das Loch zu!« Denn es ist sicherer, eine Sache, die man nicht versteht, zu beseitigen.

Mit einem Gesichtsausdruck, als wollten sie fragen ›Was? War das alles?‹ verließen die Zuschauer den Ort des Geschehens.

Plötzlich drängte sich ein Spekulant durch die Menge nach vorne.

»Bitte, überlassen Sie mir das Loch. Ich schütte es für Sie zu.«

Der Dorfvorsteher antwortete: »Vielen Dank, daß Sie das Loch zuschütten wollen, aber wir können es Ihnen nicht überlassen, denn wir müssen hier einen Schrein bauen.«

»Ich werde Ihnen später einen viel schöneren Schrein bauen. Und eine Versammlungshalle dazu – wie wäre das?«

Bevor der Dorfvorsteher antworten konnte, riefen die Leute: »Wirklich? In diesem Falle wäre es aber besser, den Schrein näher am Dorf zu bauen.«

»Geben wir ihm doch das Loch!«

Somit war die Sache beschlossen. Auch der Dorfvorsteher hatte keinen Einwand.

Der Spekulant hielt sein Versprechen und baute für die Dorfbewohner einen kleinen Schrein mit einer Versammlungshalle in der Nähe des Dorfes.

Als bei dem neuen Schrein das Herbstfest gefeiert wurde, brachte die Firma des Spekulanten, die zum Zwecke des Loch-Zuschüttens gegründet worden war, an dem Schuppen, der sich neben dem Loch befand, ein kleines Schild an.

Der Spekulant ließ durch seine Freunde in der Stadt eine Kampagne starten: Von wegen es sei da ein unwahrscheinlich tiefes Loch entdeckt worden. Mindestens 5000 Meter soll das Loch tief sein, sagen die Wissenschaftler. Zur Lagerung von Atommüll ganz ideal!

Die verantwortliche Stelle erteilte die Genehmigung. Die Atomkraftwerke wetteiferten darum, Verträge mit dem Spekulanten abzuschließen. Die Dorfbewohner waren ein bißchen besorgt, aber man erklärte ihnen, daß für Tausende von Jahren die Erdoberfläche keinerlei Schaden nehmen würde. Schließlich willigten sie ein, als ihnen ein Teil des Gewinns zugesichert wurde.

Bald wurde eine wunderbare Straße gebaut, die von der Stadt in das Dorf führte. Lastwagen, beladen mit Metallkisten, fuhren auf dieser Straße. Über dem Loch öffneten sich die Deckel dieser Kisten, und der Atommüll fiel in das Loch. Tote Akten des Außen- und des Verteidigungsministeriums wurden ebenfalls hineingeworfen. Die Beamten, die für die Überwachung der Vorgänge verantwortlich waren, unterhielten sich über Golf. Die untergeordneten Beamten unterhielten sich über ihr Glück bei Spielautomaten, während sie die Akten in das Loch warfen.

Das Loch wurde nicht voll. Es schien viel tiefer zu sein, als man ursprünglich angenommen hatte. Oder dehnte es sich am Grund in die Breite aus? Die Entsorgungsfirma expandierte nämlich. Die Kadaver von Tieren, die bei Versuchen an der Universität mit ansteckenden Krankheiten infiziert worden waren, wurden herangeschafft und zusammen mit den Leichen von Landstreichern, die keine Anverwandten hatten, in das Loch geworfen. Das war besser, als sie dem Meer zu überlassen, und es war geplant, den Schmutz der Stadt durch ein langes Rohr bis zum Loch zu leiten.

Das Loch vermittelte allen Bewohnern der Stadt ein Gefühl der Sicherheit. Die Produktion war stetig gestiegen, aber niemand hatte sich mit dem Problem der Abfallbeseitigung befaßt. Die Menschen drängten alle in die Produktions- oder Vertriebsfirmen, aber zur Müllabfuhr wollte keiner. Doch auch dieses Problem würde sich allmählich durch das Loch lösen, hoffte man.

Mädchen, die sich verloben wollten, warfen ihre alten Tagebücher in das Loch. Sie warfen auch die Photos, die sie mit ihren früheren Geliebten zeigten, in das Loch; so war jede neue Liebe die erste. Die Polizei war erleichtert, denn das Loch befreite sie von beschlagnahmten gefälschten Banknoten. Die Verbrecher waren erleichtert, denn sie konnten das belastende Beweismaterial in dem Loch verschwinden lassen.

Das Loch nahm alles in sich auf, was man loswerden wollte. Es wusch und schwemmte den Schmutz der Stadt weg, und es sah so aus, als ob das Meer und die Luft wieder so sauber wie früher würden.

Immer mehr neue Häuser wuchsen gen Himmel.

Ein Arbeiter, der damit beschäftigt war, Nieten einzuschlagen, legte gerade eine Pause ein. Er stand auf dem hohen Stahlgerüst eines Gebäudes. Plötzlich hörte er eine Stimme: »He, komm raus!« Aber als er nach oben blickte, war nichts zu sehen. Nur der blaue Himmel erstreckte sich über ihm. »Das habe ich mir nur eingebildet«, dachte er. Aber als er den Blick wieder senkte, kam von da, woher er die Stimme vernommen hatte, ein kleiner Stein geflogen und streifte ihn. Gedankenverloren betrachtete er die immer schöner werdende Skyline der Stadt und merkte nichts davon.

Der Mann im Park

Im Wohnviertel abseits vom Stadtzentrum lag ein kleiner Park, der von den dicht an dicht gebauten Häusern ganz umschlossen war. Bäume gab es da und auch einen kleinen Teich, an dem ein Spazierweg entlangführte. Es war kein schlechter Ort, um sich ein wenig zu entspannen.

Der junge Mann hatte es sich zur Gewohnheit gemacht, hier auf dem Heimweg von seiner Firma vorbeizukommen, sich auf eine Bank zu setzen und ein Weilchen so zu verbringen. Nur an Regentagen oder wenn er einmal in Begleitung eines Kollegen war, ließ er von dieser Gewohnheit ab, sonst aber kam er meistens hierher.

Er war noch unverheiratet und hätte, auch wenn er früher zu Hause gewesen wäre, doch nichts zu tun gewußt. So war es für ihn fast die einzige Zeit echter Erholung, an einem schönen, hellen Abend auf der Parkbank eine Zeitschrift zu lesen. Gelegentlich liefen zwar kleine Kinder schreiend umher, aber da seine Lektüre nie besonders schwierig war, gewöhnte er sich ganz gut daran.

Eines Tages war der junge Mann wie immer in die Zeitschrift vertieft. Unterdessen hatte sich jemand neben ihn auf die Bank gesetzt. Aber der junge Mann kümmerte sich gar nicht darum und fuhr fort, zu lesen. Ein flüchtiger Blick auf den Fremden zeigte ihm sogleich, daß er sich vor seinem Banknachbarn wohl nicht besonders in acht nehmen mußte. Bald hatte er gänzlich vergessen, daß jemand neben ihm saß, denn der andere rührte sich fast nicht, er rauchte auch nicht, ja, er räusperte sich nicht einmal. Er spürte kaum, daß da jemand war.

Ziemlich komisch! Während dem jungen Mann auf einmal solche Gedanken durch den Kopf gingen, schaute er zur Seite und betrachtete seinen Nachbarn. Der war ein ganz alltäglicher Mann, vermutlich um die Fünfunddreißig. Vielleicht auch ein bißchen darüber oder darunter. Es war schwierig, ihn einzuschätzen. Der Mann hatte so gar nichts Charakteristisches an sich, selbst sein Anzug war unauffällig.

Der junge Mann ließ seine Augen wieder über die Seiten des Heftes gleiten. Er wollte versuchen, über den Eindruck, den er eben von seinem Nachbarn gewonnen hatte, nachzudenken. Aber es fiel ihm einfach nicht mehr ein, wie der andere ausgesehen hatte. Man konnte das Gefühl bekommen, die Masse der Alltagsmenschen habe einen Durchschnitt gebildet, und daß dieser eine Mensch die Gestalt eines Typus repräsentierte. Wahrscheinlich würde schon in fünf Minuten wieder jeder seiner Wege gehen; er würde ihn dann sicherlich sofort völlig vergessen und bestimmt auch kein zweites Mal mehr an ihn denken.

Was war das wohl überhaupt für ein Mensch? Der junge Mann hatte niemanden unter seinen Bekannten, der so eigenschaftslos war. Zwar waren auch manche seiner Freunde in sich verschlossen. Aber man konnte sie nicht mit diesem Mann vergleichen, denn sie alle wiesen doch wenigstens eine Eigentümlichkeit auf. Sein Nachbar hingegen hatte nicht einmal diese. Falls die Polizei aus irgendeinem Grunde nach ihm fahnden sollte, war sie sicher in einer verzwickten Lage.

Sein Interesse und seine Neugier waren geweckt. Wie könnte er ihn wohl ansprechen? Der junge Mann steckte sich eine Zigarette zwischen die Lippen und redete ihn an: »Entschuldigen Sie, haben Sie vielleicht Feuer?«

»Bedaure, nein, ich rauche nicht.«

Immerhin antwortete er; aber leider verrieten auch seine Stimme und sein Tonfall keinerlei Besonderheiten. Es gab keine Anhaltspunkte, die Rückschlüsse auf seinen Charakter oder Beruf zuließen. Was bedeutete wohl die Existenz dieses Mannes für seine Familie und seine Freunde? Der junge Mann holte Streichhölzer aus seiner Tasche hervor und zündete sich die Zigarette an.

»Ah, wenn man nur richtig sucht, hat man doch alles da. Entschuldigung...«

Damit war also der Anlaß zu einem Gespräch gegeben.

»Ich komme oft nach der Arbeit in der Firma hierher und ruhe mich ein bißchen aus.«

»Ach ja?«

»Kommen Sie auch manchmal in diesen Park?«

»Nein, heute ist es das erste Mal«, war die teilnahmslose Antwort.

»Ja, sind Sie denn mit irgend jemandem hier verabredet?«

»Naja, man könnte zwar sagen, daß ich warte, aber niemand kommt extra meinetwegen hierher.«

Das war wieder so eine zweideutige Antwort, deren Sinn der junge Mann nicht verstand. Möglicherweise wollte der andere sich nicht erklären. Dann war es vielleicht besser, sich nicht einzumischen und nachzufragen. Aber den Eindruck hatte er nun auch wieder nicht. Der Fremde sah nicht so aus, als habe er Angst, sei unsicher oder in seelischer Bedrängnis. Den jungen Mann verlangte es nun noch mehr danach, den Beruf dieses so überaus alltäglich erscheinenden Mannes in Erfahrung zu bringen.

»Entschuldigung, aber hätten Sie etwas dagegen, wenn wir ein wenig miteinander plauderten? Die Zeitschrift habe ich schon ausgelesen, und zum nach Hause gehen ist es noch zu früh...«

»Von mir aus.«

»Wo sind Sie denn angestellt?«

»Im Grunde nirgendwo.«

»Wie angenehm!«

»So ist es auch wieder nicht«, antwortete der Mann. Und wirklich: er sah nicht so aus, als könne er sorgenfrei in den Tag hineinleben. Er schien weder finanziell unabhängig zu sein, noch hatte man das Gefühl, daß er als Freiberufler seinen Lebensunterhalt verdiente.

»Aber müssen Sie denn keine Familie ernähren?«

»Familie habe ich nicht.«

»Ach so ist das.« Der junge Mann nickte.

»Es scheint, als haben Sie Interesse an mir. Das ist ungewöhnlich. Ein normaler Mensch würde wohl nicht so viel Anteilnahme zeigen.«

»Sie interessieren mich tatsächlich. Es ist zwar unhöflich, dies so offen zu sagen, aber jemandem wie Ihnen bin ich noch nie begegnet. Daher versuchte ich, mit Ihnen ins Gespräch zu kommen«, gestand der junge Mann aufrichtig.

»Sie würden mir wohl folgen, wenn ich nun aufstünde und wegginge?«

Der Mann lachte nicht, und sein Gesicht verriet nichts, was einer Gefühlsbewegung auch nur entfernt ähnelte. Der junge Mann konnte keinerlei Rückschlüsse aus seiner Mimik ziehen. Allerdings hatte der Fremde schon allein deswegen keine besonders geheimnisvolle Ausstrahlung. Vielmehr erschien es dem jungen Mann so, als unterhielte er sich mit der Luft.

»Ach, nun ja...«, machte der junge Mann. Vielleicht war der andere ohne jede Not und ohne Schwierigkeiten aufgewachsen. Vielleicht hatten ihn ja seine Eltern stets umsorgt. Der junge Mann versuchte aufs neue, etwas aus ihm herauszufragen.

»Ihre Eltern...«

»Habe ich nicht.«

»Oh, wie furchtbar. Wie lange ist es denn schon her, daß sie verstorben sind?«

»Ich hatte von Anfang an keine.«

»Unmöglich!«

»Nein, es ist die Wahrheit. Warum sollte ich Sie belügen?«

Seinem Gesicht war weder abzulesen, daß er den jungen Mann täuschen wollte, noch, daß er Witze machte. Dann war er vielleicht ein Waisenkind? Aber einen ausgesprochen vereinsamten Eindruck machte er auch wieder nicht. Dem Ton nach schien er es sich gar nicht zu Herzen zu nehmen, daß er keine Eltern hatte. Der junge Mann nahm eine Visitenkarte heraus und sagte: »Bitte, hier, mein Name.«

Der Mann nahm sie entgegen und erwiderte: »Ah ja. Als Angestellter scheint man es auch nicht immer so ganz leicht zu haben. Ich selbst kann Ihnen zu meinem Bedauern keine Visitenkarte überreichen. Ich habe keine.«

Hatte er damit gesagt, daß er nirgendwo angestellt war? Er brauchte wohl keine Visitenkarte. Der junge Mann konnte sich damit nicht zufriedengeben.

»Entschuldigen Sie, aber dürfte ich wohl dennoch Ihren Namen erfahren?«

»Ich könnte mir zwar jetzt einen passenden Namen für mich

ausdenken und Ihnen den dann sagen, aber mir fällt im Moment keiner ein. Die Wahrheit ist nämlich, ich habe einfach keinen.«

»Wie das – keinen Namen?«

»Es ist wirklich so. Hätte ich einen, würde ich ihn doch nennen.«

»Ja, meine Güte, was für ein Leben haben Sie denn dann bisher geführt?«

»Ach, eigentlich keines.«

»Eigentlich keines?«

»Es mag Ihnen zwar merkwürdig vorkommen, aber ich kann daran nichts ändern. Ich habe tatsächlich nichts gemacht. Ich wäre wirklich glücklich, wenn ich Ihnen einfach harmlose Antworten geben könnte, aber dies Talent fehlt mir nun mal auch. Bisher hat noch niemand solche Fragen an mich gerichtet. Daß es Leute wie Sie gibt, die Interesse an mir haben, und mich ansprechen – das konnte ich mir bisher durchaus nicht vorstellen.«

Allmählich verstand der junge Mann gar nichts mehr. Er sann nach und kam dann zu einem Schluß.

»Leiden Sie möglicherweise unter Gedächtnisverlust?«

»Nein, keineswegs. Hätte ich es verloren, würde ich mich doch bemühen, mein Selbst wiederzufinden.«

»Demnach haben Sie also nichts in Ihrem Herzen, was Ihre Vergangenheit betrifft?«

»Ja, genau.«

»Dann können Sie wohl ein völlig unbelastetes Leben führen?«

»Richtig, genauso ist es. Keine Erinnerung bedrückt mich, und ich kann daher wirklich ganz gelassen sein.«

»Ich kann es einfach nicht glauben. Ist denn so etwas überhaupt möglich? Wenn man Sie hört, könnte man meinen, Sie seien nur die Hülle eines Menschen.«

»Sie haben das sehr interessant formuliert. Aber es ist doch ein bißchen anders. Sicher werden Sie mich bald verstehen.«

Der junge Mann schüttelte ungläubig den Kopf und wandte ein: »Ach, vorhin sagten Sie doch, Sie würden hier auf jemanden warten.«

»Ja. Genaugenommen, hier in der Nähe.«

»Vergangenes kennen Sie nicht. Und doch haben Sie Vermutungen und Ahnungen. Das ist in der Tat seltsam! Eine Vergangenheit haben Sie nicht, aber die Zukunft kennen Sie ganz genau!«

»Aber so ist es nun einmal wirklich!«

Die Zeit verflog, und allmählich wurde es dunkel, doch dem jungen Mann kam es nicht in den Sinn, heimzukehren. Wahrhaftig, auf der Welt gibt es seltsame Menschen! Da denkt man, das sei nur ein ganz normaler Mann, und schließlich stellt sich das als ein gewaltiger Irrtum heraus: es ist ein höchst verdächtiger Kerl. Was hatte er wohl vor? Was auch immer es sein mochte, man spürte, daß bald etwas passieren würde.

»Darf ich mir anschauen, was Sie von nun an tun werden?«

»Sie würden mir ja doch folgen – ob es mir nun recht ist oder nicht.«

Der Fremde gab dieselbe Antwort wie vorhin, und der junge Mann hatte das Gefühl, durchschaut zu sein.

»Sie haben kein Erinnerungsvermögen für die Vergangenheit. Statt dessen verfügen Sie über eine Art hellseherischer Fähigkeit. Nicht wahr?«

»Es ist keine Fähigkeit, wissen Sie. Mir ist nur so, als müsse ich zu einer bestimmten Zeit an einem bestimmten Ort sein. Ich weiß nicht, wie ich es Ihnen noch genauer erklären könnte.«

»Nun, ich glaube fest, daß ich Sie beobachten muß, wenn ich Sie verstehen will.«

Was auch immer sich in Wirklichkeit abspielte, der junge Mann wollte sich mit eigenen Augen davon überzeugen. Es war höchst ungewiß, wer kommen mochte und den Fremden aus der Hypnose befreien würde, in der er sich offensichtlich befand. Auch der Ausgang der Sache insgesamt war ganz offen. Aber wenn er sich jetzt von ihm trennte, würden auf jeden Fall Ungereimtheiten bleiben, und später würde er es dann ebenso sicher bereuen, diese Fragen offengelassen zu haben.

Die Parkbeleuchtung glomm auf; die Nacht war hereingebrochen.

»Ich muß allmählich gehen...«, murmelte der Fremde, stand auf und schritt davon. Der junge Mann folgte ihm und verließ gleichfalls den Park. Nachdem sie ein Weilchen die Straße, die mitten durch das Wohnviertel verlief, entlanggegangen waren, kamen sie an die Stelle, wo die Bahngleise kreuzten. Genau dort, am Bahnübergang, blieb der Mann unvermittelt stehen. Der junge Mann hob daher an: »Es ist zwar eine etwas unübersichtliche Stelle, weil die Gleise hier in einer Kurve verlaufen, aber im Augenblick können wir ruhig hinübergehen. Falls eine Bahn kommt, leuchtet doch eine rote Lampe auf, eine Glocke ertönt und die Schranke senkt sich.«

»Nein, ich warte hier.«

»Auf wen denn...?«

Der Mann antwortete nicht. Er blieb ganz einfach stehen. Worauf in aller Welt wartete er wohl? Plötzlich kündigten das Blinken der roten Lampe und das Läuten der Glocke einen Zug an.

In diesem Augenblick kam ein Mann mittleren Alters, mit einer Tasche unter dem Arm, den Weg entlanggelaufen. Er zwängte sich unter der Schranke hindurch und schickte sich an, die Gleise zu überqueren. Aber da näherte sich die Bahn mit ziemlich hoher Geschwindigkeit. Der Mann wurde umgerissen und stürzte zu Boden.

Der junge Mann lief sofort auf den Gestürzten zu, umfaßte ihn mit den Armen und zog ihn von den Schienen auf die Straße, wo er ihn hinlegte. Der Verletzte war ganz in sich zusammengesunken und atmete nur noch schwach. Der junge Mann schimpfte, während er der vorbeigefahrenen Bahn nachsah. »...Dieser Zugführer! Und hält nicht einmal an!«

Darauf erwiderte der Mann an seiner Seite: »Das ist doch ganz natürlich. Der Zugführer konnte doch unmöglich ahnen, daß jemand jählings rüberrennen würde. Außerdem ist bei diesem Winkel nichts zu sehen.«

»Jedenfalls muß man einen Rettungswagen rufen.«

»Das wird wohl nichts mehr nützen. Er ist ziemlich stark verletzt. Auch ärztliche Hilfe könnte ihn jetzt nicht mehr retten«, sagte der Fremde bestimmt. Wahrscheinlich hatte er gewußt, daß alles so kommen würde. Ob es nicht doch Hellseherei war? Aber dann hätte er den Mann doch einfach nur zurückzuhalten brauchen. Der junge Mann fragte: »Ob das wohl Selbstmord war?«

»Nein, es liegt anders. Das ist nur passiert, weil er schnell nach Hause wollte. Daheim warten nämlich Frau und Kinder.«

Seine Worte waren diesmal klar und eindeutig. Ganz sicher

wäre er aber wieder ausgewichen, wenn von ihm selbst die Rede gewesen wäre.

»Es geht mir sehr nahe, daß dieser Mann so unachtsam gewesen ist...«, murmelte der junge Mann; doch der andere entgegnete ihm: »Sie brauchen nicht so traurig zu sein. Ich bin ja hierher gekommen, damit die Sache ein gutes Ende nimmt. Schweigen Sie bitte einen Augenblick! Ich muß mich jetzt konzentrieren.«

Der junge Mann stand an des Fremden Seite und tat, wie ihm geheißen, ohne zu wissen, was vor sich ging. Bald darauf sagte der andere: »Wie ist es?«

»Wie ist was?«

»Bitte, schauen Sie einmal mein Gesicht an!«

»Nanu, was ist denn das...?!« rief der junge Mann. Im Licht der Straßenlaterne erkannte er, daß das Gesicht des anderen dem des Verunglückten ziemlich ähnlich geworden war.

»...dann ist jener Mann...«

»Er wird bald sterben. Ich werde mich noch einmal ein bißchen stärker konzentrieren.«

Der andere beugte sich erneut zu dem Sterbenden hinunter. Dem jungen Mann war es schrecklich, mitanzusehen, wie jemand starb; da er aber auch nicht einfach wegrennen konnte, wandte er seine Augen ab.

Schließlich sagte der Mann: »...endlich, sein letzter Atemzug. Nun, jetzt kommt mein Auftritt.«

»Ich verstehe nicht, was da eben passiert ist und warum es geschah. Was werden Sie nun tun?«

»Ich werde nach Hause gehen.«

»Nach Hause? Wohin denn nach Hause?«

»Ich gehe zu jenem Haus, in dem Frau und Kinder warten. Ich muß mich beeilen. Ich habe heute in der Firma erfahren, daß ich befördert worden bin. Nun will ich ihnen mit dieser Neuigkeit eine Freude bereiten.«

Sein Gesicht glich nun völlig dem des Überfahrenen. Sogar der Anzug war gleich. Ob er ihn wohl gewechselt hatte?

»Aber wir können doch den Toten nicht so liegen lassen...«

Als der junge Mann in die Richtung schaute, wohin er mit dem Finger hatte deuten wollen, hielt er einen Augenblick den Atem an. Die Leiche, die eigentlich noch dort liegen sollte, war nämlich verschwunden. Der junge Mann blickte suchend umher, doch er entdeckte den Toten nicht.

»Aber das ist doch unmöglich...«

»Es ist genau so, wie Sie gesehen haben. Das ist meine Aufgabe.«

»Können Sie mir das nicht genauer erklären? Ich möchte das alles ein bißchen besser verstehen.«

»Nun, der Mann, der eben den Unfall hatte, ist in der Tat – wie Sie vorhin sagten – sehr bedauernswert. Sie müssen sich einmal vorstellen, der Unfall ist ihm am Abend seiner Beförderung zugestoßen. Er wird sich daher nur schwer von diesem Leben lösen können.«

»Hm, ja.«

»Nun, ich werde in seine Fußstapfen treten. Läuft das etwa nicht gut? Sogar der Zugführer braucht sich nun keine Vorwürfe mehr zu machen, nur, weil ein anderer unachtsam war.«

Der Mann nahm die Tasche und brach auf. Er wußte, zu welchem Haus er gehen mußte. Was hatte er wohl alles seinem Gedächtnis einverleibt, als er sich vorhin konzentrierte? Der junge Mann folgte ihm in einigem Abstand. Der Mann trat in ein Haus ein und rief: »Ich bin zurück.«

»Hallo! Schön, daß du wieder da bist!«

Darauf hörte man die Stimmen der Kinder: »Papa, du kommst aber spät!«

»Oh, ja, dafür habe ich aber eine gute Neuigkeit.«

Ein fröhliches Gespräch im Kreise der Familie begann. Wie er dies hörte, wurde dem jungen Mann unheimlich zumute. Im Park ging dem Fremden noch jede Eigenschaft ab, aber nun war er ganz zu dem Verunglückten geworden. Es war eine unglaubliche Geschichte, aber er hatte alles mit eigenen Augen gesehen. Er mußte es so hinnehmen, wie es sich ihm darbot. Leider konnte er nun nicht auch noch in jenes Haus eintreten, und so ging der junge Mann schließlich heim.

Ungefähr fünf Tage waren verstrichen, als der junge Mann einmal am Bahnübergang wartete und zufällig auf den Mann, der sich anschickte, nach Hause zu gehen, traf. Er sprach ihn an: »Hallo! Erinnern Sie sich noch an mich?«

»Tja, wenn Sie das so sagen, habe ich tatsächlich das Gefühl, daß wir uns neulich schon einmal begegnet sind.«

»Ist seither alles gut gegangen?«

»Ach so, diese Angelegenheit! Nun, ich habe mich inzwischen ungefähr zu neunzig Prozent angepaßt. Ich bin zwar fast völlig zu dem Betreffenden geworden, nur die diffizilen zwischenmenschlichen Beziehungen machen mir noch etwas Schwierigkeiten. Das braucht ein wenig Zeit. Doch werde ich sicher bald hundertprozentig angepaßt sein.«

»Und niemand hat Verdacht geschöpft?«

»Niemand, es ist wirklich gut gelaufen. Nun finde endlich auch ich Leben und Lebenssinn. Na, in der Firma gibt es natürlich auch Unannehmlichkeiten, aber es ist doch besser als nichts!« lachte der Mann, und der junge Mann nickte.

»So ist das wohl.«

Nachdem nochmals fünf Tage vergangen waren, wartete der junge Mann auf den anderen. Diesmal fühlte er sich zwar innerlich nervös und angespannt, aber nachdem er sich selbst beruhigt hatte, brachte er dann doch die Fragen zur Sprache, die er dem Mann aus dem Park hatte stellen wollen.

»Entschuldigen Sie, sind Sie vielleicht ein Außerirdischer oder so etwas ähnliches?«

Der Angesprochene runzelte die Stirn und erwiderte: »Bitte, überfallen Sie mich nicht mit solch befremdlichem Gerede. Ich kenne Sie ja gar nicht.«

»Aber haben wir uns denn nicht neulich im Park getroffen? Danach haben wir an diesem Bahnübergang...«

»Ich gehe zwar manchmal in den Park, weil er in der Nähe ist. Vielleicht sind wir dort sogar einmal aneinander vorbeigelaufen. Diesen Bahnübergang überquere ich immer. Was soll das also? Ich kann mich nicht erinnern, Sie je gesehen zu haben. Ich bin bei einer respektablen Firma angestellt, und neulich bin ich befördert worden. Es ist ein verantwortungsvoller Posten! Ich habe auch Familie. Ein Außerirdischer! Unterlassen Sie bitte solch kindisches Gerede! Es ist peinlich.«

Sein Tonfall war ernst. Er schien den jungen Mann überhaupt nicht zu kennen. Er war nun wohl tatsächlich zu hundert Prozent zu dem Verunglückten geworden. Da war offenbar nichts mehr zu machen.

Ob er wohl versuchen sollte, das Haus dieses Kerls aufzusuchen und seine Ehefrau aufzuklären, während dieser selbst sich im Dienst befand? Aber was sollte er sagen? Sollte er ihr etwa mitteilen: »Ihr Mann ist bei einem Unfall ums Leben gekommen, und Ihr jetziger ist ein anderer«? Es gab keinen Grund, ihm dies zu glauben. Der Mann aus dem Park war ja bereits zu hundert Prozent zu dem Betreffenden geworden. Was auch immer er tun würde, auch wenn er sie überzeugte, was konnte dabei schon Gutes herauskommen? Er würde die Frau und die Kinder nur unglücklich machen. Überdies war ja sogar dieser Kerl mit seiner jetzigen Position zufrieden und freute sich darüber.

Ob er wohl ein Außerirdischer war? Vielleicht war er auch ein Geist oder eine Art Elf? Es ließ sich nur sagen, daß er eine Art unbekannter Erscheinung war. Immerhin hatte die Begebenheit keine schlechten Folgen gezeitigt.

Von da an beäugte der junge Mann Fremde allerdings vorsichtig. Gelegentlich fiel sein Blick auf einen schlichten, äußerst gewöhnlichen Menschen ohne besondere Merkmale. Es waren Menschen, deren Eindruck erlosch, sobald man die Augen von ihnen abgewendet hatte.

In solchen Augenblicken dachte er: ›Vielleicht ist das einer, der genau um derselben Aufgabe willen existiert, wie einst jener Mann. In wessen Fußstapfen wird er wohl diesmal treten? Man weiß zwar nicht, wer diese Bediensteten entsendet, und von wo aus dies geschieht, aber durch sie wird wohl das Unglück in dieser Welt um ein bestimmtes Maß gemildert. Und wenn man es recht bedenkt, müßte es wohl auch in der Welt noch mehr Trübsal geben, wenn alles ganz gewöhnlich zuginge!‹

Senji Kuroi

Die Finger

Er spürte, wie etwas sanft von unten seinen Hintern berührte, doch darum konnte er sich jetzt nicht kümmern.

»Mach doch nicht so einen Lärm«, zischte er. »Du weckst ja den Kleinen auf.«

»Auf diese Weise versuchst du, alles vor ihm zu verstecken. Was ist dabei, wenn er aufwacht?«

»Das geht ihn gar nichts an. Er kann doch nichts dafür.«

»Er ist schließlich unser Sohn. Wieso geht es ihn nichts an, was zwischen seinen Eltern vorgeht? Warum sollte er nicht aufwachen und herkommen? Laß ihn nur die Augen aufmachen und genau erleben, was Papa und Mama da machen und warum.«

Das Beben in ihrer Stimme bei diesen letzten Worten ließ ahnen, daß ihre mühsam unterdrückte Erregung wieder ausbrechen könnte.

»Moment mal. Jetzt aber mal langsam, ja? Angenommen, er wacht jetzt auf und kommt her, er würde doch nur einen Schreck kriegen und nicht verstehen, was...«

Da hatte er plötzlich, deutlicher als vorher, das Gefühl, daß etwas Hartes gegen seinen Hintern drückte. Nun war der Teppich zwar ein recht fadenscheiniges, abgenutztes Ding, aber er saß ja schon seit vorhin darauf; außerdem trug er eine dicke Kordhose, und einen heruntergefallenen Obstkern oder ähnliches könnte er gar nicht spüren.

»O doch! Der versteht das. Ich möchte sogar behaupten, daß er so etwas viel schneller merkt als unsereins. Du machst es dir wohl nicht klar, aber er weiß es längst.«

Er hob den Hintern vom Boden und schob die Hand zerstreut in die linke hintere Hosentasche. Rechts hatte er immer nur Papiertaschentücher, aber in die linke Tasche pflegte er gelegentlich den Haustürschlüssel zu stecken.

»Was weiß er?«

Die Tasche war leer. Um seine Beine anders kreuzen zu können, war er mit dem Gesäß vorwärts gerutscht; daß er ihr dabei näher kam, mußte ihr als Drohgebärde erschienen sein, denn ihre Stimme wurde schriller.

»Was er weiß? Das kommt darauf an, was du tust. Alles!«

Man war sich ja selbst nicht über alles im klaren, was man tat. Da war es doch unerträglich, daß es ein Kind von noch nicht drei Jahren wissen sollte. Doch bei ihren Worten hatte er das unbehagliche Gefühl, daß die Augen seines Sohnes ihn genau beobachteten.

»Dann hör gefälligst auf, ihn immer mehr an dich zu binden. Reicht es nicht, daß er schon etwas weiß?«

Kaum hatte er zu Ende geredet, spürte er, wie ihn etwas in die linke Hinterbacke stieß, und ein Schauer lief ihm über den Rükken. Plötzlich berührte seine Hand, die an seinem Hosenboden entlangfuhr, einen irgendwie weichen und doch festen Gegenstand.

»Da kriecht irgendwas.«

Er war unwillkürlich aufgestanden und hatte einen Schritt auf seine Frau zu getan. Diese Bewegung mußte sie, bei ihrer krankhaften Angst vor Insekten, erschreckt haben, denn sie schauderte und sprang auf.

»Ein Krabbeltier...?«

Bei dem Gedanken, daß sich ein Tier unbekannter Herkunft in seiner Hose verfangen hatte, standen ihm die Haare zu Berge. An seinen Fingerspitzen haftete noch das unangenehme Gefühl, als hätte er einen Käfer ohne Panzer oder eine Raupe mit einer harten Schale angefaßt.

»Schau doch mal nach, ob es noch da ist.«

Er zog mit einer ruckartigen Bewegung die Hose herunter und wandte den Hintern seiner Frau zu.

»Nein, ... da ist nichts.«

Ihre ängstliche Stimme kam von weit her. Um ganz sicher zu sein, zog er noch seine Strickjacke aus und schüttelte sie kräftig. Nichts fiel auf den Teppich, auch nichts Zerdrücktes.

»Was kann das nur gewesen sein...?«

»Du fummelst wohl selber an dir herum und phantasierst dabei!«

Sarkasmus lag in ihrer Stimme, aber ihr Kampfgeist war angeschlagen, und ihre Stimme hatte nicht mehr die Intensität von vorhin.

»Mach keine Witze. Ich hab's ganz deutlich mit der Hand gespürt.«

Sie suchten auf allen vieren den Boden ab, doch es war nichts zu finden.

»Immer diese Spielchen!« seufzte sie und verschwand im Korridor zum Badezimmer.

»Das sind keine Spielchen. Irgend etwas ist da rumgekrochen, ganz sicher. Schau nur morgen beim Putzen genau hin.«

Statt einer Antwort hörte er, wie der Lichtschalter im Badezimmer angeknipst wurde. Er holte tief Luft und blickte sich noch einmal in dem nächtlichen Wohnzimmer um. Nichts bewegte sich, nur der grünlich leuchtende Sekundenzeiger der Uhr auf der Anrichte.

Zwei oder drei Tage schwelte der Streit zwischen dem Ehepaar unterschwellig weiter. Er gab sich Mühe, beizeiten nach Hause zu kommen und spürte, wie auch sie um das gefährdete Gleichgewicht bemüht war, wobei sie ihn ständig im Auge behielt. Doch er war heilfroh um diese Ruhe, und sollte sie auch nur oberflächlich sein. Dies war das nackte Gesicht des Alltags, wogegen wildes Unwetter oder strahlend blauer Himmel etwas Trügerisches, Ungewisses an sich hatten.

Keiner von beiden erwähnte das Ding, das ihm an jenem Abend das Gesäß berührt hatte. Sie zweifelte womöglich an der ganzen Geschichte, und auch er war entschlossen, den Vorfall, wenn er sich nur nicht wiederholte, als Sinnestäuschung oder Einbildung abzutun. Und wahrhaftig lag der ausgeblichene cremefarbene Teppich friedlich zu Füßen der kleinen Familie.

In der Hoffnung, daß es noch mehr solcher Tage gäbe, wollte er seine Haustür aufschließen. Sie ließ sich nicht öffnen. Er hatte doch den Schlüssel umgedreht, und trotzdem leistete die Tür hartnäckigen Widerstand und verweigerte jede Bewegung. Für alle Fälle schob er den Schlüssel noch einmal in das Schloß und drehte ihn in die entgegengesetzte Richtung; da gab die Tür unerwartet den Kampf auf und öffnete sich. Sie war gar nicht abgeschlossen gewesen. Auch die Kette war nicht vorgeschoben, obwohl es schon dunkel war. Da stimmte doch etwas nicht.

»Papa!« tönte es, und gleichzeitig hörte er die Trippelschritte seines Sohnes.

Er nahm den dick eingepackten Jungen auf den Arm und fragte gleich: »Wo ist Mama?«

»Die Mama hat *soooo* ein' Finger.« Er machte große Augen und wiederholte die gleiche unverständliche Geste immer wieder, wobei jedesmal der Speichel von den feuchten Lippen des Kindes dem Mann ins Gesicht tropfte.

»Du spuckst mich ja ganz voll!«

Als er sich mit dem Handrücken die Backe abwischte, strampelte der Junge vergnügt, doch als er ihn absetzte, rannte er schnurstracks zurück ins Wohnzimmer.

Dort sah er seine Frau zusammengesunken auf dem Boden vor dem Sofa kauern, die linke Hand auf den niedrigen Tisch gestützt.

»Was ist passiert?«

Er konnte die Besorgtheit in seiner Stimme nicht verbergen.

»Hallo. Da bist du ja wieder…«, murmelte sie leise und hob das Gesicht wie eine auftauchende Schwimmerin, ein kraftloses, blasses Gesicht.

»Warst du beim Arzt?« fragte er.

Der Junge, der mit angezogenen Knien neben seiner Mutter saß, berührte mit besorgter Miene ihre Hand, die auf dem Tisch lag.

»Nicht anrühren!« fuhr sie ihn an und entzog ihm die Hand, indem sie den Arm senkrecht aufstellte.

»Was ist mit deinem Finger?«

Er warf den Mantel beiseite und hockte sich neben sie.

Vom bloßen Hinsehen war nicht klar, was geschehen war.

»Mein Ring. Er geht nicht mehr ab.«

»Der Ehering?«

»Ja.«

»Du brauchst ihn doch gar nicht abzuziehen, oder?«

»Doch, doch. Er hat mich gedrückt, da wollte ich ihn kurz abziehen, aber er ging nicht ab.«

»Vielleicht hast du ja zugenommen.«

Sein Blick wanderte zu seiner eigenen linken Hand. Der schmale Platinring mit der feinen Gravur, im gleichen Design wie der seiner Frau, ließ sich ohne weiteres mit der rechten Hand auf dem Ringfinger drehen.

»Die Hand ist geschwollen! Schon seit Tagen!« Fast spie sie ihm die Antwort entgegen.

»Fehlt dir irgendwo etwas?«

»Ach, so allgemein...«

»Und deswegen bist du zum Arzt gegangen?«

»Nein, nur, um mir den Ring abmachen zu lassen.«

»Zu welchem Arzt?«

»Zu Dr. Kimoto.«

»Aber der ist doch Internist und Kinderarzt.«

»Ja, er hat mir eben etwas Harntreibendes verschrieben, damit die Schwellung zurückgeht.«

»Hat das was genutzt?«

»Es ist eher schlimmer geworden.«

»Na ja, von so einem Mittel hätte man das eigentlich nicht erwartet...«

Er untersuchte ihre auf den Tisch aufgestützte Hand aus jedem Blickwinkel. Am Handrücken konnte man nicht viel erkennen, aber als er die Hand dann von der anderen Seite betrachtete, mußte er unwillkürlich nach Luft schnappen. Der Ringfinger war vom Ansatz bis zum ersten Gelenk geschwollen wie ein Fischweibchen mit einem Bauch voller Eier; der Ring hatte sich in das Fleisch gefressen und war kaum noch zu sehen.

»Läßt er sich überhaupt noch bewegen?«

»...«

Sie kniff die Augen zusammen und schüttelte den Kopf.

Da nur der eine Finger so eigenartig geschwollen war, konnte es sich nicht einfach um Wassersucht handeln.

»Wann hat das angefangen?«

»Etwa vorgestern. Ich habe alles versucht, ihn abzuziehen, da hat er angefangen, immer mehr zu drücken... Dabei habe ich ihn am Abend vorher fast heruntergehabt.«

Sie hatte es mit Seife versucht, Olivenöl darauf gegossen, einen Zwirnsfaden zwischen Ring und Finger durchgezogen, dann die Geduld verloren und verzweifelt daran gezerrt, bis schließlich der Finger sich entzündet hatte und angeschwollen war. Gleich oberhalb der Stelle, wo sich das Metall festgebissen hatte, war der Finger rötlich angeschwollen; fast am Höhepunkt der Schwellung schimmerte blau ein Äderchen. Der Ring schaute darunter hervor, ganz wie der Gürtel unter dem Wanst eines fettleibigen Mannes. Ihn nach oben abzustreifen, war völlig undenkbar.

»Tut's weh?«

»Es brennt.«

Diesmal hielt sie den Kopf still und schloß nur die Augen. Sie schob das Kind, das sich bei seiner Frage nach vorn gebeugt hatte, mit der Rechten zurück und murmelte: »Ist schon gut.«

»Tja, da hilft wohl nur eins, durchschneiden.«

»Den Finger?« fragte sie mit entsetzter Stimme und riß die Augen weit auf.

»Unsinn, den Ring.«

»Kann man ihn dann wieder heilmachen?«

»Ein Spezialist wird ihn schon reparieren können.«

Er wußte nicht, ob man den Ring wirklich würde reparieren können, aber ein Ring hatte immer irgendwo eine Nahtstelle, und im Ernstfall konnte man ihn dort mit einer Art Zange durchtrennen, hatte er einmal gehört.

»Zeig nochmal her.«

Unerwartet bereitwillig hielt sie ihm ihren aufgestellten Finger entgegen. Die Klinge eines feinen Skalpells wurde in den aufgedunsenen Unterleib des Fingers hineingestoßen. Er sah schon das Blut spritzen, etwas – ein Zwischending zwischen Eiter und Fleischbrühe – herausfließen, und am Ansatz des plötzlich dünn gewordenen Fingers sah er deutlich den Ring, der – wie überflüssig – abglitt und herunterfiel.

Es geschah aber nichts dergleichen. Er wollte sich bloß den übermäßig geschwollenen Finger genau ansehen. Innerlich machte er sich Vorwürfe, obwohl er ja völlig unschuldig war; dabei ärgerte es ihn, daß sie selber diesen unnötigen Zustand provoziert hatte.

»Vielleicht sollte ich einfach einmal darüber schlafen und morgen sehen, ob das Medikament etwas geholfen hat«, sagte sie leise, während sie abwechselnd Handfläche und Handrücken betrachtete.

»Dafür ist es jetzt wohl schon zu spät. Was ist, wenn die Blutzirkulation abgeschnitten wird und der Finger verfault?«

»Da müssen wir es wohl mit der Feuerwehr versuchen«, meinte sie, und er hörte, wie sie seufzte. Sie dachte, daß die Feuerwehr für solche Fälle Werkzeug hatte.

»Na ja, den Notruf anzurufen, wäre vielleicht ein bißchen übertrieben...«

Er schlug im Telephonbuch die Nummer der nächstgelegenen Feuerwache nach und fragte den diensthabenden Feuerwehrmann, ob es dort wohl Werkzeug gäbe, mit dem man Fingerringe durchtrennen könne. Ja, sie hätten Schneidegeräte, meinte der, aber die hätten die Kollegen zu einem Einsatz mitgenommen; er solle doch bitte in einer Stunde wieder anrufen.

Als er das an seine Frau weitergab, gewann sie vor Erleichterung etwas Farbe zurück. Die linke Hand immer vor sich hertragend, stand sie auf und ging in die Küche.

»Das tut sicher weh. Wenn's irgendwas zu tun gibt, helf' ich dir.«

»Nein, nein, ich habe nur Durst.«

Weil sie dachte, es sei besser, keine Flüssigkeit zu sich zu nehmen, hatte sie seit Mittag nichts mehr getrunken, erzählte die Frau und leerte genußvoll zwei Glas Wasser. Jetzt hatte sie sich entschlossen, den Ring durchschneiden zu lassen, und es bestand Aussicht, binnen einer Stunde von den Qualen erlöst zu werden, die ihr der schmerzende Finger seit dem Morgen bereitete. Da die Anspannung endlich nachgelassen hatte, konnte sie den Durst nicht länger ertragen. Es war, als ob der angeschwollene Ringfinger Wasser trank.

Sie hatten zwar von Reparatur gesprochen, aber der Gedanke, daß in einer Stunde einer der beiden als Paar gefertigten Ringe durchgeschnitten sein würde, ließ ihm irgendwie keine Ruhe. Auch quälte ihn eine Vorahnung, daß seine Frau ihn auch nach der Reparatur nicht wieder überstreifen würde.

Plötzlich kam vom Boden lautes Gelächter des Jungen. Die Augen ins Leere gerichtet, die Aufmerksamkeit auf irgendeinen

Punkt konzentriert, war er plötzlich in Gelächter ausgebrochen. Zuerst dachte er, daß das Kind angefangen hatte, Krach zu machen, weil es ihm im Zimmer zu ruhig geworden war, doch das schien nicht der Fall zu sein. Aber es hatte auch nicht den Anschein, als würde das Kind sich nur mit seiner eigenen Phantasie beschäftigen. Es rutschte bald nach rechts, bald nach links und lachte nach einer kurzen Pause plötzlich los. Er spürte, wie ihm dieses Benehmen irgendwie Unbehagen bereitete.

Das Ding! Fast in demselben Augenblick, als ihm dieser Gedanke kam, fragte er scharf: »Was gibt's denn zu lachen?«

»Ja, aber... an meinem Popo...«

»Was ist mit deinem Popo?«

»Du hast mich doch gepiekst...«

Er sprang hin und nahm das Kind hoch. Der Junge war erschrocken und lag mit weißem Gesicht in seinen Armen.

»Was piekst dich in den Popo?«

»Da...«

Das Kind blickte ängstlich auf den Teppich hinab.

»Ein Viech?«

Der Junge schüttelte schweigend den Kopf.

»Ein Stück Holz?«

Er überlegte kurz und schüttelte dann wieder den Kopf.

»Was war's denn?«

»Da...«

Das Kind zeigte mit seinem dünnen Fingerchen auf den Teppich.

»Was ist denn?«

Die Frau kam aus der Küche zurück. Sie trug noch immer ihren Finger vor sich her.

»Das Ding ist wieder da«, sagte er.

»Welches Ding?«

»Na, das Ding von neulich Abend.«

Er meinte diesen weichen und doch festen Gegenstand wieder zu spüren, den er an jenem Abend mit seiner Hand berührt hatte, als er seinen Hosenboden abtastete.

»Das Ding hat den Kleinen von unten in den Popo gepiekst.«

Die linke Hand immer auf der Höhe ihres Kopfes, ließ sie mit Unbehagen ihren Blick über den Boden schweifen.

»Da ist aber nichts.«

Ob der Finger ihr wohl wieder zu schaffen machte? Auf ihrer Stirn stand eine kleine Falte.

»An seiner Hose ist auch nichts.«

Die beiden sahen einander an.

»Da...«

Erneut zeigte das Kind mit dem Finger auf den Boden. Bei einem der Tischbeine auf dem abgewetzten Teppich schien sich plötzlich etwas bewegt zu haben. Hastig trat er auf die Stelle, fühlte aber durch die Sohle seines Hausschuhs nichts als den platten Fußboden.

»Was ist denn da? Was machst du?«

Ihre Stimme klang halb skeptisch, halb schon überzeugt. Sie warf einen Blick auf die Wanduhr. Dann meinte sie: »Vielleicht sollten wir uns schon einmal auf den Weg machen und unterwegs bei der Feuerwache anrufen.«

»Ich will auch zu den Feuerwehrmännern!« verkündete der Kleine.

Er setzte das aufgeregt strampelnde Kind ab. Vielleicht war es das beste, wenn sie zu dritt zur Feuerwache gingen.

Der Ring ließ sich unerwartet leicht durchtrennen. Als er von ihrem Finger entfernt wurde, stieß sie einen langen Seufzer aus. Sie nahm den offenen und verbogenen Metallreif an sich, wikkelte ihn in ein Taschentuch und steckte ihn in ihre Handtasche, wie jemand, der seinen gerade gezogenen Backenzahn vom Zahnarzt erhält.

Die entzündete Stelle wurde leicht desinfiziert, und man empfahl ihr, in der nächsten Zeit kein Geschirr zu spülen und die Schwellung kühl zu halten, ohne Wasser drankommen zu lassen. Sie bedankten sich und verließen die Feuerwache. Obwohl die Schmerzen nicht sofort weg waren, mußte sie wohl große Erleichterung über die Beseitigung der Ursache verspüren, denn als sie den Rückweg antraten, redete sie wie ein Wasserfall.

»Ich wollte das ja eigentlich nicht erzählen, aber ich habe schon öfter versucht, ihn abzuziehen, und es ging nicht.«

»Warum denn?«

»Nun ja, weil es wehgetan hat.«

»Ach, was! Warum du versucht hast, ihn abzuziehen, will ich wissen.«

Als er die Frage wiederholte, sah er das in ein Taschentuch gewickelte Stück Metall vor sich, das man nicht mehr als vollständigen Reif bezeichnen konnte. Eigentlich hatte er befürchtet, sie würde ihm vor den Augen des Feuerwehrmannes schweigend den Ring hinhalten, sobald er vom Finger entfernt war. Er hatte aufgeatmet, als der zerschnittene Ring in das Taschentuch eingewickelt und in der Handtasche verstaut war. Seine Erleichterung in diesem Moment war größer gewesen als die, die er beim Durchtrennen des Ringes verspürt hatte.

»Also, das erste Mal versuchte ich es etwa einen Monat, nachdem ich ihn aufgesteckt hatte. Ich hatte an dem Finger einen Ausschlag bekommen, lauter so rote Pünktchen. Und dazu hat es ganz durchdringend geschmerzt. Da bin ich zum Hautarzt gegangen, und der hat gemeint, daß meine Haut das Metall vielleicht schlecht verträgt.«

Er versuchte, sich zurückzuerinnern, ob damals irgend etwas gewesen war. Plötzlich, wie wenn man eine Spielkarte umwendet, hatte er ihr dünnes Gesicht von damals vor Augen. Er erschrak und verscheuchte schnell das Bild. Vielleicht hatte er in diesem Augenblick seinen Sohn unwillkürlich fester an sich gedrückt, denn der kicherte plötzlich.

»Aber so schnell wollte ich ihn eigentlich nicht ablegen, also habe ich die Salbe benutzt, die er mir verschrieben hat, und ein bißchen die Zähne zusammengebissen – und da ist es von alleine besser geworden.«

»Und das nächste Mal?«

»Ehe der Kleine geboren wurde, als ich hingefallen bin und mir den Finger verstaucht habe.«

Diesmal war er gewappnet. Das Bild kam nicht an ihn heran und verlosch gleich wieder.

»Und das war jetzt das dritte Mal?«

»Nein...«

»Wann?«

»Ende Mai letzten Jahres.«

Das war, als er mit seinen Kollegen in einer Woche mit mehreren Feiertagen für zwei Tage zum Golfspielen gefahren war. Auf einmal wußte er nicht mehr, ob sie von dem Ring oder über irgend etwas anderes sprach.

Das Kind in seinen Armen wurde plötzlich unruhig und verkündete, daß es Hunger habe. Da merkte er, daß die gewöhnliche Abendessenszeit längst verstrichen war. Er wandte sich seiner Frau zu, die neben ihm herlief, und schlug vor, auf dem Heimweg irgendwo essen zu gehen. Schließlich durfte sie ihre Hände nicht benutzen, und außerdem war es schon spät. An der Bushaltestelle ragte das orangefarbene Schild der Restaurantkette Royal Host leuchtend in den Nachthimmel. Der Junge erspähte es sofort und deutete darauf. So folgten die drei von der Feuerwehrwache Heimkehrenden dem Zeichen und traten in das Familienrestaurant ein.

Auf dem von der Kellnerin zugewiesenen Platz angelangt, studierte die Frau etwas nervös die große Speisekarte. Dann stand sie unvermittelt auf.

»Ich muß eben kurz telephonieren.«

»Mit wem?«

»Ich komme gleich wieder.«

»Bestell doch erst etwas.«

»Spaghetti.«

Sie warf das Wort hin und ging mit gesenktem Kopf nach hinten. Wie sie ihre Linke vor sich hertrug, sah sie aus, als wolle sie sich mit einer schwach glimmenden Kerze den Weg erhellen.

»Wo ist Mama?« fragte der Junge, der jeden Moment von seinem Stuhl herunterzurutschen drohte.

»Telephonieren.«

»Wohin denn?«

»Weiß ich nicht…«

Das Kind hatte einen Finger erhoben und zeigte irgendwo in das Innere des Restaurants. Ihm wurde klar, daß es nicht wissen wollte, wen sie anrief, sondern wohin sie telephonieren gegangen war. Trotzdem setzte er den Jungen gerade hin. Der ausgestreckte Finger endete in einem geradezu papierfeinen Nagel.

Sie warteten und warteten, aber die Mutter kam nicht zurück. Die Spaghetti waren da und mit ihnen der Hamburger und der kleine Teller Kartoffeln, doch von ihr war nichts zu sehen. Während er auf das Kind aufpaßte, das jetzt Spaghetti essen wollte, kam es ihm ohne eigentlichen Grund in den Sinn, daß sie wohl mit ihrer Mutter telephonierte. Die Vorstellung, daß an der Innenseite des zerschnittenen Ringes Fleischfetzen haften mußten, ließ ihm keine Ruhe.

Nach drei Tagen war der Finger der Frau wieder ganz normal. Was mit dem durchgetrennten Ring geschehen war, sagte sie nicht, also stellte er auch keine Fragen. Zurückgeblieben waren ihre beiden Ringfinger, seiner mit, ihrer ohne Ehering.

Und dann, als hätte es nur darauf gewartet, daß der ganze Tumult nachließ, war das Ding wieder da. Nach dem Bad, im Schlafanzug und den Bademantel über den Schultern, saß er gerade geistesabwesend vor dem laufenden Fernseher. Seine Frau, die eben, weil sie wieder beide Hände benutzen konnte, ihre Haare gewaschen hatte, kam herein, ein Handtuch um den nassen Kopf gewickelt.

»Wollen wir was trinken?«

Nicht, daß er Durst gehabt hätte, aber Schweigen war auch peinlich.

»Was möchtest du denn trinken?«

Lästige Frage!

»Vielleicht was Kaltes…« hob er an, als plötzlich seine Frau, die zur Anrichte gehen wollte, einen Schrei ausstieß und zurückwich. Zunächst nahm er an, daß ihr vielleicht eine Kakerlake über den Weg gelaufen war, doch er wußte sofort, daß das Ding wieder da war, und er stand auf.

»Wo ist es?«

»Was denn…? Das…«

Sie war in die Mitte des Zimmers zurückgewichen. Ihre Stimme zitterte.

»Das Ding…«

Auch seine Stimme zitterte.

Wo sich die untere Kante der Anrichte leicht in den Teppich eingrub, stak ein einzelner Finger. Er ragte fast bis zum zweiten Gelenk aus dem Teppich heraus und war nicht besonders dick, doch die Form des Nagels, der zur Hälfte sichtbar war, ließ auf den Zeigefinger eines Mannes schließen. Langsam drehte er sich, so daß der Nagel sich abwendete, und krümmte leicht die Glieder, wie, um ihnen zu winken. Im nächsten Augenblick war er ihren Blicken entschwunden.

»Was war das eben?«

Als sie sich ihm zuwandte, schauten ihre Augen ins Nichts, der Blick eines Menschen, der sich nicht erklären kann, was er gesehen hat.

»Das Ding!«

»Das Ding?«

»Das Ding, das mich und den Kleinen die ganze Zeit in den Hintern gepiekst hat!«

Er bekam unter seinem Schlafanzug eine Gänsehaut. Daß er diesen Finger nichtsahnend angefaßt hatte...!

»Ein... Finger?«

»Ja. Der Zeigefinger von einem Mann, glaube ich.«

»Ja, aber wie...?«

»Keine Ahnung...«

Es war nicht allein das Auftauchen des Fingers, was er nicht verstand. Er untersuchte sorgfältig den Teppich an der Stelle, wo der Finger verschwunden war, doch da war kein Loch; auch sonst war der Teppich nirgends beschädigt. Es war gerade, als hätte jemand den Finger aus dem Wasser gesteckt und dann wieder zurückgezogen.

Sie setzten sich beide auf das Sofa, zogen die Beine an und beäugten noch eine Weile den Wohnzimmerboden.

»Wenn man in ein Zimmer kommt, wo sich so etwas herumtreibt, und...«

Als hätte sie plötzlich Angst bekommen, tastete sie mit dem Fuß nach ihrem Hausschuh und zog ihn dann jäh wieder zurück.

»Ist es wieder da?«

»Nein, ich glaube, das war mein Hausschuh...«

»Ach, mach dir keine Sorgen. Das Ding zeigt sich nur im Wohnzimmer.«

»Warum?«

»Es gefällt ihm wohl hier.«

»Was ist, wenn es herauskommt und niemand ist da?«

»Na ja, wenn es nur ein Finger ist, wird wohl nichts weiter passieren.«

»Und wenn noch einer dazukommt?«

»Wenn es zwei einzelne sind, können sie ja wohl nichts forttragen.«

»...«

Darauf antwortete sie nichts. Er selbst glaubte nicht so recht an seine Worte, aber es gab im Moment keine andere Möglichkeit, sie zu beruhigen. Der Fernseher zeigte gerade einen fröhlichen Werbespot. Die Bewegungen auf dem Bildschirm nahmen keine Rücksicht auf ihre Gefühle.

Von jenem Abend an wurde der Finger auf einmal frech. Am folgenden Nachmittag, als er gerade bei der Firma ein Kundengespräch hatte, wurde er plötzlich von dem Empfangsmädchen herausgerufen: »Ein dringendes Gespräch, Ihre Frau.«

»Das Ding, es ist wieder da!« kam leise, mühsam beherrscht, die Stimme seiner Frau aus dem Hörer in seiner Hand.

»Wie, am hellichten Tag? Wo denn?«

»Direkt vor dem Fernseher. Auf dem Teppich.«

»Derselbe wie gestern abend?«

»Er schaut mich dauernd an.«

»Bewegt er sich?«

»Den Kopf, ein ganz kleines bißchen... Was soll ich nur tun?«

»Es ist doch nur der eine, oder?«

»Ja, aber...«

»Da kann man jetzt nichts machen. Mach dir einfach keine Sorgen. Wenn du's gar nicht mehr aushalten kannst, dann bleib vom Fernseher weg, geh aus dem Haus, und schließ ab. Ich komme, sobald ich kann.«

»Ja, aber, wenn ich nur daran denke, daß sich in meinem Haus so etwas herumtreibt...«

»Macht doch nichts. Es ist ja nur da und tut nichts.«

»Na ja, vielleicht...«

Die Stimme schien sich zu entfernen, dann wurde der Hörer aufgelegt. Er blickte auf und sah, wie das Mädchen, das ihn vorhin aus dem Empfangszimmer gerufen hatte, unentwegt zu ihm herüberschaute.

»Ist irgend etwas?«

Auch sie flüsterte, als hätte die Stimme am Telephon auf sie abgefärbt.

Gibt's bei Ihnen im Wohnzimmer auch Finger, die auf dem Teppich herumkriechen? wollte er fragen, unterdrückte aber den Impuls und schüttelte den Kopf. Er trug ihr noch auf, beim nächsten Mal auszurichten, er werde zurückrufen. Dann kehrte er in das Empfangszimmer zurück. Während seines Gespräches mit dem Kunden kam ihm mehrmals das Bild des Fingers vor Augen und ließ sich nicht vertreiben.

Sie sei mit dem Kind zu einer Bekannten in die Nachbarschaft gegangen, berichtete seine Frau, und als sie zurückkamen, sei der Finger fort gewesen. Er schärfte ihr mit leiser Stimme ein, sie solle bloß niemandem davon erzählen. Er erinnerte sich an die lebhafte, alleinwohnende Witwe, die seine Frau vorhin besucht hatte, und stellte sich vor, sie könnte bei dieser alles ausplaudern, was zu Hause vorgefallen war. Darüber zu reden, könnte ihr vielleicht Erleichterung verschaffen, meinte er, aber man müßte sich dabei doch schrecklich schämen. So, als ob sich das Haus vor einem Fremden nackt auszöge. Ungewöhnlich fügsam nickte sie ihre Zustimmung. Auch das war äußerst beunruhigend.

Die Nacht verging ohne Zwischenfall, obwohl er das Vorgefühl gehabt hatte, daß das Ding noch einmal erscheinen würde, ehe sie schlafen gingen. Doch auch beim Anblick des Teppichbodens, der ganz friedlich dalag, verspürte er eine seltsame Unruhe.

Als er am folgenden Tag heimkehrte und eben den Schlüssel in das Schloß stecken wollte, wurde die Tür von innen aufgeschoben, und seine Frau kam ihm völlig außer Atem entgegen, den Sohn auf dem Arm.

»Es ist da, gerade jetzt.«

»Derselbe?«

»Weiß ich nicht, ich hab' es eben erst bemerkt.«

Das Kind zappelte übermütig in ihren Armen: »Es ist da, es ist da!«

Diesmal saß es vor einem kleinen Bücherschrank, der jenseits der Anrichte stand. Der Finger war schlank und weiß, und der lange, saubergefeilte Nagel glänzte mit farblosem Nagellack.

»Hmm, das ist wohl eine Frau...«, meinte er.

»Was für eine Frau?« fragte sie schnell.

»Woher soll ich das wissen? Der hier ist eben schlanker als der letzte, und...«

Der Finger, der etwas unterhalb des zweiten Gliedes aus dem Teppich hervorragte, wandte sich ihnen ganz langsam zu und richtete sich dann auf. Nach dieser etwas trägen Bewegung und der Länge des Fingers zu schließen, handelte es sich möglicherweise um den Mittelfinger einer Frau.

»Tu etwas! Schnell!«

Ihre Stimme klang schrill. Der Junge schrak zusammen und lief zu seinem Vater. Der wußte immer noch nicht, was zu tun war, doch er schluckte seine Unentschlossenheit hinunter und näherte sich dem Finger. Wenn ich ihn schnell packe, dann fühlt er sich bestimmt kühl an, überlegte er nervös, als er sich zu dem Finger hinunterbeugte. Da wandte ihm der Finger den Bauch zu, drehte sich leicht, sank langsam in den Teppich und verschwand.

»Er ist weg...«

Auf einmal spürte er seine Müdigkeit und dehnte sich. Er hörte den keuchenden Atem seiner Frau.

»Vielleicht geht es weg, wenn man es richtig mit den Augen fixiert«, meinte er.

»So etwas Ekelhaftes! Das könnte ich gar nicht!«

Sie hatte den Jungen auf das Sofa gesetzt und bedeckte mit beiden Händen ihr Gesicht. Natürlich trug sie an der linken Hand keinen Ring.

Danach tauchten die Finger immer öfter auf. Am häufigsten kamen sie abends, doch auch morgens zeigten sie sich. Als die Frau nach dem Aufstehen in das Wohnzimmer gegangen war, um den Ölofen anzuzünden, stand ein Finger regungslos neben dem Gerät. Er hatte gehört, wie sie schrie: »Das Ding ist da!« war in das Wohnzimmer gestürzt und gerade noch rechtzeitig gekommen, um den männlichen Finger mit dem kurzgeschnittenen Nagel verschwinden zu sehen.

Am frühen Nachmittag, als sich seine Frau plötzlich vom Spülbecken wegdrehte, hatte sie gesehen, wie ihr Sohn mit einem Finger, der neben der Steckdose aufgetaucht war, Kuckuck spielte. Als er seine Hand danach ausstrecken wollte, hatte sie geschrien: »Nicht anrühren!« und ihn schnell weggezogen. Da hatte er angefangen zu weinen, während sich der Finger seelenruhig in Luft auflöste.

Am unheimlichsten war immer der Augenblick, in dem man einen Finger entdeckte, der unbemerkt die ganze Zeit schweigend dagestanden hatte. Das ging so weit, daß alles, was auf dem Teppich herumlag, ob Spielbausteine, Wäscheklammern oder Kekskrümel, wie ein Finger aussah. Oft lachten sie gerade darüber, daß sie es sich wieder nur eingebildet hatten, gingen hin, und – da war es tatsächlich ein Finger, der sich davonmachte. Sie kamen überein, die Finger möglichst ignorieren zu wollen, da sie ja keinen eigentlichen Schaden anrichteten. Doch daran glaubten sie selbst nur, solange sich kein Finger zeigte. Würden sie sich erst einmal an die Finger gewöhnt haben, verginge denen vielleicht auch die Lust zu erscheinen, dachten sie. Doch sich an die Finger, die überall im Wohnzimmer wortlos auftauchten und wieder verschwanden, zu gewöhnen, war ein Ding der Unmöglichkeit.

Als hätte sich die Anspannung der Eltern auf den Sohn übertragen, bekam dieser jetzt öfter Durchfall, und die Frau fing an abzunehmen. Wir müssen etwas tun, überlegten sie fieberhaft, doch es fiel ihnen keine Strategie ein. Sie dachten sogar an Umzug, verwarfen aber die Idee. Dabei spielte nicht so sehr die erst zu einem Drittel abbezahlte Hypothek eine Rolle, sondern die Sorge, daß sie in der neuen Wohnung genauso heimgesucht werden könnten.

Der einzige Trost war, daß die Finger aus irgendeinem Grund nur im Wohnzimmer auftauchten.

Es war Sonntag nachmittag. Vor dem Mittagessen, das wieder einmal auf sich warten ließ, bemerkte er, daß das Ding wieder da war, und zwar neben dem Papierkorb, der an der Wand in der Nähe des Sofas stand. Er behielt es jedoch für sich. Es schien ein weißer Frauenfinger zu sein.

Ehe sie sich an den Eßtisch setzten, blickte seine Frau ihn wortlos an, um sich zu vergewissern, daß alles in Ordnung sei. Alles in Ordnung, nickte er ihr zu. Zu dritt schlürften sie die heiße Nudelsuppe mit rohem Ei. Hoffentlich ist es weg, wenn wir nachher wieder ins Wohnzimmer gehen, dachte er.

Doch, als sie zurück ins Wohnzimmer kamen, stand der Finger noch genauso da. An der leichten Biegung des untersten Gelenkes, dem feinen und zierlichen Ausdruck und der anscheinend steifen Bewegung war zu erkennen, daß es der Ringfinger einer Frau war. Heute trug er keinen Nagellack, und der Nagel hatte seine natürliche, leicht rötliche Färbung.

Dem Jungen, der die Arme um seines Vaters Knie schlang und ihm etwas sagen wollte, befahl er, sich auf das Sofa zu setzen. Als seine Frau eintrat, bat er sie: »Zeigst du mir eben mal deine Hand?«

»Meine Hand?«

Sie schaute ihn kurz an, warf dann schnell einen Blick auf den Teppich und erblickte den Finger.

»Nein, deine linke Hand.«

Ohne ihre Entdeckung aus den Augen zu lassen, hielt sie ihm wie mechanisch die andere Hand hin. Er nahm sie. Sie hatte die Hand eben noch im heißen Spülwasser gehabt, und die Finger waren noch feucht und weich. Er bog vier der Finger weg, um nur noch den Ringfinger aufrecht stehen zu lassen. An seinem Ansatz gab es keine Spur mehr, daß sie dort einmal einen Ring getragen hatte.

»Aua! Was soll das?«

»Ja, genau, ein Ringfinger.«

»Was fällt dir ein? Du bist wohl übergeschnappt!«

Sie riß sich los und wischte die Hand an ihrer Schürze ab. Wenn der Finger bloß ein bißchen weiter herausschauen würde, dachte er, dann könnte man erkennen, ob er beringt ist oder nicht. Da klingelte es.

Die Stimme seiner Frau und die kräftige Stimme der Witwe begrüßten sich gleichzeitig. Sie sei eben beim Blumenladen vorbeigekommen, und da hätten sie ein Sonderangebot gehabt, und es sei ja nur ein kleiner Topf, aber die Alpenveilchen seien doch gar zu schön gewesen, und da habe sie gedacht, sie wolle ihnen eins schenken, erzählte sie in einem Atemzug. Seine Frau schien zu zögern, bat sie dann aber doch, einen Moment hereinzukommen. Na ja, es sei ja Sonntag, und da wolle man nicht ins traute Heim eindringen, meinte die Witwe, folgte dann aber ohne große Umschweife in das Wohnzimmer.

Sie tauschten Höflichkeiten aus, und die Witwe setzte sich, ehe sie ihr überhaupt einen Stuhl anbieten konnten, auf den Teppich und sagte: »Ui, ist das aber ein heißes Zimmer!« Sie hatten keinen Augenblick Zeit, sie vor diesem Sitzplatz zu warnen. Wo sie nun saß, gegenüber dem Papierkorb, mußte sie den Finger auf dem Teppich gut sehen können. Als er vom Sofa aufstand, um den Papierkorb zu verrücken, bemerkte er, wie seine Frau, immer hinter dem Rücken der Besucherin, wie versteinert auf das eine Tischbein starrte. Drei oder vier Zentimeter von dem Knie der Witwe entfernt, stak der rote Zeigefinger eines Mannes. Die Witwe hatte den Topf mit den Alpenveilchen noch in der Tüte auf den Tisch gestellt und sagte gerade: »Sie dürfen aber nicht vergessen, einen Untersetzer darunterzustellen«, wobei sie sich etwas anders hinsetzte. Dabei fiel ihr Blick auf den Finger auf dem Teppich.

»Oh, haben Sie jetzt so was im Haus?«

Ihre frische Stimme schien nicht so sehr Erschrecken, sondern eher unterdrückte Belustigung auszudrücken. Im nächsten Augenblick klatschte es laut vom Tischbein her. Sie hatte eine heruntergefallene Zeitung in ihrem Schoß dünn zusammengerollt und damit nach dem Finger auf dem Teppich geschlagen.

Dann richtete sie sich auf, drehte den Kopf und blickte über die Schulter in Richtung Papierkorb. Mit einer Behendigkeit, die man ihrem plumpen Leib nicht zugetraut hätte, reckte sie sich und knallte die Zeitung auf den Boden neben dem Papierkorb.

»Das ist ja wie Maulwürfe-Hauen! Hahaha! Sie kennen doch das Spiel?«

Lachend rutschte die Witwe auf den Knien voran und schlug vor dem Tisch etwas weiter rechts auf den Boden. Dort mußte ein weiterer Finger aufgetaucht sein. Dann begann ein Fangspiel, in dem sie mit dem gerollten Zeitungspapier auf die immer von neuem auftauchenden Finger losging. Es war, als ob alle die Finger, die getroffen im Fußboden versunken waren, auf einmal wieder hervorgekrochen kamen. Da waren weiße Finger und rote Finger, Finger mit glänzenden Fingernägeln und Finger mit Haaren auf dem Rücken.

»Das macht Spaß! Man muß so tun, als ob man nicht hinschaut, und dann tüchtig draufschlagen.«

Damit richtete sich die Witwe auf den Knien auf, warf sich geschickt nach links und rechts und fuhr fort, die Zeitung auf den Fußboden zu knallen. Die Familie, die sich auf das Sofa geflüchtet hatte, sah mit angehaltenem Atem entgeistert zu.

Er hatte den Jungen unbewußt an sich gezogen. Der schlang plötzlich die Arme um seinen Hals und fing heftig an zu weinen.

»Hören Sie bitte auf. Lassen Sie das!«

Etwas wie Wut wallte in ihm auf. Was glauben Sie, wo Sie sind? wollte er schreien. Da hörte er, wie seine Frau tief Luft holte und sagte: »Das nächste Mal tue ich es selber.« Ihre Stimme klang seltsam beherrscht.

»Oh, – jetzt bin ich wohl ein bißchen zu weit gegangen.«

Die Schultern zurückgeworfen und schwer atmend, setzte sich die Witwe endlich wieder hin.

»Bitte, entschuldigen Sie. Hoffentlich war es nicht die Zeitung von heute früh.«

Sie hielt die noch zu einem Stock zusammengerollte Zeitung in der Hand. Sie war am Rande zerrissen, und die Fetzen hingen herunter. Im Nachmittagslicht, das durch das Fenster fiel, tanzten noch die Staubpartikel. Auf dem Teppich war nicht mehr das Geringste von den Fingern zu sehen.

»Ach, die Zeitung ist nicht so wichtig.«

Seltsamerweise war sein Ärger verflogen. Ohne vom Sofa herunterzusteigen, gab er dem Jungen, der noch ein wenig schluchzte, einen sanften Klaps nach dem anderen auf den Po.

»Gibt's bei Ihnen auch so was?« fragte er.

»Du meine Güte, was hätten sie denn bei einer alten Hinterbliebenen wie mir zu suchen?«

»Aber es hat sie schon einmal gegeben...«

»... Nun ja, vor vielen Jahren.«

Die Witwe, die die Zeitung nun sauber auf ihrem Schoß ausgebreitet hatte, hielt ihr Gesicht unvermittelt ins Licht. Das Gesicht glänzte und zeigte einen gelösten Ausdruck, als wolle sie einer fernen Sonne nachjagen, und aus seinem Innersten schien jeden Moment ein feuchtes Etwas überquellen zu wollen.

»Ob die Finger wohl wiederkommen?« fragte er leise, wobei er das Kind, das endlich zu weinen aufgehört hatte, auf dem Sofa absetzte.

»Dann können Sie ja wieder draufhauen«, entgegnete sie etwas ungeduldig und stand plötzlich auf.

»Eigentlich wollte ich Ihnen ja nur die Blumen vorbeibringen, und jetzt habe ich mich doch in etwas eingemischt, was mich nichts angeht. Bitte verzeihen Sie mir, und lachen Sie mich nachher ruhig aus.«

Ohne ein weiteres Wort zu verlieren, machte die Witwe eine tiefe Verbeugung, verließ geschwind das Wohnzimmer und schloß die Flurtür hinter sich. Behutsam setzte er die Füße auf den Boden, auf dem sich der Staub noch immer nicht gesetzt hatte, und sagte halb zu sich selbst: »Was... was war das eben?«

»Hast du doch gehört, Maulwürfe-Hauen«, sagte die Frau nur und hob die völlig zerknitterte Zeitung vom Teppich auf. Aus den Plastiktüten auf dem Tisch schauten drei weiße Alpenveilchenblüten hervor.

An diesem Sonntag wachte er mitten in der Nacht plötzlich auf. Irgendwo tief in der kühlen Finsternis verschmolzen die ruhigen Atemzüge seiner Frau und seines Sohnes. Vorsichtig, um ihren Schlaf nicht zu stören, verließ er das Lager.

Er betrat den kalten Korridor und tastete sich bis zur Wohnzimmertür vor. Er schob die Hand durch den Türspalt und drückte auf den Lichtschalter. Zwei-, dreimal blinzelte die Neonröhre an der Decke und beleuchtete dann den ausgeblichenen Teppich. Direkt unter dem Licht stand einsam ein dünner Finger. Es war eindeutig der Ringfinger seiner Frau. Als er auf Zehenspitzen heranschlich, machte der Finger eine leichte Bewegung, als wollte er sich unter den Fußboden zurückziehen.

»Ich schlag' dich nicht. Ich tu' dir ja nichts...«, rief er dem Finger zu.

Da war der Finger auf einmal ganz verschwunden. Auf dem Teppich blieb ein matt glänzender Ring zurück. Als er ihn aufhob, war der Ring noch an einer Stelle durchgetrennt und verbogen. Er schloß den Ring, der noch etwas Wärme abstrahlte, in seine Hand, löschte das Licht und verließ das Wohnzimmer. –

Toshio Moriuchi
Zeit der Zikaden

Irgendwann einmal – an einem Abend im Spätherbst, das Abendessen war schon beendet – saß die Familie noch am Eßtisch, und jeder vertrieb sich die Zeit auf seine Weise. Ein deutsches Zigarillo zwischen den Lippen, schälte Sudō Kōshirō sich einen Apfel. Er tat es gutgelaunt, weil niemand ihm deswegen Vorhaltungen machte. Gerade noch hatte er in einem Buch gelesen und schließlich die Hand nach dem frischen Obst ausgestreckt, das in der Mitte des Eßtisches aufgehäuft lag.

Sudō schälte den Apfel mit einem ziemlich stumpfen Obstmesser. Wenn jemand etwas Ungewohntes tut, kommt dabei oftmals sein wahres Wesen zum Vorschein. So war noch ganz fest in seinem Unterbewußtsein, den Apfel, statt ihn in vier Stücke aufzuteilen, rundherum abzuschälen, um ihn wie in seiner Jugend von allen Seiten abzunagen. Sudō war weder besonders gewandt noch besonders ungeschickt. Mit seinem fünfzehnjährigen Sohn Yoshio, der jetzt neben ihm über einem Radsportmagazin saß, hatte er vor einigen Jahren mit großer Begeisterung gemeinsam zwei Segelschiffe in leere Whisky-Flaschen eingebaut. Sudō hatte in seiner Mittelschulzeit einen Kurs für Hobbyelektriker besucht und beständig Schaltpläne und Einzelteile gekauft, um ein Superradio mit fünf Röhren zu bauen. Seine Geduld stand seiner Geschicklichkeit um nichts nach. So hatte er bisher gelebt, so lebte er jetzt, und er hatte vor, immer so weiterzuleben.

Die älteste Tochter Itsuko, die in die letzte Klasse der Volksschule ging, hatte ihr Lehrbuch vor den Heften aufgestellt und richtete über den Rand des Buches hinweg ihren Blick auf den Vater. Als sie klein war, hatte sie sich mit Vorliebe unter Vaters Morgenrock verkrochen, und die beiden waren noch zusammen ins Bad gestiegen, als sie schon zehn Jahre alt war, aber jetzt sah sie ihn mit einem schon fast feindseligen Ausdruck an. Er verstand sie natürlich, war aber dennoch etwas verlegen. Sich zu ihrer früheren Naivität zu bekennen war ihr unmöglich, doch erwartete er von ihr Verständnis für ihr früheres kindliches Handeln, wenn auch nur vorübergehend. Itsuko war Mitglied im Schulchor und ging morgens sehr früh zum Üben. Eigentlich hatte er gedacht, daß man in diesem Verein nur den Gesang schult, doch man trainierte dort auch körperlich ziemlich hart, vielleicht, weil man so Lungenkapazität und Bauchmuskulatur formen wollte. Dadurch war sie ein gesundes, tatkräftiges Mädchen geworden.

Itsuko saß ihrem Vater direkt gegenüber; daneben schrieb seine Frau Kiyomi einen Brief an ihre Eltern zu Hause. Ab und zu fragte sie ihren Mann nach Schriftzeichen, an die sie sich im Augenblick nicht erinnern konnte. Er antwortete ihr etwas geistesabwesend.

Der Rauch des Zigarillos, das er im Mund hielt, drang ihm in die Augen, doch er störte sich nicht daran und konzentrierte sich auf die Tätigkeit seiner Hände, denn er bemerkte jetzt, daß Itsukos Augen unverhohlen auf ihn gerichtet waren. Er fühlte sich herausgefordert. Auf dem Bildschirm im Eßzimmer war gerade eine wilde Autojagd zu sehen, doch keiner von ihnen schaute zu. Weder den Fliehenden noch den Verfolgern schenkte man Beachtung.

Sudō schälte mit dem schlecht schneidenden Messer die Schale in einem zusammenhängenden dünnen, langen Streifen ab und kam sich dabei eher albern vor. Schon ein Meter. Die ganze Zeit über war er genau beobachtet worden, und nun konnte er nicht mehr aufhören. Erst jetzt schmeckte er mit unbeteiligtem Gesicht, wie bitter die Tabakblätter am Mundstück waren.

Itsuko fragte meistens bei ihrer Mutter nach, wenn sie eine Rechenaufgabe nicht lösen konnte, doch irgendwann war ihr eingefallen, auch ihren Vater einmal um Hilfe zu bitten. Es handelte sich um eine Textaufgabe, die nicht aus einem Lehrbuch, sondern aus einem Übungsbuch stammte, und er hatte sie durch Multiplikation von Bruchzahlen einfach lösen können. »Was denn, Papa, du kannst das ja auch!« hatte sie unbekümmert gelacht, und dieses Lachen auf ihrem Gesicht war Sudō sehr nahegegangen. ›Was hält man wohl von mir als Familienoberhaupt?‹ fragte er sich. Wenn nötig, war er auch heute durchaus noch in der Lage, Mathematikaufgaben vom Schwierigkeitsgrad der Universitätsgrundausbildung zu meistern. Die Erinnerung an diesen Vorfall stach ihn wie ein Dorn. Aber solche Dinge wie Respekt, Vertrauen, Autorität werden vielleicht nur durch Nichtigkeiten aufrechterhalten.

Sudō wurde ganz selbstvergessen und konzentriert. Wenn man beim Schälen eines Apfels eine große Länge erreichen will, muß man auf die Breite achten. Schneidet man zu fein und dünn, reißt die Schale durch ihr eigenes Gewicht ab.

Der Rausch des Abendtrunkes verflog – bisweilen suchen einen manche Tage, die das Leben bringt, grausam und gnadenlos heim. Sie sind wie eine Rasierklinge, nur oberflächlich rostig und stumpf, aber wenn man sie packt, schneidet man sich doch.

Yoshio hob den Kopf, Itsuko legte das Lehrbuch flach hin, und auch Kiyomi sah auf. Jemand hätte etwas sagen sollen, doch alle schwiegen. Auch der Scherz, den Sudō hatte machen wollen, kam ihm nicht über die Lippen.

Zum Abendessen hatte es Spareribs, Kroketten und Cole Slaw gegeben, dazu hatte er zwei Liter Bier getrunken. Als Dessert hatte er sich Savoy-Käse abgeschnitten, der gar nicht wie Käse aussah, denn er war mit schwarzen Traubenkernen umhüllt; seinen zarten Geschmack hatte er zusammen mit einem Cognac genossen.

Sicherheit, Sattheit und Fülle des Wohllebens – mit diesem Gefühl hatte Sudō auf die Zukunft der Familie geschaut, und die Zukunft hatte ihm ein kleines Lächeln zurückgeschickt. Doch jetzt stand ihm wegen eines Streifens Apfelschale der Schweiß auf der Stirn. Das heißt, im Augenblick hing seine ganze Persönlichkeit und der Sinn seiner Existenz an einer Apfelschale.

Yoshio stieß einen Pfiff aus, gerade so, als wolle er sich über jemanden lustig machen. Itsuko hatte den Kopf in die Hände gestützt und blickte starr vor sich hin. Kiyomi schaute nach oben, kaute an der Spitze ihres Kugelschreibers und schien etwas auszurechnen.

›Warum, um alles in der Welt, muß ich wegen so etwas leiden?‹ fragte sich Sudō, und die Antwort war ganz »einfach«. Das Problem bestand nur darin, ob er das Spiel, den Apfel in einem Stück abzuschälen, durchhalten wollte oder nicht. Er durfte nicht um Hilfe bitten oder aufgeben, sonst würden sie über seinen Fehlschlag spotten. Es würde das glückliche Zusammensein an diesem Herbstabend verderben, der Geborgenheit schaden und dunkle Schatten auf die Zukunft der Familie werfen.

Des Menschen Natur ist so beschaffen, daß er andere um Hilfe ersucht, wenn er sich in die Enge getrieben fühlt, doch das ist meistens nichtige, vergebliche Mühe. Sudō Kōshirō kam zu einem Entschluß. War er bis heute nicht schon mehrmals in ähnliche Situationen geraten und hatte er es nicht immer wieder irgendwie geschafft, sich aus den Schwierigkeiten herauszuhelfen?

Er trank zuviel Bier. Er übertrieb es mit dem Cognac. Deswegen schwitzte er so. Der Rauch des ausgedrückten Zigarillos, dessen Glut noch nicht ganz verloschen war, stieg aus dem Meerschaumaschenbecher auf. Dieser kam aus Tansania und war eigentlich von schlechter Qualität, aber dennoch luxuriös.

Aus der Ferne tönte ohne Unterbrechung das Sirren der Regenschauerzikaden. Ihre Stimmen durchdrangen die Leere und wiesen ihm mit Eifer den durchsichtigen Tunnel, den auch er einmal durchqueren mußte. Das Sirren eines Zikadenschwarms – es klang wie ein Flüstern aus dem Munde eines großen Mannes, geheimnisvoll lächelnd und doch in einem von Schmerzen verzogenen und erstarrten Gesicht. Die Zeit der Zikaden war längst vorüber, und doch war es keine Einbildung. Seine Ohren hörten sie wirklich. Wie hätte man es anders beschreiben sollen, was er hörte: Sie bohrten mit ihren schrillen Stimmen ein Loch in die Leere und riefen inmitten der fühllosen Kühle draußen die Stille hervor. Vielleicht mußte es ihm ja, wegen des angestrengten Lauschens auf die Stille, so in seinen Ohren klingen. Ein festes Handtuch, ausgewrungen bis zum Letzten. Nun kommt die Lähmung, die Betäubung. Sudō Kōshirō war dieses nasse Handtuch.

Eine Erinnerung bedrängte Sudō. Er konnte sie nicht fassen, wurde sie aber auch nicht los. Da fielen ihm Bruchstücke eines Gedichts ein. Es stammte von einem Poeten, dessen Werke er in seiner Jugend sehr gemocht hatte.

Auf einem Stein im August festgeklammert
ein Schmetterling voll des Glücks jetzt, seinen Atem
aushauchend
Wer vermag es, um sein Schicksal wissend,
in der heftigen Sonnenglut des Sommers zu leben?
....
Sieh doch, wie dort die Sonne
einen kleinen, tiefen, schönen Schatten
unter dem Baum mir schafft!

Für Sudō Kōshirō kehrte der Sommer nicht wieder. Doch dagegen war nichts zu machen.

»Verdammt«, stieß er hervor. Genau da passierte es. Der Fernseher lief immer noch, jetzt eine Werbesendung in erhöhter Lautstärke. Trotzdem waren unverkennbar die Schreie einer jungen Frau zu hören. Die Stimme rief um Hilfe. In der Nachbarschaft fing ein Hund an zu bellen. Das Haus der Sudōs lag in einem ruhigen Wohnviertel und war nur zu erreichen, indem man von der Hauptstraße her viele Male abbog. Zu dieser Jahreszeit war nach acht Uhr abends kaum noch Verkehr, so daß die Schritte von Leuten, die am Haus vorbeigingen, deutlich zu hören waren.

Die Schale des Apfels, die lang und dünn herabhing und noch länger werden sollte, riß plötzlich ab.

Draußen hörte man ein beunruhigendes Durcheinander von Schritten, ein Mann rief etwas.

»Was mag da sein? Kannst du mal nachsehen?« fragte Kiyomi. Sudō legte Apfel und Obstmesser beiseite. Er fühlte sich erlöst. Als er auf den Flur hinauswollte, erhob sich Yoshio schwerfällig und folgte ihm. Er war zwar erst fünfzehn Jahre alt, doch er übertraf seinen Vater schon an Körpergröße und war sehr kräftig. Außerdem hatte er soviel Kraft in seinen Beinen, daß er mit seinem französischen Rennrad mühelos achtzig Kilometer pro Stunde schaffte.

Die Nacht wurde durch die Straßenlampen und die Außenbeleuchtungen der Wohnhäuser erhellt. Etwa fünfzig Meter vom Hause der Sudōs entfernt, bog die Straße zum Bahnhof ab. Dort hatte sich vor dem Architektenbüro ein Kreis von Menschen versammelt. Einer von ihnen hielt einen Baseballschläger in der

Hand. Inmitten der aufgeregten Menge kniete ein Mann auf der Straße. Er trug eine Brille und sah wie ein Angestellter aus. Neben ihm lag ein Aktenkoffer. Der Mann machte ein flehendes Gesicht und beteuerte inständig, es sei eine plötzliche Anwandlung und doch nur ein Scherz gewesen, und bat um Verzeihung.

Wenn man in der Firma davon erfuhr, würde man ihn entlassen. Seiner Familie gegenüberzutreten habe er nicht den Mut, und es gäbe auch keine Entschuldigung. Sein Leben sei zerstört. »Bitte, bitte, verzeihen Sie mir!« Und er verbeugte sich, indem er mit dem Kopf den Boden berührte. Er hatte eine ordentliche Frisur, trug einen schlichten Anzug und war ungefähr im gleichen Alter wie Sudō. Er machte eigentlich auch nicht den Eindruck, als sei er betrunken.

Seine flehende Stimme war voller Verzweiflung. Eine junge Frau stand dort, und ein Mann, der wohl in dem Büro Überstunden machte, hatte sich schützend vor sie gestellt. Sie war vielleicht zwanzig, höchstens ein, zwei Jahre älter. Ihre Handtasche hielt sie an die Brust gepreßt, die schmalen Schultern waren hochgezogen, und schweigend sah sie auf den Mann auf der Straße hinunter. Hinter ihr war ein enger, von Hecken eingesäumter Weg, zu dem die Lichter der Straßen- und Torbeleuchtung nicht vordrangen. Sudō überlegte, was der Mann wohl empfunden hatte, als er die junge Frau dort gehen sah, und was er ihr hatte antun wollen. Er konnte sich die jugendliche Frische des schönen Körpers gut vorstellen. Genauso bedächtig, wie Sudō einen Apfel dünn und fein rundherum abgeschält hatte, war dieser Mann der Frau gefolgt. Er hatte vom Duft des frischsüßen Fruchtsaftes, der die Hände benetzt, gekostet und dann selbstvergessen die Schale abgeschnitten.

Welcher der Männer aus dem Kreis hatte ihn wohl gefaßt? Er konnte es nicht erkennen – alle sahen sie gleich unbewegt aus. Den Beteuerungen des Mannes, er sei einem plötzlichen Impuls gefolgt, könne er keinen Glauben schenken, sagte der junge Mann mit dem Baseballschläger. Er habe dasselbe schon einmal getan und würde es wieder tun, ließe man es ihm jetzt durchgehen, stellte er fest. Diese Lüstlinge seien doch alle gleich, sie dürften nicht ungestraft davonkommen.

Mit der Verurteilung dieses törichten Menschen verurteilte

der junge Mann zugleich sich selbst. Denn er konnte sich anscheinend sehr gut in dessen peinliche Lage hineinversetzen und war so zu seinem Urteil gelangt.

Sudō wußte nicht, ob er selbst wollüstig war oder nicht. Der Frau war wohl kein nennenswerter Schaden zugefügt worden. Als er aber den jämmerlichen Zustand des Mannes sah und seine Stimme hörte, konnte er sich der Anteilnahme nicht erwehren. Er mußte unweigerlich daran denken, daß er selbst eines Tages unter bestimmten Umständen diesen Fehler machen könnte. Sudō warf einen flüchtigen Blick auf das Gesicht seines Sohnes, der neben ihm stand. Yoshios unnachgiebige Augen hatten ihr Urteil schon abgegeben. Sudō trat vor und wollte darum bitten, den Mann laufenzulassen. Die nächtliche Straße, auf der er saß, war zum Scheideweg in seinem Leben geworden. Er fing schließlich zu weinen an. Sudō faßte sich ein Herz und wollte gerade etwas sagen.

In diesem Moment bog ein Streifenwagen um die Straßenecke. Jemand mußte ihn benachrichtigt haben. Ohne Sirene glitt der Wagen mit leuchtend roten Lampen heran. Es war schon zu spät.

Ohne Yoshio zu drängen, kehrte Sudō zum Haus zurück.

»Was war denn?« fragte Kiyomi. Sudō dachte daran, daß Itsuko allmählich solchen Dingen geschärfte Aufmerksamkeit schenkte, und stellte deshalb nur kurz die Zusammenhänge dar.

»Ach, warum bloß? Der Arme, so etwas Dummes zu tun!«

Der Apfel samt Schale war weggeräumt.

Sudō wußte nicht, ob man das in allen Familien so machte, aber bei ihnen war es üblich, die Äpfel, nachdem man sie geviertelt und einmal kurz in kaltes Salzwasser getaucht hatte, auf einen Teller zu häufen. Dabei gewinnen die Äpfel an Frische und Süße und schmecken viel besser. Außerdem verändert sich dann auch ihre Farbe nicht, wenn sie längere Zeit auf dem Tisch stehengelassen werden. Aber der Apfel, den Kiyomi ihm jetzt brachte, während er sich im Stehen ein Zigarillo anzündete, war noch ganz. Er war nicht mit dem Salz vom Eßtisch, sondern mit gekörntem Salz bestreut, und er war noch feucht vom Abwaschen.

Sudō und Kiyomi hatten spät geheiratet. Am Anfang ihrer Ehe hatte sich Kiyomi über die Gewohnheit ihres Mannes, die

Äpfel wie ein Kind zu essen, amüsiert. Auch heute noch bot sie ihm die Äpfel auf diese Weise an. Er nagte an seinem Apfel und sagte: »Glaubst du auch, daß er einem leid tun muß? Meinst du nicht, daß er ein gemeiner Kerl ist, den man unbedingt bestrafen sollte?«

Sudō hatte ganz vergessen, daß Itsuko angespannt lauschte.

»Ich glaube einfach, daß er dumm und einsam ist. Die Männer sind doch wirklich arme Geschöpfe.« Sowohl Sudō als auch Kiyomi waren nicht fähig, zwischen Gesetz und Mitleid zu unterscheiden.

»Da gibt es überhaupt nichts zu überlegen. Wenn man helfen und schützen muß, dann tut man es eben. Redet doch nicht so kompliziert daher«, sagte Yoshio, der gerade zurückgekommen war.

Sudō sah Itsuko an. Itsuko blickte ihrem Vater unverwandt ins Gesicht. Der kaute an seinem Apfel. Wie in seiner Kindheit stopfte er sich den ganzen Mund voll. Der Saft lief ihm übers Kinn; er war jetzt mit sich selbst im Widerstreit und machte sich Vorwürfe.

Erneut klang es ihm in den Ohren. In der Ferne war schwach das Zirpen der Zikaden zu hören. Eine Erinnerung, die er vorhin hatte zurückrufen wollen, was ihm nicht ganz gelungen war, lebte plötzlich auf. Wieder war er in den Tunnel der Zikaden hineingefallen.

In seinem ersten Jahr als Student war er in den Ferien zu der Schwester seiner Mutter gefahren. Sie betrieb eine Pension in der Nähe der Küste, der ideale Ort also, den Sommer zu verbringen. Eines Nachmittags kehrte er nur mit Badehose und Sandalen bekleidet zurück und öffnete die Tür zum privaten Badezimmer, denn er wollte seinen vom Salzwasser ausgetrockneten, brennenden Körper abwaschen. Da stand seine drei Jahre ältere Cousine, nackt, wie Gott sie geschaffen hatte, und kehrte ihm den Rücken zu. Sie drehte sich um und lächelte ihn spitzbübisch an. In Kleidern und auch im Badeanzug hatte sie sehr zierlich und schlank ausgesehen, aber jetzt, ganz nackt, zeigte sie kräftige Hüften mit langen Beinen. Er flüchtete sich auf sein Zimmer. Die Gestalt der Cousine wurde festgehalten wie auf einem Film, dann nahm das Bild eine zarte orangerote Farbe an – er glaubte es sein ganzes Leben lang nicht wieder vergessen zu können. Ihre körperliche Anziehungskraft war überwältigend. Aber sie war nicht verführerisch. Ihre Sinnlichkeit hatte etwas Zerbrechliches. Während er noch seiner Verwirrung Herr zu werden versuchte, betrat sie das Zimmer, gab ihm eine schallende Ohrfeige und ging wieder. Diese Cousine hatte danach nur noch zehn Jahre gelebt. Sie war an Bauchspeicheldrüsenkrebs gestorben.

Auch an jenem Tag hatten die Zikaden im Garten hinter seinem Zimmer gezirpt. Lärmend hatten sie den durchsichtigen Tunnel gebaut und nach Sudō gerufen. Sie hatten auch die Cousine gerufen. Er hatte ein dumpfes Gefühl in der Magengrube verspürt, ein sinnliches Verlangen, das sich ausnahm wie ein Baum, der vom Zikadengeschrei rauscht.

Sudō überlegte. Was für ein seltsamer Abend! Ein törichter, bedauernswerter Mann war aufgetaucht. Mysteriöses Zikadengeschrei. Aus dem transparenten Tunnel war die Cousine hervorgekommen. In jenem Sommer war Sudō beinahe zwei Monate im Haus der Tante geblieben, und nach jenem Vorfall hatte sich nichts Besonderes mehr ereignet.

Auf einem Stein im August festgeklammert
ein Schmetterling voll des Glücks jetzt, seinen Atem
aushauchend

»Wer vermag es, in der heftigen Sonnenglut des Sommers zu leben?« murmelte Sudō vor sich hin.

Kiyomi fragte: »Was sagst du da?«

»Ach, gar nichts.«

Er schwieg. Von Medizin hatte er wenig Ahnung. Trotzdem, irgendwo hatte er es gelesen. Jeder hat die Veranlagung, an Krebs zu erkranken, und es ist auch nicht so, daß die Krankheit aus heiterem Himmel kommt. Vielleicht war seine Cousine schon an jenem Sommertag, der nun schon so lange zurücklag, vom Krebs befallen gewesen. Der junge, kräftige Körper hatte die heftige Sommersonne ertragen, und der Dämon der Krankheit wohl noch geschwiegen.

Der Nachbarshund bellte noch immer. Doch anscheinend nicht mehr aus Furcht oder zur Warnung, sondern er bellte nur die Herbstnacht an. Im Strom der Zeit ist die Zahl der Toten groß, und die Zahl der Lebenden dagegen nur eine Handvoll. Die Welt der Toten ist ausgedehnt, die der Lebenden klein. Auch daran hatte er an diesem Abend gedacht.

Danach verstich ein ganzes Jahr. Es ging schon in den Juli hinein, und das Ende der Regenzeit hatte sich gerade angekündigt.

Die Umgebung des Hauses, in dem die Familie Sudō lebte, war reichlich mit dem Grün von Bäumen und Gärten gesegnet, doch seit zwei oder drei Jahren waren hier, aus welchem Grund auch immer, die Stimmen der Zikaden nicht mehr zu hören gewesen. Sudō rauchte nach wie vor seine Zigarillos. Eine Packung enthielt jeweils fünf Stück, in viereckiger Form und an beiden Enden beschnitten. Verglichen mit den dick gewickelten Zigarren waren sie preiswert, jedoch teurer als die einfachen Zigaretten. Das war aber noch nicht alles. Sudō rauchte außerdem pro Tag zwei Schachteln Short Hope. Kiyomi machte sich Sorgen, aber nicht wegen des Geldes, sondern wegen seiner Gesundheit. Sudō entrichtete einen regelmäßigen Beitrag an eine Krebsversicherung, die eine ausländische Firma anbot, und fuhr mit dem Rauchen fort. Es war gar nicht nötig, daß andere Leute ihm etwas sagten. Er verachtete sich selber, hatte aber nicht die geringste Lust, das Rauchen aufzugeben.

Zwei andere Dinge beunruhigten ihn viel mehr. Zum einen hatte sein Sohn Yoshio, der jetzt zur höheren Schule ging, den Hund des Nachbarn, zwar nur einen Mischling, totgetreten. Die Familie hatte sich mit den Nachbarn ausgesprochen, aber irgendwie blieb doch ein ungutes Gefühl zurück. Yoshio war gerade mit der Vorbereitung auf die Prüfungen am Ende des Schulhalbjahres beschäftigt, und das Bellen des Hundes machte ihn rasend. Er sprang über den Zaun und trat auf den angeketteten-Hund ein. Es war gewiß nicht leicht gewesen, einen Hund mittlerer Größe – keinen Schoßhund! – totzutreten. Natürlich war er ein Junge, dem das Blut leicht zu Kopfe stieg, aber niemand hätte vermutet, daß er so weit gehen würde.

Die zweite Sache nun war wohl gewichtiger. In letzter Zeit war es immer häufiger vorgekommen, daß in der Ferne schwach das Sirren der Zikaden zu hören war. Er wußte instinktiv, daß dies nichts mit einer Krankheit zu tun hatte. Es fing dann an, wenn er sich gerade gut fühlte und zum Beispiel in Ruhe ein

Buch las. Manchmal konnte er es auch hören, wenn er im Bett lag und die Augen geschlossen hielt. Sudō sah immer häufiger die Gestalt seiner Cousine im Traum. Er hatte nicht vergessen, daß er in sie verliebt gewesen war. Es war ihm zumute, als erwarte sie ihn. Vielleicht würde er irgendwann ganz plötzlich sterben. Sein Vater, der einen hohen Posten in einem großen Unternehmen bekleidet hatte, war eines Morgens, wie immer mit Wirtschaftsblatt und englischer Tageszeitung ausgerüstet, in das Auto gestiegen, das vor dem Hauseingang wartete. Aber bis der Wagen die Firma erreichte, hatte er ganz still seinen letzten Atemzug getan, und es sah aus, als ob er friedlich schliefe. Ein Bruder seines Vaters hatte einen ähnlichen Tod gefunden.

Die Sache war »einfach«. Am Nachmittag seines Lebens stand die Sonne noch hoch für ihn. Das Problem bestand nur darin, ob er das Spiel mit dem Abschälen rundherum nach dem ersten Schnitt bis zum Ende durchhalten würde. Im vergangenen Jahr hatte es mit einer Niederlage geendet. Und zwar wegen dieses bemitleidenswerten Mannes, der gewissermaßen wie ein später Gast nach dem Essen erschienen war. Vielleicht würde er dieses Jahr Erfolg haben. Dennoch, dieser Erfolg belohnte ihn möglicherweise für das gelungene Spiel mit dem ewigen Schlaf, und tief in seinem Innern wünschte Sudō sich dies tatsächlich. Es war wirklich nicht einfach, ein Spiel konsequent bis zum Ende durchzuhalten. Die meisten Menschen wissen nicht, daß das Leben ein Spiel ist, das von den anderen genau beobachtet wird. Wie mochte es jenem Gast nach dem Essen wohl gehen?

Sieh doch, wie dort die Sonne
einen kleinen, tiefen, schönen Schatten
unter dem Baum mir schafft!

Der Gast nach dem Essen kannte wahrscheinlich dieses Gedicht von Itō Shizuo nicht. Und es gab keine Möglichkeit, ihm davon zu erzählen.

Kuniko Mukōda
Der stumme Zeuge

»Jemand ist gekommen«, flüsterte Mayumi, die Tochter.

»Jetzt ist die Küchentür offen. Bestimmt.«

Shiomura gefiel nicht, wie seine Tochter mit ihm redete. Ihr Klavierlehrer lobte sie immer, weil sie so musikalisch war, und sie sagte, daß sie im nächsten Jahr auf eine Musikhochschule gehen wolle. Bei jeder sich bietenden Gelegenheit spielte sie sich mit ihrem guten Gehör auf.

Sie behauptete, sie könne das Klingeln des Weckers aus dem übernächsten Haus hören, und daß sich die Stimme des Mannes, der die gebratenen Süßkartoffeln verkaufte, verändert habe. Sie bezeichnete ihren Vater, der das nicht hörte und nicht verstand, als unmusikalisch.

Wenn sie ihm so kam, wurde er trotzig.

»Niemand ist gekommen. Das sind nur deine Ohren«, sagte er. Ausnahmsweise kam ihm heute seine Frau Miwako zu Hilfe.

»Wenn jemand gekommen wäre, hätte man seine Stimme gehört.«

Für Miwako war heute kein gewöhnlicher Sonntag. Shiomura, der sonst immer wegging, um Golf zu spielen, war wegen eines leichten Schauers zu Hause geblieben. Die vierköpfige Familie, zu der auch der elfjährige Mamoru gehörte, beendete gerade ihre Mahlzeit, die Frühstück und Mittagessen in einem war. Es gab keinen besonderen Anlaß zur Heiterkeit, aber immer wieder wurde ihr Gespräch von Gelächter unterbrochen. Es wäre schade gewesen, bei so einer angeregten Unterhaltung in die Küche zu gehen, um nachzusehen.

»Mayumi, deine Ohren sind schlecht!«

»*Deine* Ohren sind schlecht. Nur du triffst beim Lachen nicht den richtigen Ton.«

»Gibt es denn beim Lachen überhaupt einen Ton?«
»Natürlich!«
Mayumi hatte ein weiches, rundliches Gesicht und wurde deshalb mit Spitznamen »Shumai« – Teigklößchen – gerufen. Wenn es ihr ernst war, riß sie – wie ihre Mutter – die Augen ganz weit auf.
»Wenn du glaubst, daß ich lüge, dann lach doch mal. Nur du triffst nicht den richtigen Ton.«
Shiomura bemerkte, daß er vom allgemeinen Gelächter mitgerissen wurde und daß er lachen mußte, obwohl es eigentlich keinen Anlaß dafür gab. Er setzte eine ernste Miene auf, was die anderen drei wiederum so komisch fanden, daß sie um so mehr lachten. Auch Mamoru, der aus Zurückhaltung nicht so viel lachte, stimmte mit ein. Am lautesten lachte Miwako. Sie war glücklich. Auch Shiomura mußte lachen. Er war zwar unmusikalisch, trotzdem dachte er, es sei schöner als jede Musik, so mit der Familie am Sonntag zusammenzusitzen und zu lachen.
Zwar sagt man in Japan, daß zweiundvierzig ein Unglücksalter für Männer sei, aber Shiomura hatte Glück. Er war nur ein einfacher Angestellter und würde deshalb keine schnelle Karriere machen, aber diesen Frühling war sein Vorgesetzter zum Direktor befördert worden. Den Kredit für sein Fertighaus konnte er bald zurückzahlen. Sein Blutdruck war normal, er hatte keine Magengeschwüre, und beim Golfen war er nicht zu schlagen.
»The snail's on the thorn, God's in his heaven, All's right with the world.«
Das war aus einem Gedicht von Browning, aber in seinem winzigen Garten hatte er seit vielen Jahren keine Schnecke mehr gesehen.
Mayumi flüsterte wieder.
»Ein Einbrecher...«
Das hieß, in der Küche war jemand.
Sie senkte die Stimme.
»Jetzt hat er die Tür zugemacht und ist hinausgegangen.«
»Du bist vielleicht hartnäckig.«
Shiomura meinte, daß sie ja aufstehen und nachsehen könne.

Miwako sagte. »Eigentlich habe ich nichts in der Küche zu holen. Es ist nur Zeitverschwendung, wenn ich jetzt gehe.«

Lachend stand sie von ihrem Platz auf. Sie schaute in die Küche.

»Ooooohhh…« Erstaunt drehte sie sich um.

»Was ist los? Ist etwas gestohlen worden?«

»Nichts ist gestohlen worden. Es ist etwas dazugekommen.«

Auf dem Boden, nahe der Hintertür, stand ein Plastikeimer, und darin schwamm ein etwa fünfzehn Zentimeter großer Fisch, eine Plötze.

»Was soll das bedeuten?« rief Shiomura mit lauter Stimme.

»Mamoru, warst du das? Oder hast du etwas mit deinen Freunden ausgemacht?«

Mamoru starrte auf den Fisch im Eimer, schüttelte den Kopf und sagte, daß er von nichts wüßte. Auch Miwako und Mayumi hatten keine Ahnung.

»Ist das nicht komisch? Alle wissen von nichts. Wie kommt es dann, daß der Fisch hier ist? Ist er vielleicht selber hergelaufen?«

Unwillkürlich hatte Shiomura mit lauter Stimme gesprochen. Seine Frau, seine Tochter und sein Sohn machten verständnislose Gesichter.

»Ich verstehe!«, rief Miwako. »Das ist es!«

Shiomura hatte das Gefühl, als klopfte sein Herz so laut wie ein Hammer.

»Was sagst du da?«

»Beruhige dich und denk mal gut nach!«

Shiomuras Wangen verkrampften sich.

»Wahrscheinlich will jemand, der gut angeln kann, dich verspotten. Du hast vielleicht gesagt, daß es nicht möglich sei, so einen großen Fisch zu angeln. Derjenige hat sich geärgert, und aus diesem Grunde hat er seinen Fang absichtlich stillschweigend hierhergestellt.«

Shiomuras atmete auf.

Gut. Offensichtlich war Miwako ahnungslos. Aber er mußte jetzt ernst bleiben. Absichtlich setzte er eine beleidigte Miene auf und drehte seinen Kopf weg.

»Ich habe keinen Freund, der angelt.«

»Erinnerst du dich denn an gar nichts?«

»Ich habe absolut keine Erinnerung. Was redest du denn da?«

Wieder wurde seine Stimme ungewöhnlich laut.

»Ich habe zwar schon gehört, daß man in einem Briefkasten 10000 Yen gefunden hat, aber daß man einen Fisch einfach so findet, ist mir neu.«

Miwako schaute Shiomura mit einem seltsamen Blick an.

»Wäre es nicht besser, wir verständigen die Polizei?«

»Die Polizei kann auch nichts machen. Erstens, weil es sich nicht um Geld handelt...«

Er wollte die Polizei nicht einschalten. Er wollte die Sache nicht aufbauschen, auch wenn es unwahrscheinlich war, daß so ein Vorfall in der Zeitung erscheinen würde.

»Aber es handelt sich doch um eine Fundsache. Es wäre unrecht, sie einfach zu behalten.«

Mayumi war im Moment recht streitlustig.

»Auch wenn es sich um eine Fundsache handelt, bekäme der Eindringling eine Strafe wegen Hausfriedensbruch«, argumentierte Shiomura spitzfindig. Auf jeden Fall wollte er die Polizei nicht einschalten.

»Es ist doch nur ein Fisch. Du übertreibst«, lachte Miwako.

Das Lachen seiner Frau erleichterte Shiomura etwas.

»Laß den Fisch doch irgendwo frei!«

Mamoru steckte bereits seit einiger Zeit seine Fingerspitze ins Wasser, um den Fisch zu necken. Als Shiomura demjenigen, der den Fisch aussetzen würde, eine kleine Belohnung versprach, meinte Mamoru, er wolle ihn behalten. Er brauche ja keine neuen Rollschuhe, und könne den Fisch auch aufziehen, sagte er und nahm den Eimer an sich. Normalerweise war Mamoru wortkarg, aber wenn er etwas sagte, blieb er auch dabei. Ein Hund ging nicht, eine Katze war ausgeschlossen, Brieftauben machten Schmutz im Haus und waren deshalb unmöglich, aber auf die Schnelle konnte Shiomura keinen Grund finden, warum es nicht möglich sein sollte, den Fisch aufzuziehen. Mayumi war dagegen, weil ihr der Fisch unheimlich war. Seine Frau machte ein unentschlossenes Gesicht, aber da Mamoru den Eimer schon an sich genommen hatte, war er der Sieger und durfte den Fisch behalten.

Die drei suchten in der Vorratskammer nach einem größeren Behälter. Shiomura blieb allein zurück. Erleichtert atmete er auf.

Zweifellos. Das war Funakichi. An sein Gesicht erinnerte er sich nicht so gut, aber an die eine Flosse, die aussah, als sei sie in der Mitte eingerissen. Aber es war möglich, daß er in dem einen Jahr, in dem Shiomura ihn nicht gesehen hatte, so dick und groß geworden war? Warum hatte sie so etwas getan?

Der Name der Frau war Tsuyuko.

Sie war fünfunddreißig Jahre alt und geschieden. Shiomura hatte sie kennengelernt, als sie in einem kleinen Restaurant in Ikebukuro, das einem Verwandten von ihr gehörte, aushalf.

Shiomura, der wenig Alkohol vertrug, war ein peinliches Mißgeschick passiert, und Tsuyuko hatte die Angelegenheit in Ordnung gebracht. Weil er sich ihr deshalb verpflichtet fühlte, hatte er eine Handtasche gekauft und ihr geschenkt, und nachdem sie sich zwei- oder dreimal getroffen hatten, waren sie sich nähergekommen.

Tsuyuko war keine besonders schöne Frau. Sie war dünn und mager, doch sie konnte sich aufrichtig freuen, und auch Kleinigkeiten machten sie glücklich. Meistens schwatzte sie nur so daher, aber wenn sie froh oder traurig war, sagte sie es nicht mit Worten, sondern zeigte es mit ihrem Körper. Mit ihren Nägeln hatte sie Shiomuras Rücken zerkratzt, und weil es Sommer war, hatte er Blut und Wasser geschwitzt, denn er mußte die Kratzer vor den Augen seiner Familie verbergen.

Normalerweise war er einmal in der Woche zu Tsuyuko gegangen. Zu dieser Zeit brachte Tsuyuko den Fisch nach Hause.

Einige Kinder wollten gerade einen Fisch, den sie geangelt hatten, in den schmutzigen Fluß werfen, und Tsuyuko, die eben vorbeikam, wollte ihn haben. Es hätte seinen Tod bedeutet, ihn in den Fluß, auf dem Seifenschaum trieb, zu werfen. »Gebt der Tante doch den Fisch!« hatte sie gesagt und ihn bekommen. Sie kaufte ein großes Aquarium für tropische Fische und begann, den Fisch aufzuziehen.

Da sie in Kasumigaura geboren und aufgewachsen war, wußte sie gut, wie man mit Fischen umging.

»Ich habe das Gefühl, jemand beobachtet uns.«

Tsuyuko wohnte in einem billigen, sechs mal drei Matten großen Appartement. Sie hatten das Bettzeug ausgebreitet, und über ihren Köpfen stand das Aquarium.

»Schon gut. Fische sind kurzsichtig.«

»Ob das wohl stimmt?«

Tsuyuko klammerte sich an Shiomura wie eine Trichterwinde, die sich um einen Bambusstab rankt.

»Ich war ganz zufrieden, als ich allein war, aber ich hatte vollkommen vergessen, wie schön es ist, zu zweit zu sein. Wenn du nicht da bist, gibt es in diesem Zimmer nichts Lebendiges. Ich fühle mich dann furchtbar einsam.«

Sie taufte den Fisch Funakichi und ließ ein Reiskorn ins Wasser fallen.

Er hatte sich von ihr getrennt, nicht, weil er sie nicht mehr mochte oder weil sie ihm zu teuer geworden wäre. Er wollte seine Familie nicht zerstören. Er war ja nicht eigentlich unzufrieden mit seiner Frau. Nachdem er einen Monat lang auf Geschäftsreise in Singapur gewesen war, hatte er einen Darmkatarrh bekommen und war danach noch einen Monat lang ans Bett gefesselt gewesen. So hatten er und Tsuyuko sich langsam entfremdet. Das war jetzt ein Jahr her. Er sagte sich, daß sie ja keinen Grund habe, ihm böse zu sein, da zwischen ihnen keine Beziehung bestanden hatte, in der es Versprechungen für die Zukunft gab. Gerade als er dabei war, die Erinnerung an ihre Affäre zu vergessen, kam Funakichi ins Haus.

War es Wut, war es Ärger, war es Rache? Er konnte nicht verstehen, warum Tsuyuko den Fisch ausgesetzt hatte. Wenn er sie jetzt anriefe, würde er sie nach ihrem Motiv fragen, und er fürchtete, daß ihre Verbindung wieder aufleben könnte. Er war sicher, daß Tsuyuko ihr Gelächter gehört hatte, als sie den Fisch abstellte. Ein Ehepaar und zwei Kinder, die zusammen lachten. Was hatte Tsuyuko wohl gedacht, als sie ihr Lachen hörte?

Er wollte den Fisch nicht aufziehen. Er hätte es verhindern sollen, daß Mamoru den Fisch behielt.

Aber wenn er jetzt dagegen war, würde er sich verdächtig machen. Mamoru war noch ein Kind, und der Fisch würde ihm sicher bald langweilig werden. Shiomura mußte nur ein bißchen warten, und Mamoru würde den Fisch bestimmt bald aussetzen.

Der Fisch schaute völlig ausdruckslos.

Er ähnelte einem Karpfen und hatte kreisrunde, schwarze Augen, die aussahen, als seien sie aus Plastik ausgeschnitten und aufgeklebt. Von der Seite betrachtet, machte er einen ausgesprochen würdigen Eindruck, von vorne gesehen, ähnelte er dem selbstherrlichen Ministerpräsidenten Shigeru Yoshida.

Sein Gesicht verriet Schläue, war aber undurchdringlich, und stumm öffnete und schloß er sein Maul. Als Shiomura ihn anstarrte und ihre Augen sich trafen, wußte er, daß der Fisch sich nicht an ihn erinnerte, denn dessen schwarze Plastikaugen blickten ganz unverändert, und kein »Hallo!« war in ihnen abzulesen. Shiomura konnte sich überhaupt nicht vorstellen, was Tsuyuko dazu gebracht hatte, den Fisch zu ihm zu bringen.

An diesem Sonntag drehte sich alles um den Fisch.

Weil es im ganzen Haus keinen großen Behälter gab, nahm sich Mamoru von seiner Mutter einen Vorschuß auf sein Taschengeld. Er ging zu einem Zoogeschäft in der Nachbarschaft und kehrte mit einem viereckigen großen Aquarium zurück, das er für 3500 Yen gekauft hatte. Zur Fischzucht durfte man kein Leitungswasser verwenden, und fast einen ganzen Tag lang wärmte er Wasser in der Sonne und fügte Wasseraufbereiter hinzu, um so das Wasser für den Fisch zu verbessern.

Wie man ihm im Zoogeschäft gesagt hatte, füllte er das vorbereitete Wasser in das Aquarium, gab zwei Tropfen von dem weißen Wasseraufbereiter hinein und vermischte alles. Als der Fisch in das Aquarium gesetzt wurde, schied er aus irgendeinem Grund erstaunlich viel Exkremente aus.

Sie kamen ganz zügig heraus, wie die Mine eines kleinen Drehbleistiftes, der einem Notizbuch beigelegt ist.

»Funakichi, du bist ganz schön mutig!« murmelte Shiomura, als er glaubte, allein zu sein. Seine Frau stand hinter ihm.

»Hast du ihn Funakichi getauft?« fragte sie, und Shiomura wurde starr vor Angst.

Es klingelte. Der Kassierer von der *Yomiuri*-Zeitung war gekommen. Von der *Asahi*-Zeitung kam immer eine nette ältere Frau, und bei ihr ertönte die Klingel ganz zaghaft, als ob sie vor Angst zitterte. Die Stimme dieser Frau war auch leise. Beim Kassierer von der *Yomiuri* drohte die Klingel jedesmal zu zerspringen. Auch seine Stimme war furchtbar laut.

Das Aquarium war provisorisch auf den Schuhschrank gestellt worden. Funakichi schien die *Yomiuri* nicht leiden zu können. Ganz aufgeregt machte er einen Satz, als ob er aus dem Aquarium springen wollte.

Dabei bespritzte er die ganze Diele mit Wasser. Miwako brachte den Schaden sofort mit einem Lappen in Ordnung, aber an der Wand auf dem Bord, das mit Teakholz verkleidet war, blieben Flecken von dem Wasseraufbereiter zurück.

Der Händler hatte damals gesagt, daß die Diele ein wichtiger Teil des Hauses sei und daß Möbel aus Preßspan dort keinen guten Eindruck machten. Deshalb hatten sie das aufwendigere Teakholz genommen. Jetzt war Shiomura ärgerlich. Er glaubte zwar nicht, daß sich Tsuyuko in dieser Form rächen wollte, aber irritiert war er trotzdem. War sein Blutdruck etwa gestiegen?

Der Fisch machte viel Arbeit.

Das Wasser wurde schnell schmutzig, denn der Fisch schied große Mengen von Exkrementen aus, und im Wasser verfaulte halbgefressenes Futter. Wenn das Wasser schmutzig war, stülpte Funakichi seine Lippen vor und stieß mit seinem Körper an die vier Ecken des Aquariums. Er schluckte kleine Wasserblasen und spuckte sie wieder aus, und es schien, als litte er dann unter Sauerstoffmangel.

Das Fischfutter in Form von Körnern war zwar praktisch, aber Funakichi mochte es anscheinend nicht. Er fraß alles gern, was zwischen den Fingern zerdrückt wurde. Wenn man derart zerquetschtes Futter in das Wasser streute, wurde es sofort schmutzig.

Mamoru kaufte sich das *Handbuch des Plötzen-Angelns* und studierte es fleißig. Es war ja gut, daß er das Buch aufmerksam las, aber Shiomura war doch etwas erstaunt, als Mamoru sagte: »Vielleicht ist Funakichi ja mit uns verwandt.«

Das sei nicht verwunderlich, denn Fische seien Wirbeltiere, die anstelle der Beine Flossen hätten. Die Vorfahren der Menschen seien anfangs Wirbeltiere gewesen, die auf dem Land gelebt hätten, und – vom Standpunkt der Evolution her gesehen – seien Fische dem Menschen ähnlicher als vierbeinige Landtiere.

Wenn Mamoru so etwas sagte, hatte Shiomura das Gefühl, daß Funakichi ein ganz nachdenkliches Gesicht machte, als wollte er sagen: »Ich weiß alles.«

Um sich in der Bar beim Singen nicht zu blamieren, hatte sich Shiomura ein Buch mit Liedertexten gekauft und einige Lieder mit Tsuyuko einstudiert. Zu Hause konnte er sie ja nicht üben. Funakichi wußte, daß er das »Schiffslied« von Aki Yashiro einstudiert hatte. Ein anderes Mal war er aus dem Bad gekommen und hatte Tsuyuko splitterfasernackt chinesisches Schattenboxen vorgeführt und sie damit zum Lachen gebracht. Daß sie zusammen gelacht, gescherzt und sich umarmt hatten – auch das wußte der Fisch.

Zum Glück hatte Miwako einen nachgiebigen Charakter. Als der Fisch gekommen war, hatte sie eine Weile über den Vorfall gegrübelt, aber bereits nach drei Tagen betrachtete sie ihn schon wie einen ganz normalen Goldfisch, den man vielleicht auf dem Jahrmarkt gekauft hatte. Der Fisch war gar kein Thema mehr für sie, und sie kümmerte sich um ihn, ohne viel Aufhebens zu machen.

Nur Mayumi fand Funakichi ekelhaft. Sie behauptete, daß, seit er zu ihnen gekommen war, das ganze Haus nach Fisch riechen würde, drehte ihren Kopf weg und wollte den Fisch nicht einmal ansehen. Sie schaute dabei Shiomura ins Gesicht, und ihre Stimme klang ganz streitlustig.

Wenn Shiomura im Büro arbeitete, war alles in Ordnung, aber sobald er nach Hause kam und die ganze Familie zusammensaß, war er erschöpft. Besonders, wenn alle beim Essen saßen, waren Shiomuras Augen meistens auf Funakichis Aquarium gerichtet, das neben dem Fernseher stand.

Er konnte sich nicht entspannen, weil er ständig das Gefühl hatte, es sei noch eine Person anwesend. Er mußte immer auf das Aquarium starren, und seine rechte Genickhälfte hatte sich bereits vollkommen versteift.

»Wollen wir das Aquarium woanders hinstellen?« fragte Miwako, während sie Shiomuras Hals massierte.

»Das Aquarium hat nichts damit zu tun.«

»Das glaube ich doch. Du schaust ja immer nur auf den Fisch.«

Laut schreiend war Shiomura aufgesprungen, als Miwako eine empfindliche Stelle getroffen hatte.

Das Bier schmeckte Shiomura nicht mehr. Zu Hause sein, war keine Freude.Er verstand nicht, was Funakichis schwarze Plastikaugen ihm sagen wollten. Er wußte auch nicht, was der Ausdruck in Miwakos braunen, leicht vorstehenden Fischaugen bedeutete. Und den Ausdruck von Tsuyukos Augen, die einen so prüfend anblickten, konnte er überhaupt nicht deuten.

Am nächsten Sonntag forderte Shiomura Mamoru zu einem Ausflug auf.

»Hast du Lust, mit mir ins Blaue zu fahren?« fragte er ihn.

»Einverstanden«, antwortete Mamoru. Schweigend stiegen sie in Ikebukuro in den Bus. In Shiinamachi stiegen sie aus. Dort war Tsuyukos Wohnung. Shiomura konnte nicht erklären, warum er so etwas tat. Er wußte, daß es gefährlich war, sein Kind mitzunehmen und dorthin zu gehen, wo seine ehemalige Freundin wohnte. Trotzdem mußte er es tun.

Mamoru war wie gewöhnlich schweigsam. Da war immer noch der Supermarkt, das Gemüsegeschäft und das Fischgeschäft. Am Eingang des Teeladens, das neben dem Kimonogeschäft lag, wurde – wie vor einem Jahr – Tee geröstet. Ein angenehmer Duft ging davon aus.

Shiomura wollte sich noch mehr quälen. Schmerzerfüllt ging er die Straße entlang, bis er zu der Seitenstraße kam, in der Tsuyuko wohnte. Er war diesen Weg wohl vierzig- oder fünfzigmal gegangen. Was wollte er sagen, wenn Tsuyuko jetzt aus ihrer Wohnung käme und sie sich plötzlich träfen? Er wußte keine Antwort.

Da er ein Jahr lang hierhergekommen war, kannte er noch einige Hausbewohner. Um niemandem zu begegnen, bog er kurz vor dem Haus in einen Seitenweg ein. Das zweite Fenster von hinten im zweiten Stock gehörte zu Tsuyukos Wohnung.

Anscheinend war sie ausgezogen. Vor dem Fenster war Wäsche zum Trocknen aufgehängt, und der Kleidung nach zu urteilen, wohnte hier ein junges Ehepaar mit einem Baby.

Shiomura merkte, daß Mamoru wie er die Augen auf das Fenster von Tsuyukos Wohnung richtete. Schnell schaute Mamoru in die andere Richtung. Er sagte nichts.

Hier war die Grenze.

Shiomura wußte, daß es gefährlich für ihn wurde, wenn er diese Grenze überschritt, aber er wollte sich noch mehr Schmerz bereiten. Zusammen mit Mamoru, der sich um Funakichi kümmerte, wollte er dorthin gehen, wo sich vor einem Jahr alles abgespielt hatte. Er fühlte, daß es seine moralische Verpflichtung Mamoru gegenüber sei. Es war auch eine Buße für seine Affäre mit Tsuyuko.

Shiomura ging in das Café, das hinter dem öffentlichen Bad lag. In dieses Café war er immer mit Tsuyuko gegangen, wenn sie aus dem Bad kamen.

Auf demselben Platz, wie vor einem Jahr, saß der etwa sechzigjährige Inhaber. Er sah ganz unverändert aus und hatte eine Wettzeitung vor sich ausgebreitet. Als er Shiomura sah, hob er seine Hand und wollte etwas sagen, doch als Mamoru hinter Shiomura eintrat, ließ er schweigend seine Hand wieder sinken. Shiomura setzte sich auf den Platz, auf dem immer Tsuyuko gesessen hatte. Mit lauter Stimme, damit der Inhaber ihn hörte, fragte er Mamoru: »Ich nehme einen Kaffee, und du?«

»Limonade.«

Der Patron sah Shiomura erstaunt an. Tsuyuko hatte auch immer Limonade bestellt.

Vater und Sohn tranken schweigend ihre Getränke. Der Inhaber spähte hin und wieder zu den beiden hinüber, während er vorgab, in seine Zeitung vertieft zu sein.

»Geht's gut?« fragte Shiomura, als er bezahlte.

Obwohl er einen Satzteil ausgelassen hatte, wußte der Inhaber, was Shiomura meinte.

»Ja, ich glaube, ihr geht's gut.«

Wie hatte Tsuyuko wohl in dem vergangenen Jahr gelebt? Hatte sie schon einen Mann, mit dem sie gemeinsam in das öffentliche Bad ging und dann auf dem Rückweg im Café Limonade trank? Shiomura konnte den Inhaber, der ihm schon das Wechselgeld zurückgegeben hatte und wieder in seine Wettzeitung vertieft war, nichts mehr fragen.

Aber er war sicher, daß der Gesichtsausdruck des Patrons bedeutete, daß Tsuyuko nicht besonders böse gewesen war. Auf jeden Fall wäre jetzt sowieso nichts mehr zu machen gewesen.

Als Tsuyuko umzog, war sie vielleicht ein bißchen ärgerlich gewesen.

»Kümmere dich bitte um ihn«, hatte sie gedacht und den Fisch vor seine Tür gestellt. Er wollte einfach glauben, daß es so gewesen war, obwohl er wußte, daß er Tsuyuko gegenüber nicht ganz fair gehandelt hatte. Jemand, der sich so wie sie auch an kleinen Dingen aufrichtig freute, konnte Enttäuschungen um so besser verwinden. Von jetzt an wollte Shiomura den Fisch wie etwas Wertvolles behandeln. Verantwortungsvoll wollte er sich um ihn kümmern, um ihm ein langes Leben zu sichern. »Wenn ich ihn nicht mehr aufziehen will, möchte ich ihn in Kasumigaura, Tsuyukos Heimat, aussetzen«, dachte Shiomura. An diesem Tag wollte er nur Marmoru mitnehmen und seiner Frau und Mayumi nichts davon sagen.

Auf dem Heimweg blieb Mamoru ganz stumm.

Als er fünf Jahre alt gewesen war, hatte Shiomura ihn einmal zu einem Baseballspiel mitgenommen. Zu Hause angekommen, hatte seine Frau gefragt: »Mamoru, wo bist du gewesen?«

»Hab' ferngesehen«, hatte Mamoru geantwortet, und das war zum geflügelten Wort in der Familie geworden. Was würde Mamoru heute antworten? Noch einmal fühlte Shiomura einen heftigen Schmerz.

Als sie nach Hause kamen, trieb Funakichi auf dem Wasser.

»Gleich, als ihr aus dem Haus gegangen seid, hat er seinen Kopf aus dem Wasser gesteckt und sein Maul stumm auf und zu gemacht. Auf und zu, auf und zu. Dann hat er das Gleichgewicht verloren und ist umgekippt, und seitdem hat sich sein Mund nicht mehr bewegt. Ich wußte gar nicht, was ich machen sollte und habe auf euch gewartet«, erklärte die Mutter Mamoru. Der starrte sie nur an, und man wußte nicht, ob er ihr überhaupt zuhörte.

Funakichi trieb mit geöffneten, kreisrunden Karpfenaugen entspannt auf dem Wasser. Seine Schuppen, die wie Fächer aufeinanderlagen, waren noch nicht verblaßt und hatten die Farbe des Sonnenuntergangs.

Das Klavierspiel hörte auf, und da stand Mayumi.

»Wenn Fische sterben, geben sie überhaupt keinen Laut von

sich. Ich hätte gedacht, daß sie zappeln und Wasser verspritzen, aber Funakichi hat nichts dergleichen gemacht.«

Äußerlich gelassen sagte Shiomura: »Natürlich hat er kein Testament hinterlassen« und lachte ein bißchen. Er hatte Mitleid mit dem Fisch, aber gleichzeitig war er heilfroh, daß er von dieser Last befreit war. Das Gefühl der Erleichterung überwog bei weitem das Gefühl der Trauer. Er hatte einen plötzlichen Gedanken an Tsuyuko, wie sie in Kasumigaura ins Wasser sprang und unterging, doch dann mußte er wegen seiner männlichen Selbstüberschätzung lachen und verdrängte diesen Gedanken sofort.

»Mama, hast du vielleicht Spülmittel oder so etwas ins Wasser getan?« fragte Mamoru.

»Was redest du denn? Warum sollte ich so etwas tun? So ein Unsinn!«

Die liebenswürdige Miwako riß ihre Augen ganz weit auf, so daß sie aus ihren Höhlen zu treten schienen. Schnell sagte sie wieder mit ihrer normalen Stimme: »Wo bist du denn mit Papa gewesen, Mamoru?«

Mamoru steckte schweigend seine Fingerspitze ins Wasser und stupste den Fisch an. Der Fisch war, während er schief im Wasser trieb und langsam unterging, schon gar kein Fisch mehr, sondern zu irgendeinem Ding geworden.

»Also, wo bist du mit Papa gewesen?«

Mamoru stupste noch einmal den Fisch an, der langsam unterging.

»Wau!« bellte er, wie ein Hund.

Haruki Murakami

Ein Elefant verschwindet

Daß der einzige Elefant unserer kleinen Stadt aus dem Elefantenhaus verschwunden war, wußte ich aus der Zeitung.

Auch an jenem Tag hatte mich wie stets der Wecker um halb sieben aus dem Schlaf gerissen, ich hatte mir in der Küche einen Kaffee eingegossen, einen Toast gemacht, das Radio eingeschaltet und, während ich an meinem Toast knabberte, die Morgenzeitung auf dem Tisch ausgebreitet. Da ich zu der Sorte von Menschen gehöre, die ihre Zeitung Zeile für Zeile von der ersten Seite an lesen, dauerte es eine Weile, bis ich bei der Meldung über das Verschwinden des Elefanten angelangt war. Die erste Seite brachte Artikel über die augenblicklichen Handelsstreitigkeiten und SDI, darauf folgten die Seite für Innenpolitik, die Nachrichten aus aller Welt, die Wirtschaftsseite, die Seite für den Leser, die Immobilienanzeigen, die Sportseite und schließlich der Lokalteil. Die Meldung über den verschwundenen Elefanten nahm den obersten Platz auf der Seite ein.

»Wo ist der Elefant von...?«

Diese für den Lokalteil verhältnismäßig große Schlagzeile fiel mir zuerst ins Auge. Darunter folgte dann eine kleinere:

»Unsicherheit in der Bevölkerung wächst. Rufe nach Bestrafung der Verantwortlichen werden lauter.«

Auch ein Photo von einigen Polizeibeamten bei der Inspektion des leeren Elefantenhauses fehlte nicht. Dieses machte ohne seinen Bewohner einen unnatürlichen Eindruck: mehr als zu erwarten, vermittelte es ein Gefühl gähnender Leere und völliger Verlassenheit. Es glich einem ausgenommenen und getrockneten Riesentier.

Ich las die Meldung Zeile für Zeile mit gespannter Aufmerksamkeit, wobei ich einige Krümel wegfegte, die auf die Seite gefallen waren.

Der Meldung zufolge war man zuerst am 18. Mai (d. h. gestern) um 14 Uhr auf das Fehlen des Elefanten aufmerksam geworden. Angestellte der Firma, die wie immer das Futter des Elefanten (es besteht zum größten Teil aus dem, was die Schüler der hiesigen Volksschule von der Schulspeisung übriglassen) per Lastwagen herbeigeschafft hatten, waren die ersten, denen die ungewohnte Leere im Elefantenhaus aufgefallen war. Die Eisenfessel, mit der das Tier an einem Fuß angekettet war, lag ungeöffnet da, ganz so, als habe es ihn einfach herausgezogen. Aber nicht nur der Elefant war verschwunden, auch die für seine Pflege zuständige Person hatte sich gleich ihm in Luft aufgelöst.

Elefant und Pfleger waren zuletzt am Nachmittag des Vortages (d. h. dem 17. 5.) nach 17 Uhr gesehen worden. Fünf Schüler der Volksschule, die zum Elefantenhaus gekommen waren, um Zeichnungen des Tieres anzufertigen, hatten bis zu diesem Zeitpunkt mit Kreidestiften an ihren Bildern gemalt. Diese Volksschüler waren die letzten Personen, die bezeugen konnten, den Elefanten gesehen zu haben. Danach hatte niemand mehr Tier und Pfleger zu Gesicht bekommen – so die Zeitungsmeldung. Pünktlich mit dem Ertönen der Sechs-Uhr-Sirene schloß nämlich der Pfleger das Tor zum Elefantengehege ab, so daß niemand mehr hineingelangen konnte.

Wie die Schüler übereinstimmend ausgesagt hatten, war ihnen die ganze Zeit weder an Elefant noch an Pfleger irgend etwas Außergewöhnliches aufgefallen. Das Tier hatte wie immer ganz friedlich in der Mitte des Geheges gestanden, nur seinen Rüssel bisweilen hin und her geschwenkt und die zwischen unzähligen Runzeln versteckten Augen zusammengekniffen. Wegen seines sehr hohen Alters bereitete ihm nämlich jede Körperbewegung außerordentliche Mühe, und jeder, der es zum ersten Mal sah, wurde das beunruhigende Gefühl nicht los, es könne im nächsten Augenblick zusammenbrechen und seinen Geist aufgeben.

Daß die Stadt (d. h. die Stadt, in der ich lebe) schließlich die Pflege des Elefanten übernommen hatte, lag eben an seinem Alter. Als nämlich ein kleiner Zoo am Stadtrand wegen finanzieller Schwierigkeiten schließen mußte, waren alle Tiere durch die

Vermittlung einschlägiger Agenturen in verschiedenen Zoos im ganzen Lande untergekommen. Nur für jenen Elefanten war es unmöglich gewesen, einen Platz zu finden, da er ganz einfach zu alt war. Offensichtlich besaß jeder Zoo schon eine ausreichende Anzahl von Elefanten, und es war auch kein einziger darunter, der das Wagnis eingegangen wäre, ein altersschwaches Tier aufzunehmen, das den Eindruck machte, es könne jederzeit von einem Herzinfarkt hinweggerafft werden.

Aus diesem Grunde war der Elefant drei bis vier Monate, nachdem seine Gefährten schon bis auf den letzten Schwanz verschwunden waren, ganz allein im Zoo zurückgeblieben, der jetzt einer Ruine glich. Da stand das Tier nun und tat nichts – obwohl man kaum behaupten konnte, daß es vorher etwas getan hatte.

Dieser Zustand mußte sowohl dem Zoo als auch der Stadt einiges Kopfzerbrechen bereiten, denn der Zoo hatte das Grundstück bereits an ein Bauunternehmen verkauft, das Unternehmen wollte darauf einen riesigen Wohnkomplex errichten, und die Stadt hatte ihre Genehmigung schon erteilt. Jeder Tag, den der Dickhäuter noch länger da stand, kostete die Firma viel Geld. Das Tier einfach zu töten war aber ganz unmöglich. Ja, wenn es sich nur um ein Pinselohräffchen oder eine Fledermaus gehandelt hätte! Aber einen ausgewachsenen Elefanten derart aus dem Weg zu räumen, hätte in der Öffentlichkeit großes Aufsehen erregt, und wenn die Wahrheit ans Licht gekommen wäre, hätte es sicher einen Riesenskandal gegeben. Daher hatten sich die drei betroffenen Parteien zusammengesetzt, um zu beraten, was mit dem alten Elefanten geschehen solle, und waren schließlich zu folgendem Übereinkommen gelangt:

1. Die Stadt übernimmt auf eigene Kosten die Pflege des Elefanten.
2. Die für die Unterbringung des Elefanten nötigen Einrichtungen werden von dem Bauunternehmen unentgeltlich zur Verfügung gestellt.
3. Die Kosten für einen Pfleger trägt der Zoo.

Das alles war vor einem Jahr passiert. Ich hatte gleich von Anfang an ein ganz persönliches Interesse an diesem »Elefantenproblem«, schnitt alle Zeitungsartikel aus, die damit zu tun hatten und war auch als Zuhörer bei Sitzungen des Stadtrats, wenn dort darüber debattiert wurde. Es sollte mir daher jetzt keine Schwierigkeiten bereiten, den Verlauf der ganzen Angelegenheit genau darzustellen und in allen Einzelheiten zu erklären. Ich muß dazu zwar etwas weiter ausholen, aber da die Art und Weise, wie das Problem gelöst wurde, mit dem Verschwinden des Tieres möglicherweise in sehr engem Zusammenhang steht, erzähle ich am besten alles der Reihe nach.

Als der Bürgermeister das erwähnte Übereinkommen getroffen hatte und allmählich klar wurde, daß der Elefant in die Obhut der Stadt kommen würde, bildete sich um die Opposition (bis zu diesem Zeitpunkt hatte ich nicht die geringste Ahnung, daß es in unserem Stadtrat überhaupt so etwas wie eine Opposition gab) eine Anti-Elefanten-Bürgerinitiative. Mit der Frage: »Warum muß die Stadt unbedingt die Pflege des Elefanten übernehmen?« bedrängte man den Bürgermeister und stellte schließlich folgende Liste auf (sie ist zwar etwas lang, aber ich glaube, daß dadurch die weitere Entwicklung verständlicher wird):

1. Was veranlaßt die Stadt dazu, sich mit einem Problem zu befassen, das zwei Privatunternehmen betrifft, nämlich das Bauunternehmen und den Zoo?
2. Die Kosten für Verwaltung, Unterhalt usw. sind zu hoch!
3. Was gedenkt die Stadt bezüglich des Sicherheitsproblems zu tun?
4. Worin in aller Welt besteht das Verdienst, wenn die Stadt sich einen eigenen Elefanten hält?

»Hat die Stadt nicht wichtigere Aufgaben zu erledigen, als einen Elefanten in Pflege zu nehmen, z. B. die Einrichtung eines besonderen Kanalisationssystems, oder die Anschaffung eines Feuerwehrautos?« gaben sie zu bedenken, und obwohl sie es nicht geradeheraus sagten, so deuteten sie doch an, es könne zwischen dem Bürgermeister und den Unternehmen zu dubiosen Geschäften gekommen sein.
Dem entgegnete die Stadt folgendermaßen:

1. Wenn die Hochhausanlage gebaut werden kann, steigen die Steuereinnahmen der Stadt sprunghaft an, so daß sich das

Problem der Haltungskosten von selbst erledigt. Außerdem ist es für die Stadt selbstverständlich, sich an derartigen Projekten zu beteiligen.
2. Da der Elefant sehr alt ist, ist nicht damit zu rechnen, daß er einen außergewöhnlichen Appetit hat. Es besteht nicht der geringste Grund zur Sorge bezüglich einer zusätzlichen Gefahr für die Bevölkerung.
3. Im Falle des Ablebens des Elefanten geht das vom Bauunternehmen für die Unterbringung zur Verfügung gestellte Grundstück in städtischen Besitz über.
4. Der Elefant wird zum Symbol der Stadt.

Nach langem Hin und Her blieb es schließlich dabei, daß die Stadt die Pflege des Elefanten übernahm. Seit langem schon lebten die meisten Bewohner der sogenannten Randgemeinden Tōkyōs in einigem Wohlstand, und auch die Finanzlage der Stadt war ausgezeichnet. Hinzu kam, daß die Leute langsam Gefallen an dem Gedanken fanden, einem heimatlosen Elefanten eine Bleibe zu geben. Auf jeden Fall hegten sie für einen alten Elefanten freundlichere Gefühle als für die Kanalisation oder ein Feuerwehrauto.

Daß die Stadt den Elefanten aufnahm, hatte auch meine Zustimmung. Es war zwar widerlich, daß da ein riesiger Wohnklotz hingestellt wurde, aber den Gedanken, daß sich meine Stadt einen eigenen Elefanten hielt, fand ich wirklich nicht schlecht.

Ein Wäldchen wurde gerodet und die baufällige Turnhalle der Volkshochschule als Elefantenhaus dorthin verlegt. Der Pfleger, der sich im Zoo stets um den Elefanten gekümmert hatte, richtete sich dort häuslich ein und das, was unsere Volksschüler von der Schulspeisung übrigließen, wurde als Futter zugeteilt. Als alles fertig war, transportierte man das Tier auf einem Anhänger vom aufgelösten Zoo zu seiner neuen Bleibe, wo es die letzten Lebensjahre verbringen sollte.

Ich ging natürlich auch zur Einweihungsfeier. Der Bürgermeister hielt, vor dem Elefanten stehend, eine Rede (»Über die Entwicklung unserer Stadt und den Reichtum ihrer kulturellen Einrichtungen«), ein Schülervertreter las einen Aufsatz vor (»Lieber Jumbo, bleib gesund und werde recht alt« undsoweiterundsofort), ein Elefantenzeichenwettbewerb wurde durchgeführt (Elefantenzeichnungen wurden danach zum unverzichtbaren Bestandteil des Kunsterziehungsprogramms unserer Volksschüler) und zwei junge Frauen (man konnte ihnen nicht nachsagen, daß sie durch besondere Schönheit auffielen), deren Kleider im Winde flatterten, reichten dem Tier je ein Büschel Bananen. Der Elefant ließ die – wenigstens für ihn völlig sinnlose – Zeremonie über sich ergehen, ohne mit der Wimper zu zucken und aß, mit einem Blick, den man getrost als geistesabwesend bezeichnen konnte, laut schmatzend seine Bananen. Jedesmal wenn er eine aufgegessen hatte, klatschten die Leute.

Um das rechte Hinterbein des Tieres lag ein starker Eisenring, der aussah, als hätte er einiges Gewicht. Daran hing eine dicke, ungefähr 10 m langeEisenkette, deren anderes Ende in einem Betonsockel verankert war. Ring und Kette sahen derart solide aus, daß der Elefant, selbst wenn er 100 Jahre alt geworden wäre, sie auch unter Aufbietung aller Kräfte unmöglich hätte zerreißen können. Ob diese Fessel dem Tier irgend etwas ausmachte, kann ich nicht genau sagen. Nach außen zeigte es jedenfalls nicht das geringste Interesse für den Eisenklotz an seinem Fuß, sondern starrte stets mit trübem Blick irgendwohin ins Leere. Wenn der Wind blies, zitterten seine Ohren und die weißen Haare.

Der Pfleger war ein dürres, altes Männlein, dessen genaues Alter mir unbekannt war. Er konnte ebensogut Anfang sechzig wie Ende siebzig sein und gehörte zu jenen Menschen, bei denen das Alter von einem bestimmten Zeitpunkt an keine Spuren mehr hinterläßt. Er hatte kurzes, struppiges Haar, kleine Augen und sommers wie winters die gleiche tiefrot gebrannte Haut. An seinem Gesicht wäre eigentlich nichts Auffälliges gewesen, wenn ihm nicht zwei fast kreisrunde, stark abstehende Ohren einen etwas unangenehmen Ausdruck verliehen hätten.

Man konnte keineswegs sagen, daß er unfreundlich war, und jeder, der ihn ansprach, bekam eine vernünftige Antwort, die kurz und bündig ausfiel. Wenn er es darauf anlegte, konnte er sogar ausgesprochen liebenswürdig sein, obwohl es ein wenig gezwungen wirkte. Er war nun mal von Natur aus ein wortkarger, einsamer alter Mann. Kinder schien er zu mögen, und wenn welche kamen, gab er sich alle Mühe, freundlich zu ihnen zu sein, aber sie beachteten den alten Mann nicht weiter. Der einzige, der für den Pfleger etwas übrighatte, war der Elefant.

Der Pfleger lebte in einer aus Fertigteilen zusammengebauten Hütte, die an das Elefantenhaus angeklebt zu sein schien, und kümmerte sich von morgens bis abends unablässig um seinen Schützling. Die beiden waren schon mehr als 10 Jahre zusammen, und so war es kein Wunder, daß ihre Beziehung außerordentlich eng war, was man an jeder kleinsten Bewegung, an jedem Blick leicht sehen konnte. Wollte der Pfleger den wie angewurzelt an seinem Ort stehenden Elefanten dazu bringen, sich zu einem anderen Platz zu bewegen, so klopfte er ihm nur seitlich an ein Vorderbein und murmelte etwas dazu, woraufhin der Elefant mühsam seine Körpermassen in Bewegung setzte und sich langsam schwankend genau zu dem angezeigten Platz begab, um dort in der gleichen Haltung wie vorher wieder ins Leere zu starren.

Ich war an Wochenenden oft zum Elefantenhaus gegangen und hatte diesen Ablauf mit äußerster Aufmerksamkeit beobachtet, es war mir aber nie gelungen herauszubekommen, auf welche Art und Weise eine Kommunikation zwischen den beiden zustande kam. Vielleicht konnte der Elefant einige einfache Worte der menschlichen Sprache verstehen (er hatte immerhin ein methusalemisches Alter erreicht), oder den Klopfsignalen an sein Vorderbein irgendwelche Informationen entnehmen. Vielleicht verfügte er aber auch über besondere telepathische Fähigkeiten, die es ihm ermöglichten, die Gedanken seines Pflegers zu verstehen. Ich hatte den Alten einmal gefragt, wie er es denn schaffe, dem Elefanten Befehle zu erteilen, aber er hatte nur gelacht und gesagt: »Wir kennen uns halt schon lange.« Mehr war aus ihm nicht herauszubekommen.

So war ein Jahr ohne besondere Vorkommnisse vergangen, und plötzlich war der Elefant verschwunden.

Ich las bei einer zweiten Tasse Kaffee die Zeitungsmeldung noch einmal von Anfang an. Es war wirklich eine höchst sonderbare Meldung. Sherlock Holmes hätte bei einer solchen Gelegenheit seine Pfeife ausgeklopft und gesagt: »Mein lieber Watson, schauen Sie mal her! Das ist eine außerordentlich interessante Geschichte!«

Das, was diesen Bericht so merkwürdig erscheinen ließ, war zweifelsohne auf die totale Ratlosigkeit und Verwirrung zurückzuführen, die im Kopf des Schreibers geherrscht und ihn dazu gebracht hatte, alle möglichen Hypothesen aufzustellen. Ratlosigkeit und Verwirrung ganz klar deshalb, weil die Begleitumstände jeder Vernunft widersprachen. Der Berichterstatter hatte zwar geschickt versucht, den Ungereimtheiten aus dem Weg zu gehen und alles daran gesetzt, einen Artikel ohne viele »Wenn und Aber« zustande zu bringen, doch hatte er das Gegenteil damit erreicht und lediglich seine Verwirrung bis zu einem Punkt vorangetrieben, wo es fatal wurde. So hatte er zum Beispiel den Ausdruck »der Elefant ist entflohen« gebraucht, aber wenn man den Artikel auch nur kurz überflog, so war auf einen Blick klar, daß von einer Flucht des Elefanten oder ähnlichem nicht die Rede sein konnte. Offensichtlich war der Elefant ganz einfach verschwunden. Wegen der zahlreichen Widersprüche hatte sich der Journalist der üblichen Wendung »bezüglich der Einzelheiten gibt es noch einige unklare Punkte« bedient, doch für mich war das keineswegs eine Angelegenheit, die man mit ein paar Allerweltsfloskeln wie »Einzelheiten« und »unklare Punkte« unter den Teppich kehren konnte.

Da gab es zum einen das Problem des Eisenrings um den Fuß des Elefanten. Der war nämlich *ungeöffnet* zurückgelassen worden. Die einfachste Erklärungsmöglichkeit war natürlich die, daß der Pfleger den Ring mit dem Schlüssel geöffnet, den Elefanten befreit, den Ring dann wieder zugeschlossen hatte und schließlich mit dem Elefanten geflohen war (natürlich hatte sich auch die Zeitung an diese Möglichkeit geklammert). Das Dumme hierbei war nur, daß der Pfleger den Schlüssel gar nicht hatte. Von diesem Schlüssel existierten nämlich nur zwei Exemplare, von denen aus Sicherheitsgründen eins im Safe des Polizeireviers und eins im Safe der Feuerwache aufbewahrt wurde. Es war so gut wie ausgeschlossen, daß der Pfleger – oder irgendeine dritte Person – den Schlüssel dort entwendet hatte, und selbst in diesem unwahrscheinlichen Fall bestand doch wohl nicht die geringste Notwendigkeit, den Schlüssel nach Gebrauch wieder an den alten Platz zurückzulegen. Als man jedoch am nächsten Morgen Nachforschungen anstellte, lagen beide Schlüssel nach wie vor an ihrem angestammten Platz in den Safes von Polizei und Feuerwehr. Wenn der Elefant aber, ohne daß jemand einen Schlüssel gebrauchte, seinen Fuß aus dem Ring herausbringen wollte, so war das nur möglich, wenn man den Ring mit einer Eisensäge durchtrennte.

Das zweite Problem betraf das »Wie« der Flucht. Elefantenhaus und Elefantengehege waren von einer circa drei Meter hohen, stabilen Palisade umgeben. Im Stadtrat hatte man seinerzeit über die sichere Verwahrung hin und her diskutiert und sich schließlich für ein Bewachungssystem entschieden, das man in Anbetracht der Tatsache, daß es sich lediglich um ein einziges Tier handelte, als leicht übertrieben bezeichnen konnte. Die Palisade bestand aus Beton und dicken Eisenstäben (die Kosten dafür hatte selbstredend die Baufirma übernommen), es gab nur einen Zugang, und dieser war von innen fest verschlossen. Es war also kaum anzunehmen, daß es dem Elefanten gelingen würde, diese Schutzmauer, die einer Festung Ehre gemacht hätte, zu überwinden und nach draußen zu gelangen.

Problem Nummer drei betraf die Fußspuren. Auf der Rückseite des Elefantenhauses befand sich eine Anhöhe, die derart steil war, daß der Elefant unmöglich dort hinaufgelangen konnte. Wenn es ihm also auf irgendeine wunderbare Art und Weise wider Erwarten gelungen wäre, seinen Fuß aus dem Eisenring zu ziehen und dann auch noch die Palisade zu überspringen, so blieb ihm nichts anderes übrig, als seine Flucht auf dem Weg fortzusetzen, der von der Vorderseite wegführte. Dort fand sich in dem weichen Sandboden aber nichts, was einer Elefantenspur ähnlich gesehen hätte.

Kurz und gut, wenn man diesen vor Verwirrtheit und Unzulänglichkeit geradezu strotzenden Artikel auf den Punkt bringen wollte, so gab es nichts, aber auch gar nichts, was man als logische Schlußfolgerung hätte bezeichnen können. Der Elefant war eben nicht entflohen, sondern schlicht und einfach verschwunden. Unnötig, darauf hinzuweisen, daß weder die Zeitung, noch die Polizei, noch der Bürgermeister in der Öffentlichkeit auch nur andeutungsweise zugaben, dies könne tatsächlich zutreffen.

Die Polizei nahm an, daß »entweder jemand den Elefanten vorsätzlich, nach einem raffinierten Plan geraubt, oder ihm die Flucht ermöglicht hat«. Sie lenkte ihre Nachforschungen also in diese Richtung und gab die optimistische Erklärung ab: »Angesichts der Schwierigkeiten, den Elefanten verborgen zu halten, ist die Klärung dieser Angelegenheit nur eine Frage der Zeit.« Außerdem bat sie Jagdklubs in der Umgebung sowie ein Scharfschützenkommando der Streitkräfte, sich zum Abmarsch bereit zu halten, da eine großangelegte Suchaktion durchgeführt werden sollte.

Der Bürgermeister hielt eine Pressekonferenz ab (der Bericht darüber erschien nicht etwa im Lokalteil, sondern in den Gesellschaftsnachrichten des Hauptteils) und entschuldigte sich im Namen der Stadt für etwaige Mängel im Sicherheitssystem. Gleichzeitig betonte er aber, daß »ein Vergleich des Elefantensicherungssystems unserer Stadt mit ähnlichen Einrichtungen in gleich welchem Zoo unseres Landes deutlich zeigt, daß es anderen Systemen keinesfalls unterlegen ist, sondern im Gegenteil weit stabiler und sicherer als die Norm.« Er fügte hinzu: »Hier handelt es sich um eine mit teuflischer Absicht herbeigeführte Gefahr, um ein sinnloses, gesellschaftsfeindliches Verhalten, das durch nichts entschuldbar ist!«

Die Gruppe von oppositionellen Stadträten erklärte genau wie vor einem Jahr: »Der mit den Unternehmern unter einer Decke steckende Bürgermeister, der die Bürger unserer Stadt leichtfertig in das Elefantenabenteuer verwickelt hat, entgeht seiner politischen Verantwortung nicht!«

Eine Mutter (37) mit »besorgtem Gesichtsausdruck« meinte: »Ich glaube, es ist besser, wenn ich die Kinder in nächster Zeit nicht draußen spielen lasse.«

Die Zeitung brachte einen langen, detaillierten Bericht über die ganze Vorgeschichte. Ein Lageplan der Elefantenanlage fehlte ebensowenig wie eine kurze Lebensgeschichte des Elefanten und ein Porträt des mit ihm verschwundenen Pflegers (Susumu Watanabe, 63). Herr Watanabe, der aus Tateyama, Präfektur Chiba, stammte, hatte lange Jahre als Tierpfleger im Zoo gearbeitet und »sich wegen seiner reichen Kenntnisse, sowie seiner menschlichen Wärme und seines aufrechten Charakters das volle Vertrauen aller Beteiligten erworben.« Der Elefant war vor 22 Jahren aus Ostafrika gekommen, sein Alter war unbekannt, und über seinen »Charakter« wußte man noch weniger.

Zum Schluß des Artikels bat die Polizei die Bürger der Stadt um jede Art von Informationen, die in der Sache nützlich sein könnten. Bei der dritten Tasse Kaffee dachte ich kurz darüber nach und entschied mich dann doch dafür, nicht anzurufen. Nicht nur, daß ich wenig Lust verspürte, mit der Polizei in engere Beziehung zu treten, ich war mir auch ziemlich klar darüber, daß man mir das, was ich zu sagen hatte, sowieso nicht geglaubt hätte. Es war einfach sinnlos, mit Leuten zu reden, die noch nicht einmal die Möglichkeit ernsthaft in Betracht zogen, der Elefant könne »verschwunden« sein.

Ich nahm den Ordner aus dem Regal, klebte die Artikel ein, die ich ausgeschnitten hatte, wusch Tasse und Teller ab und ging ins Büro.

Abends, in der Sieben-Uhr-Nachrichtensendung konnte ich den Ablauf der Suchaktion verfolgen: Jäger, Angehörige der Streitkräfte, Polizeibeamte und Feuerwehrleute mit großkalibrigen Gewehren unter dem Arm, die mit Betäubungsgeschossen geladen waren, durchsuchten einen Berg nach dem anderen, wobei sie jeden Stein umdrehten. Über ihnen tanzten Hubschrauber auf und nieder.

Wenn hier von »Bergen« die Rede ist, dann muß man wissen, daß es sich um die vor den Außenbezirken Tōkyōs handelt, also um weiß Gott nichts Besonderes. Bedenkt man dazu noch, was für Leute da beisammen waren, dann war eigentlich anzunehmen, daß ein Tag für die Suche vollauf genügen würde, zumal es sich bei dem Gesuchten ja nicht um einen kleinen Halsabschneider handelte, sondern um einen riesigen afrikanischen Elefanten, der naturgemäß ziemliche Schwierigkeiten hatte, sich zu verstecken. Doch es wurde Abend, und der Elefant war immer noch nicht gefunden. »Die Suche wird in jedem Fall fortgesetzt!« erklärte der Polizeichef im Fernsehen. Den Schlußpunkt setzte der Nachrichtensprecher mit dem Kommentar: »Wer dem Elefanten die Flucht ermöglicht hat, wo er ihn verborgen hält und vor allem, was das Motiv für diese Tat sein könnte, das alles sind Fragen, die in einem kaum durchdringbaren Dunkel liegen.«

Die Suche wurde also einige Tage fortgesetzt, doch der Elefant war und blieb verschwunden. Nicht nur das, den zuständigen Behörden gelang es noch nicht einmal, irgend etwas zu finden, was auch nur entfernt nach einer verwertbaren Spur ausgesehen hätte.

Ich las täglich mit großer Sorgfalt die Zeitungsmeldungen, schnitt alles aus, was mir besonders bemerkenswert erschien und steckte es in meinen Ordner. Dazu gehörten auch Karikaturen, die sich mit der Elefantenaffäre beschäftigten. Kein Wunder, daß mein Ordner ziemlich schnell voll war, und so ging ich in ein Schreibwarengeschäft, um mir einen neuen zuzulegen. In der ganzen Flut von Meldungen gab es jedoch keine einzige, die über etwas berichtet hätte, was mich wirklich interessierte. Die Zeitungen schrieben lediglich »Nach wie vor keine Spur«, oder »Ermittlungsbeamte am Rande der Erschöpfung«, oder »Geheimorganisation im Hintergrund?« und anderes sinnloses Zeug.

Nach einer Woche hatte die Zahl der Artikel schon deutlich abgenommen. Sie waren auch nicht mehr so auffallend plaziert wie vorher. Die Wochenschriften veröffentlichten einige reißerische Berichte, eine hatte sogar ein Medium aufgetrieben, ließ es aber schnell wieder in der Versenkung verschwinden. Die Menschen versuchten anscheinend, die Elefantenaffäre wie so viele andere unter dem Stichwort »unerklärliches Rätsel« zu den Akten zu legen; und wirklich hatte die Tatsache, daß ein alter Elefant und sein Pfleger vom Erdboden verschwunden waren, nicht den geringsten Einfluß auf den Lauf der Welt: die Erde drehte sich nach wie vor in dieselbe Richtung; die Politiker gaben kaum glaubwürdige Erklärungen ab; die Erwachsenen gähnten und gingen ins Büro; die Kinder büffelten weiter für ihre Prüfungen. Es war auch nicht zu erwarten, daß im unablässigen Getöse des täglichen Lebens das Interesse für einen Elefanten mit unbekanntem Aufenthaltsort ewig andauern würde, und wie die erschöpften Soldaten an meinem Fenster, so schlichen einige ereignislose Monate vorbei.

Manchmal, wenn ich die Zeit dazu fand, ging ich zum einstigen Elefantenhaus und schaute mir den von seinem Bewohner verlassenen Ort genau an. Um die Eisenpfosten am Eingang zum Gehege war eine dicke Eisenkette mehrfach herumgewunden und mit einem Vorhängeschloß gesichert, so daß niemand mehr hinein konnte. Schaute man zwischen den Betonpfeilern der Palisade hindurch, dann konnte man sehen, daß um die Tür zum Elefantenhaus ebenfalls eine Kette mit Schloß lag. Anscheinend hatte die Polizei zum Ausgleich dafür, daß es ihr nicht gelungen war, den Elefanten zu finden, die leere Anlage weit gründlicher gesichert, als es nötig gewesen wäre. Die Umgebung lag wie ausgestorben, nur ein Schwarm Tauben, der sich auf dem Dach ein wenig ausruhte, zog die Blicke auf sich. Da sich niemand um das Gehege kümmerte, war dichtes Gras überall emporgeschossen, als habe es nur auf diese Gelegenheit gewartet. Die dicke Kette um die Tür zum Elefantenhaus glich einer Riesenschlange, die im Dschungel ein zur Ruine verfallenes Schloß bewachte. Es waren erst ein paar Monate seit dem Verschwinden des Elefanten vergangen, und doch war über den Platz schon eine Verwüstung gekommen, als habe das Schicksal es so bestimmt. Wie schwere Regenwolken lag eine bedrückende Atmosphäre über allem.

Ich war ihr zum ersten Mal Ende September begegnet. An diesem Tag hatte es vom Morgen bis zum Abend unaufhörlich geregnet. Es war der für die Jahreszeit typische eintönige Nieselregen, der nach und nach die Erinnerung an den Sommer wegwusch, die sich in die Oberfläche der Erde eingebrannt hatte. Sie floß zuerst die Rinnsteine entlang, strömte dann in Kanalisation und Flüsse und wurde schließlich zum tiefen, dunklen Meer fortgetragen.

Wir trafen uns auf einer Party, die meine Firma anläßlich einer Werbekampagne veranstaltet hatte. Ich arbeite nämlich für die Werbeabteilung eines riesigen Elektrogeräteherstellers und sollte die Zeitungswerbung für eine neue Serie elektrischer Küchengeräte organisieren, die wir Ende Herbst/Anfang Winter auf den Markt bringen wollten. Dieser Zeitpunkt war deshalb gewählt worden, weil sich da die Heiratssaison mit der Periode überschneidet, in der jeder arbeitende Japaner seinen jährlichen Bonus bekommt. Meine Aufgabe bestand nun darin, mit mehreren Frauenzeitschriften zu verhandeln, in denen wir gerne einen Artikel gesehen hätten. Das war keine Arbeit, für die man seinen Kopf übermäßig anstrengen mußte, aber es war von großer

Wichtigkeit, daß die Leserinnen nie auf den Gedanken kamen, es handele sich um Werbung. Zum Ausgleich dafür sollten in diesen Zeitschriften unsere Inserate erscheinen. Im Leben gibt es nun mal Geben und Nehmen.

Sie war Redakteurin einer Zeitschrift für junge Hausfrauen und zur Party gekommen, um das nötige Material zu sammeln. Ich hatte gerade nichts zu tun, leistete ihr Gesellschaft und gab ihr ein paar Erklärungen zu der farbenprächtigen Serie elektrischer Küchengeräte – es handelte sich um einen Kühlschrank, eine Kaffeemaschine, einen Elektroherd und einen Entsafter –, die ein berühmter italienischer Designer entworfen hatte.

»Das Wichtigste ist die Einheitlichkeit. Selbst ein überragendes Design verliert völlig seine Wirkung, wenn die Umgebung nicht dazu paßt. Das Wichtigste in der *Kitchen* von heute ist also Einheitlichkeit in der Farbe, Einheitlichkeit im Design und Einheitlichkeit in der Funktionsweise. Wie eine Untersuchung zeigt, verbringt die Hausfrau den größten Teil des Tages in der *Kitchen*: Sie ist der Arbeitsplatz, das Studierzimmer, ja das Wohnzimmer der Hausfrau! Kein Wunder also, daß jede Hausfrau sich Mühe gibt, die *Kitchen* so wohnlich wie möglich zu gestalten. Dabei spielt die Größe überhaupt keine Rolle. Ganz gleich ob geräumig oder eng, für eine herausragende *Kitchen* gilt nur ein Grundprinzip, nämlich: Einfachheit, Funktionalität und Einheitlichkeit. Die Serie, die wir heute vorstellen, wurde diesem Prinzip gemäß geplant und entworfen. Schauen Sie sich zum Beispiel nur mal diese Kochplatte an... usw., usw.«

Sie nickte zustimmend und notierte sich einiges in ihr kleines Notizbuch. Es war kaum anzunehmen, daß sie sich für diese Informationen besonders interessierte, und auch ich hatte kein persönliches Interesse an Kochplatten. Wir machten lediglich unsere Arbeit.

»Sie kennen sich in Küchendingen ja wirklich gut aus«, meinte sie, als ich mit meinen Erklärungen fertig war.

»Nun ja, es ist mein Beruf.« Ich setzte ein geschäftsmäßiges Lächeln auf. »Abgesehen davon koche ich gern. Zwar nichts Besonderes, aber dafür jeden Tag.«

»Ist Einheitlichkeit in der Küche wirklich nötig?«

»Nicht Küche, *Kitchen*«, verbesserte ich sie. »Es läuft zwar aufs gleiche hinaus, aber die Firma will es nun mal so.«

»Oh, Entschuldigung! Also, ist Einheitlichkeit in der *Kitchen* wirklich nötig? Was ist Ihre persönliche Ansicht dazu?«

»Meine persönliche Ansicht bringe ich nicht heraus, solange ich die Krawatte umhabe«, antwortete ich lachend, »aber obwohl ich die Einheitlichkeit heute besonders betont habe, glaube ich schon, daß es für eine Küche einiges gibt, was wichtiger ist. Nur läßt sich daraus keine Ware machen, und woraus man in unserer Welt, die nur auf den Nutzen aus ist, keine Ware machen kann, das hat auch kaum eine Bedeutung.«

»Ist unsere Welt wirklich ganz durch den Nutzen bestimmt?«

Ich zog die Zigaretten aus der Tasche, steckte mir eine zwischen die Lippen und zündete sie mit dem Feuerzeug an.

»Nun, ich drücke es mal so aus. Es wird dann vieles leichter verständlich, und auch die Arbeit fällt leichter. Es ist eine Art Spiel. ›Wesentlicher Nutzen‹, ›Nützliches Wesen‹, nennen Sie es, wie Sie wollen. Wenn man so denkt, geht man Streitigkeiten aus dem Wege und schwierige Probleme tauchen gar nicht erst auf.«

»Das ist eine sehr interessante Ansicht, finde ich.«

»So interessant nun auch wieder nicht. Darauf kann doch eigentlich jeder kommen. Übrigens, es gibt hier einen Champagner, der gar nicht übel ist. Wie wär's mit einem Glas?«

»Danke, gern!«

Wir tranken also eisgekühlten Champagner, unterhielten uns über dies und das und stellten dabei fest, daß wir einige gemeinsame Bekannte hatten. Nun ist der Kreis von Leuten, zu denen wir gehören, nicht besonders groß, und wenn man versuchsweise ein paar Steine werfen würde, träfen bestimmt einer oder zwei. Hinzu kam, daß sie dieselbe Universität besucht hatte wie meine jüngere Schwester. Mit ein paar Namen als Anhaltspunkt gelang es uns daher ziemlich schnell, unseren Gesprächsstoff wesentlich auszuweiten.

Wir waren beide unverheiratet. Sie war 26, ich war 31. Sie trug Kontaktlinsen, ich trug eine Brille. Sie bewunderte die Farbe meiner Krawatte, ich bewunderte ihre Jacke. Wir redeten über die hohen Mieten und beschwerten uns über die Höhe unseres

Gehalts und unsere Arbeit. Kurz, man kann sagen, daß wir uns ziemlich schnell näherkamen. Sie war eine äußerst charmante junge Frau und kein bißchen aufdringlich. Während der zwanzig Minuten, die wir uns stehend unterhielten, fand ich auch nicht den geringsten Grund, weswegen sie mir nicht hätte sympathisch sein sollen.

Als die Party sich dem Ende näherte, ging ich mit ihr in die Cocktail-Lounge desselben Hotels, wo wir Platz nahmen und unser Gespräch fortsetzten. Durch das große Fenster der Lounge konnte man den Regen sehen, der wie immer zu Herbstbeginn lautlos und unaufhörlich vom Himmel fiel. In der Ferne blinkten die Lichter der Stadt vielerlei Botschaften, die im Regen zerliefen. In der Lounge waren kaum Gäste, es herrschte eine bedrückende Stille. Sie bestellte sich einen Frozen Daiquiri, ich mir einen Scotch on the Rocks, und während wir tranken, unterhielten wir uns, wie sich eine Frau und ein Mann eben unterhalten, die sich zum ersten Mal in irgendeiner Bar getroffen haben und einander schon etwas nähergekommen sind. Wir sprachen über die Studienzeit, unsere Lieblingsmusik, Sport, unsere täglichen Gewohnheiten und anderes mehr.

Dann fing ich von dem Elefanten an. In welchem Zusammenhang ich plötzlich auf dieses Thema kam, weiß ich nicht mehr genau. Vielleicht hatten wir über Tiere gesprochen, und das hatte dann zum Elefanten geführt. Oder ich hatte ganz unbewußt das Bedürfnis, irgend jemand – einem Jemand, mit dem man sich gut unterhalten konnte – meine persönliche Meinung zum Verschwinden des Elefanten mitzuteilen. Vielleicht lag es aber auch nur am Alkohol.

Ich hatte kaum den Mund aufgemacht, da merkte ich schon, daß ich ein Thema angeschnitten hatte, das unter den gegebenen Umständen völlig fehl am Platz war. Ich hätte besser nicht davon angefangen, denn es war ein Thema, das – wie soll ich sagen – zu abgeschlossen, zu endgültig war.

Ich wollte daher einen Rückzieher machen und das Gesprächsthema wechseln, aber sie zeigte, trotz der unpassenden Umstände, ein außergewöhnliches Interesse für den verschwundenen Elefanten, und als ich ihr erzählte, daß ich das Tier oft gesehen hatte, fing sie an, mich mit Fragen zu überschütten.

»Was für ein Elefant war das denn? Was glaubst du, wie ist er geflohen? Was hat er immer gefressen? War er nicht gefährlich?« und andere derartige Fragen. Ich antwortete darauf mit allgemeinen Floskeln, wie sie die Zeitungen auch benutzt hatten, sie schien aber die gekünstelte Gleichgültigkeit aus meinem Tonfall herauszuhören. Ich war eben schon immer ein schlechter Lügner.

»Als der Elefant weg war, warst du sicher völlig überrascht, nicht wahr?« fragte sie mich, scheinbar ganz ohne Absicht, und schlürfte ihren zweiten Daiquiri. »Ich meine, daß ein Elefant so einfach verschwindet, das kann doch kein Mensch voraussehen, oder?«

»Hm, wahrscheinlich nicht.«

Ich nahm die Salzstange, die auf dem Tellerchen unter meinem Glas lag, brach sie in zwei Teile und aß eine Hälfte. Der Kellner kam und tauschte den Aschenbecher gegen einen neuen aus.

Sie schaute mir eine ganze Weile mit gespannter Aufmerksamkeit ins Gesicht. Ich steckte mir noch eine Zigarette an. Vor drei Jahren hatte ich zwar schon einmal mit dem Rauchen aufgehört, aber wieder damit angefangen, als der Elefant verschwunden war.

»Wenn du ›wahrscheinlich nicht‹ sagst, heißt das, daß man es vielleicht doch ein wenig voraussehen konnte?« fragte sie.

»Wie soll man das denn voraussehen können?« lachte ich. »Da verschwindet eines Tages plötzlich ein ausgewachsener Elefant! So was war noch nie da, und es ist auch nicht anzunehmen, daß so was überhaupt passieren kann. Es widerspricht ganz einfach der Vernunft!«

»Ja, aber deine Antwort eben war so komisch. Als ich gefragt habe ›Daß ein Elefant so einfach verschwindet, das kann doch kein Mensch voraussehen, oder?‹, hast du geantwortet ›Wahrscheinlich nicht‹. Normalerweise würde man doch sagen ›Natürlich nicht‹ oder ›Das kann man nicht ahnen‹ oder so was ähnliches.«

Ich machte eine vage Geste der Zustimmung und winkte dem Kellner, um mir noch einen Whisky zu bestellen. Bis dieser kam, herrschte tiefes Schweigen zwischen uns.

»Also, ich verstehe das nicht«, sagte sie dann ganz ruhig. »Die ganze Zeit redest du gerade heraus und kaum fängst du von dem Elefanten an, da klingt alles so komisch. Ich weiß nicht, ob du mir damit etwas sagen willst. Was ist denn eigentlich los? Gibt es bei der Elefantengeschichte irgendwas, worüber man nicht reden kann, oder liegt es vielleicht nur an meinen Ohren?«

»Deine Ohren sind völlig in Ordnung!«

»Dann liegt das Problem also bei dir.«

Ich steckte einen Finger in mein Glas und rührte in den Eiswürfeln herum. Ich höre es nämlich gern, wenn sie gegen das Glas stoßen.

»Problem kann man es eigentlich nicht nennen. Das wäre übertrieben. Es ist nur eine unbedeutende Kleinigkeit, und es besteht eigentlich kein Grund, sie vor irgendwem geheimzuhalten. Ich bin mir nur nicht sicher, wie ich verständlich darüber reden kann, und deshalb habe ich nicht davon angefangen. Anders gesagt, es ist eine ziemlich merkwürdige Geschichte.«

»Was für eine denn?«

Ich fügte mich in das Unvermeidliche, kippte meinen Whisky hinunter und fing an zu erzählen.

»Ich war vermutlich der letzte, der den Elefanten vor seinem Verschwinden gesehen hat. Das ist etwas, was mir sehr zu denken gibt. Ich habe ihn am 17. Mai nach sieben Uhr abends gesehen. Am frühen Nachmittag des nächsten Tages hat man dann gemerkt, daß er verschwunden war. In der Zwischenzeit hat kein Mensch ihn zu Gesicht bekommen, weil um sechs Uhr abends die Tür zum Elefantenhaus geschlossen wird.«

»Das verstehe ich nicht ganz. Wenn die Tür zum Elefantenhaus geschlossen war, wie konntest du ihn denn dann sehen?«

»Hinter dem Elefantenhaus ist ein kleiner, steiler Berg, fast wie eine Klippe, der zu irgendeinem Privatgrundstück gehört. Es gibt zwar keinen richtigen Weg hinauf, aber dort oben ist der einzige Punkt, von dem aus man von hinten in das Elefantenhaus reinsehen kann. Ich glaube, ich bin der einzige Mensch, der das weiß.«

Ich hatte diesen Platz wirklich durch puren Zufall gefunden. An einem Sonntag war ich am Berg spazierengegangen und hatte mich dabei verlaufen. Ich hatte mir einen Orientierungspunkt gesucht, war darauf zugelaufen und zufällig genau an diesem

Platz herausgekommen. Dort gab es eine kleine, ebene Stelle, gerade groß genug, daß ein Mensch sich ausgestreckt hinlegen konnte, und wenn man durch das Gestrüpp nach unten sah, blickte man geradewegs auf das Dach des Elefantenhauses. Gleich unterhalb des Daches befand sich ein ziemlich großes Lüftungsloch, durch das man das Innere des Hauses genau beobachten konnte.

Von da an war es mir zur Gewohnheit geworden, ab und zu dorthin zu gehen und mir den Elefanten anzusehen, wenn er im Elefantenhaus stand. Wenn mich einer gefragt hätte, warum ich mir diese Mühe machte, hätte ich ihm keine vernünftige Antwort geben können. Ich wollte mir wohl nur den Elefanten anschauen, wenn er so ganz für sich allein war. Einen tieferen Grund gab es nicht.

Wenn es im Elefantenhaus dunkel war, konnte man das Tier natürlich nicht sehen, aber am frühen Abend, wenn im Haus die Lampe brannte und der Pfleger sich um das Tier kümmerte, konnte man alles ganz genau beobachten.

Mir fiel zuerst auf, daß der Elefant und der Pfleger, wenn sie allein im Elefantenhaus waren, ein viel innigeres Verhältnis zueinander zu haben schienen, als sie in der Öffentlichkeit vor allen Leuten zeigten. Das konnte man an jeder kleinen Bewegung leicht erkennen. Ich hatte sogar den Eindruck, daß sie tagsüber vor den Leuten ihre gegenseitige Zuneigung verbargen und darauf bedacht waren, ihre Gefühle für den Abend aufzusparen, wenn sie miteinander alleine waren. Das heißt nicht, daß die beiden im Elefantenhaus etwas Besonderes gemacht hätten. Auch dort stand der Elefant wie gewöhnlich träge herum, und der Pfleger schrubbte ihn mit einer großen Bürste ab, fegte die auf dem Boden liegenden Riesenhaufen zusammen und räumte die Futterreste beiseite, tat also nur das, was zu den ganz normalen Pflichten eines Tierpflegers gehört. Aber doch war eine besondere Zuneigung, die aus einem Vertrauensverhältnis, wie es diese beiden verband, erwächst, nicht zu übersehen. Wenn der Pfleger den Boden fegte, bewegte der Elefant seinen Rüssel und klopfte ihm ganz sachte auf den Rücken. Das sah ich zu gern.

»Hast du eigentlich schon immer was für Elefanten übriggehabt? Ich meine, nicht nur für diesen einen?« fragte sie mich.

»Hm, ich glaube schon. Ich finde Elefanten irgendwie rührend. Ich weiß zwar nicht genau, warum, aber das war schon immer so.«

»Du bist also auch an dem bewußten Tag nach Sonnenuntergang auf den Berg gestiegen und hast den Elefanten beobachtet, oder? Das war im Mai. Am äh...?«

»Siebzehnten. Am 17. Mai gegen sieben Uhr abends. Da waren die Tage schon länger und am Himmel konnte man noch etwas vom Abendrot sehen. Im Elefantenhaus brannte aber schon die Beleuchtung. Es war ganz hell.«

»Ist dir an dem Elefanten oder an dem Pfleger irgendwas Außergewöhnliches aufgefallen?«

»Da war was Außergewöhnliches, und da war auch wieder nichts Außergewöhnliches. Ich kann's beim besten Willen nicht genau sagen. Auf jeden Fall war es nichts, was einem gleich aufgefallen wäre. Man kann aber auch nicht sagen, daß es weniger glaubwürdig gewesen wäre als das, was Augenzeugen sonst so sehen.«

»Ja, was war es denn nun?«

Ich kippte meinen Whisky hinunter, der durch das geschmolzene Eis schon etwas dünner geworden war.

Draußen fiel immer noch der Regen. Weder stark noch leicht. Er kam mir vor wie ein Teil eines Bildes, das bis in alle Ewigkeit andauern würde.

»Eigentlich war es nichts Bestimmtes. Der Elefant und der Pfleger machten genau dasselbe wie sonst: saubermachen, füttern, fressen, ein paar harmlose Späßchen. Das war ganz genauso wie immer. Nein, was mich irritiert hat, war die – Balance.«

»Balance?«

»Das Größenverhältnis, um es genau zu sagen, also das Verhältnis zwischen der Körpergröße des Elefanten und der des Pflegers. Ich hatte ganz einfach das Gefühl, als ob es etwas anders war als sonst, als ob der Größenunterschied zwischen den beiden kleiner geworden wäre, verstehst du?«

Sie starrte eine ganze Weile in das Glas in ihrer Hand. Die Eiswürfel schmolzen langsam, und das Wasser suchte sich wie eine winzige Meeresströmung seinen Weg zwischen Ritzen und Spalten.

»Willst du damit sagen, daß der Elefant kleiner geworden ist?«

»Oder der Pfleger größer. Oder beides zur gleichen Zeit.«

»Das hast du bestimmt nicht der Polizei erzählt, oder?«

»Natürlich nicht. Wenn ich es denen erzählt hätte, hätten sie es mir sowieso nicht geglaubt. Und wenn ich dann noch gesagt hätte, daß ich zu dieser Zeit den Elefanten von dem Berg aus beobachtete, wäre ich am Ende selber noch verdächtigt worden.«

»Aber du bist dir ganz sicher, daß der Größenunterschied nicht so war wie sonst?«

»Hm, vielleicht. Ich habe einfach keinen Beweis dafür, und außerdem habe ich, glaube ich, schon ein paarmal gesagt, daß ich nur durch ein Lüftungsloch geguckt habe. Aber weil ich den Pfleger und den Elefanten doch schon zigmal unter haargenau denselben Bedingungen beobachtet habe, kann ich mir kaum vorstellen, daß ich mich geirrt habe.«

Natürlich hatte ich auch an die Möglichkeit einer optischen Täuschung gedacht, mehrmals die Augen zusammengekniffen und den Kopf geschüttelt. Aber ganz gleich, was ich auch anstellte, wenn ich wieder hinsah, war die Größe des Elefanten unverändert. Es sah ganz so aus, als wäre er geschrumpft. Zu Anfang dachte ich sogar, die Stadt hätte sich einen neuen, kleineren Elefanten angeschafft. Davon hatte ich aber nichts gehört – es war auch nicht anzunehmen, daß ich eine Nachricht übersehen würde, die den Elefanten betraf –, und so blieb einfach nichts anderes übrig, als anzunehmen, daß unser alter Elefant aus irgendeinem Grund plötzlich geschrumpft war. Wenn man nämlich genau hinsah, konnte man erkennen, daß sich der kleine Elefant ganz genauso benahm wie der alte: Wenn er gewaschen wurde, stampfte er freudig mit dem rechten Vorderfuß auf und strich dem Pfleger ganz leicht mit dem scheinbar ein wenig dünner gewordenen Rüssel über den Rücken.

Es war ein unheimlicher Anblick. Wenn man durch das Lüftungsloch schaute, konnte man spüren, daß im Elefantenhaus ein anderer Zeitfluß zu herrschen schien, der eine gewisse Kühle ausstrahlte. Ich weiß nicht, ob Elefant und Pfleger gerade dabei waren, in diesen Zeitfluß einzutauchen, oder ob sie zum Teil schon davon erfaßt waren, jedenfalls hatte ich den Eindruck, sie gaben sich diesem neuen System vorbehaltlos, mit großer Freude hin.

Ich glaube, ich hatte insgesamt etwa eine halbe Stunde lang beobachtet, was im Elefantenhaus vor sich ging, als gegen halb acht, sehr viel früher als sonst, das Licht ausging. Von da an lag alles in tiefer Dunkelheit. Ich blieb an meinem Platz und wartete darauf, daß das Licht noch einmal angehen würde, aber es tat sich nichts mehr. Das war das letzte Mal, daß ich den Elefanten gesehen habe.

»Ja, glaubst du jetzt, daß der Elefant ganz schnell kleiner geworden ist und sich durch eine Lücke in der Palisade durchgequetscht hat, oder daß er ganz einfach zu einem Nichts zusammengeschrumpft und verschwunden ist?«

»Keine Ahnung. Ich habe nur versucht, mich so genau wie möglich an das zu erinnern, was ich mit eigenen Augen gesehen habe. Über das, was damals passiert sein könnte, denke ich kaum nach. Was ich gesehen habe, hat einen zu starken Eindruck auf mich hinterlassen, und ich bin, ehrlich gesagt, überhaupt nicht in der Lage, daraus irgendeinen Schluß zu ziehen.«

Das war alles, was ich über das Verschwinden des Elefanten zu erzählen hatte. Wie ich gleich zu Beginn vermutet hatte, war das nicht nur ein zu ausgefallenes Gesprächsthema für eine junge Frau und einen jungen Mann, die sich gerade erst kennengelernt hatten und sich unterhalten wollten, es war auch, wie schon gesagt, in sich zu abgeschlossen, zu endgültig. Als ich mit meiner Geschichte fertig war, herrschte erst einmal völlige Stille zwischen uns. Weder sie noch ich hatten irgendeine Idee, worüber man sich nach einem Thema noch hätte unterhalten können, das es so gut wie unmöglich machte, ein Gespräch fortzusetzen. Sie fuhr mit dem Finger am Rand ihres Cocktailglases entlang, ich las wohl zum 25ten Mal den Text auf meinem Untersetzer. Ich hätte wirklich nicht von dem Elefanten anfangen sollen, denn das war kein Gesprächsthema, mit dem man jemand so einfach sein Inneres offenbaren konnte.

»Wir hatten früher mal eine Katze, die ist auch plötzlich verschwunden«, sagte sie nach einiger Zeit. »Aber ob eine Katze verschwindet oder ein Elefant, das ist wohl was ganz anderes.«

»Das glaube ich auch. Schon allein wegen der Größe«, erwiderte ich.

Eine halbe Stunde später verabschiedeten wir uns am Hoteleingang. Ihr fiel plötzlich ein, daß sie ihren Schirm in der Cocktail-Lounge vergessen hatte, und so fuhr ich mit dem Aufzug hoch, um ihn zu holen. Es war ein ziegelroter Regenschirm mit einem großen Griff.

»Vielen Dank!« sagte sie.

»Gute Nacht!« sagte ich.

Wir sahen uns danach nicht wieder. Zwar telephonierten wir noch einmal miteinander wegen einiger Einzelheiten für ihren Artikel, und ich dachte eine ganze Weile daran, sie zum Essen einzuladen, ließ es aber schließlich doch sein. Noch während wir uns unterhielten, war bei mir das Gefühl entstanden, daß es eigentlich gleichgültig war, ob ich sie nun einlud oder nicht.

Ein solches Gefühl habe ich oft, seitdem ich die Erfahrung mit dem Elefanten hinter mir habe. Wenn ich Lust bekomme, etwas zu unternehmen, ganz gleich, was es ist, dann kann ich einfach keinen Unterschied mehr erkennen zwischen dem, was herauskommen würde, wenn ich es täte, und dem, was herauskommen würde, wenn ich es ließe. Manchmal habe ich die deutliche Empfindung, als wären die Dinge um mich herum dabei, jenes natürliche, ihnen innewohnende Gleichgewicht völlig zu verlieren, aber vielleicht ist es auch nur eine Sinnestäuschung. Seit der Elefantengeschichte ist jedenfalls in meinem Inneren irgendein Sinn für Balance zusammengebrochen, und vielleicht kommt es daher, daß mir viele Dinge der Außenwelt so merkwürdig vorkommen. Daran bin ich wohl selbst schuld.

Ich bin immer noch damit beschäftigt, in einer schnellebigen Welt des Nutzens mit verblassenden Vorstellungen dessen im Kopf, was nützlich sein könnte, Kühlschränke, Toaster und Kaffeemaschinen zu verkaufen. Je besser es mir gelingt, mich diesem Nützlichkeitsdenken anzupassen, desto schneller werden uns unsere Waren aus der Hand gerissen – der Erfolg unserer Kampagne übertraf sogar unsere etwas optimistischen Erwartungen –, und der allergrößte Teil der Leute empfängt mich mit offenen Armen. Vermutlich verlangt es die Menschen in dieser *Kitchen*, die sich Welt nennt, nach einer gewissen Einheitlichkeit. Einheitlichkeit im Design, Einheitlichkeit in der Farbe und Einheitlichkeit in der Funktionsweise.

In der Zeitung erscheinen so gut wie keine Berichte mehr über den Elefanten. Die Leute scheinen völlig vergessen zu haben, daß es in ihrer Stadt überhaupt mal einen Elefanten gegeben hat. Das Gras im Elefantengehege ist verdorrt, und die ersten Anzeichen des Winters machen sich bemerkbar.

Elefant und Pfleger sind verschwunden und werden auch nie wieder zurückkommen.

Kunio Ogawa
Das Sprungbrett

Ich bat Yuki am Telephon hierherzukommen und traf sie dann in der Abenddämmerung am Ufer des Teiches. Auf den hellgrauen Schieferplatten der Terrasse waren einige Bänke aufgestellt; es war jedoch kaum jemand da, es schien, als könnten sich die Leute aus der Stadt nicht damit anfreunden. So konnten wir ganz offen sprechen, ohne uns um andere kümmern zu müssen.

»Seit wann kennst du Komiyama eigentlich?« Auf diese Frage blickte sie mich forschend an.

Eigentlich war sie in der Dunkelheit nicht deutlich zu erkennen, aber gerade deswegen glaubte ich, ein Glänzen in ihren Augen wahrzunehmen und ihr heftiges Atmen zu spüren.

»Warum fragst du mich so etwas?« Sie schien eher aufgebracht als verwundert zu sein.

»Ich möchte es wissen. Bitte, antworte mir! Ich hatte nämlich einen Traum...«

»Einen Traum...?«

»An einem winzigen, verlassenen Bahnhof – ich weiß nicht mehr, wo es hätte sein können – war, ganz merkwürdig irgendwie, ein Fahrkartenautomat. Davor standest du mit Komiyama; ihr wußtet nicht, was ihr machen solltet, denn ihr hattet kein passendes Kleingeld. So kaufte ich die Fahrkarten für euch. Ohne euch nach dem Ziel eurer Reise zu fragen, habe ich sie, als wäre mir alles völlig klar, für euch gekauft. Und das, obwohl ich euer Reiseziel wirklich nicht kannte.«

»Wann war denn das?« fragte Yuki, die allmählich in die Geschichte hineingezogen wurde.

Ich verstand die Bedeutung von Yukis Frage sofort. Sie erkundigte sich offensichtlich danach, wann ihr Rendezvous in meinem Traum stattgefunden hatte.

»Es war zwar nur ein Traum, aber ich empfand es so, als wäre alles ganz real. Es ist gut möglich, daß ich etwas Zukünftiges spürte. Mir war, als ob mein Arm irgendwie länger geworden sei, und über dich und Komiyama hinweg warf ich drei, vier Münzen in den Schlitz des Automaten. Einfach so, ohne euch zu fragen...«

»Danke, das war wirklich sehr nett!« erwiderte Yuki amüsiert.

»Ich war fast wie ein Schatten von euch. Nachdem ich aufgewacht war, überlegte ich mir, ob du mit Komiyama wohl auf dem Weg in den Tod gewesen bist und ich euch dabei geholfen habe...«

»...«

»Ich habe mir wirklich Sorgen gemacht!«

»...«

»Mir ist nämlich schon seit zwei Jahren klar, daß er nicht mehr leben will. Er macht sich Gedanken, auf welche Weise er sich am besten umbringen kann. Seine Gefühle wandern rastlos umher, während er auf der Suche nach einer passenden Gelegenheit ist. So ist es doch, nicht wahr?«

»...«

»Du brauchst es mir nicht zu verschweigen. Ich erzähle es keinem weiter. Ich spreche auch nicht aus Neugierde davon. Ich stehe dieser Sache wie ein unsichtbarer Engel gegenüber. Yuki, du kennst mich doch!«

»Ja, natürlich. Aber, wie bist du eigentlich darauf gekommen?«

»Schon seit einiger Zeit überlegt sich Komiyama, wie er sich umbringen soll. Ob mit Tabletten oder durch Abgase, die er in sein Auto leitet, ob er sich von einer Klippe ins Meer stürzen, oder ob er sich erhängen soll. Vielleicht hat er es ja auch schon einmal versucht. Er macht sich auch Gedanken um seine Frau, die er zurücklassen müßte, und um sein Vermögen. Ständig gehen ihm die zwanzig Millionen Yen Ersparnisse und sein hundert Tsubo großes Grundstück südlich vom Bahnhof Fujieda durch den Kopf.«

»Woher weißt du das alles?«

»Du weißt es doch auch!«

»Aber ich habe keine Ahnung von Komiyamas Vermögen. Und du, du?« Yukis Stimme bebte, und das Ende des Satzes klang wie ein Schrei.

Ich nahm jetzt zum erstenmal wahr, daß sich Yukis Stimme verändert hatte. Bis dahin war ihre Art zu sprechen immer ziemlich monoton und gleichförmig und ihr Gesichtsausdruck dabei unbewegt gewesen. Das hatte mich stets ungeduldig gemacht. Nun war aber nicht nur ihre Stimme, sondern auch ihr Gesichtsausdruck leidend. Sie sah aus, als würde sie sich mit offenen Augen allmählich in die Tiefe einer mondlosen Nacht zurückziehen.

»Über einiges würde ich mir gerne bei dir Gewißheit verschaffen. Ich habe versucht, mir auf Komiyamas gelegentliche Scherze einen Reim zu machen. Dabei ahnte ich schon, daß etwas anderes dahintersteckte. Meine Vermutung wurde von Komiyamas weiteren Äußerungen sogar noch bestätigt. Als ich dann glaubte, einen Beweis in der Hand zu halten, fragte ich ihn kurzentschlossen. Daraufhin hat er sich mir anvertraut.«

»Wie scharfsinnig!«

»Ach, gar nicht, es war doch nur, weil ich mir Sorgen um dich mache.«

»...«

»Nur deshalb verspürte ich den Drang, alles zu erfahren.«

»Warum hast du das, was zwischen uns ist, nie verstanden?«

»...«

»Vorhin, da hast du mich doch gefragt, wann ich Komiyama kennengelernt habe, oder?«

»Ja, das ist das einzige, was er mir verheimlicht hat.«

Ich wollte noch mehr sagen, schwieg aber. Denn auch ohne daß ich etwas sagte, würde sie es letztlich doch von selbst einsehen; Worte hätten sie eher verletzen können. Was ich aber unbedingt noch wissen wollte, war, ob Komiyama Yuki schon kennengelernt hatte, bevor er so vom Tod besessen war. Es machte vielleicht keinen großen Unterschied, aber der Gedanke, daß Komiyama die völlig unbeteiligte Yuki ausgewählt hatte, um sie zu seiner Weggefährtin zu machen, war beängstigend. In seinem Herzen schien ein böser Dämon am Werk zu sein. Wenn sich Liebende allmählich gemeinsam fallenlassen, dann ist das einfach menschlich. Und daher kam mir jener Unterschied doch sehr bedeutsam vor. Nicht zuletzt um gerade diesen Punkt aufzuklären, hatte ich Yuki an diesem Tag ans Ufer des Teiches gebeten.

»Vor ungefähr dreieinhalb Jahren. Genaugenommen vor drei Jahren und sieben Monaten«, erwiderte sie, während sie die Zeit nachrechnete.

»Ach, wirklich?« gab ich scheinbar unbeteiligt zurück.

»Tachibana, ist dir bewußt, daß es Menschen unter uns gibt, die sterben wollen?«

»Doch, das weiß ich. Aber wer sterben will, sollte es allein tun.«

»Warum sagst du das so? Du spielst auf Komiyama an, nicht wahr?«

»Er sagt es doch selbst ganz offen.«

»Auch ich möchte sterben.«

»Es ist nicht dein eigener Wunsch, zu sterben. Du meinst, die Erwartungen Komiyamas erfüllen zu müssen.«

»Ich möchte sie aber erfüllen – seine Erwartungen.«

»Sie sind reiner Egoismus. Er will zwar sterben, fürchtet sich aber davor.«

»Geht es nicht jedem so?«

»Jedem... Aber wenn man sich vor dem Sterben fürchtet, braucht man sich doch nicht umzubringen.«

»Komiyama hat mir nicht gesagt, daß ich mich mit ihm umbringen soll.«

»Er will es von dir hören.«

»Nein, bestimmt nicht.«

Auf der Fahrt zu Komiyamas Haus fiel mir ein Traum ein. Die Landschaft, die ich aus dem Fenster des Wagens sehen konnte, ähnelte der Landschaft in diesem Traum, und selbst die Luft rief die gleiche Empfindung in mir hervor. Vielleicht kam er mir deshalb wieder in den Sinn. Ich hatte das Gefühl, daß der Traum einerseits nur einen Augenblick, andererseits aber auch ziemlich lange gedauert hatte.

...Ich kauerte auf einem hellen, freien Platz, der etwas erhöht schien. Da und dort wuchsen einige Stauden Pampasgras, und mehrere kleine Schlangen krochen herum. Als ich einer dieser kleinen Schlangen, die sich am Rande meines undeutlichen

Schattens bewegten, mit den Blicken folgte, näherte sich langsam ein anderer Schatten und verband sich mit dem meinen. Da man keinen Laut hören konnte, war scheinbar nur der Schatten sacht an der Oberfläche des Bodens entlanggeglitten. Als ich jedoch aufsah, stand Yuki breitbeinig da und schaute mich an. Ihre ausdruckslosen Augen schienen völlig leblos.

»Du bist eifersüchtig«, raunte sie und ging fort.

Der Klang ihrer Stimme strich leicht über das Trommelfell.

Ich zauderte möglicherweise einen Augenblick. Doch dann stand ich auf, um ihr zu folgen, aber sie war schon nicht mehr zu sehen. Zwischen dem Pampasgras schienen nur Schatten zu flimmern. Vielleicht hatten sich ja nur die Gräser hin- und herbewegt, jedenfalls konnte ich sie nicht mehr sehen. Ich ging bis zum Rand der Anhöhe und kroch durch ein niedriges Gehölz. Plötzlich öffnete sich vor meinen Augen ein weites Tal. Dort, in einem abgelegenen Dorf, erkannte ich Bilder aus der Vergangenheit. Mit weit geöffneten Augen sah ich einen Weg, der die verstreut liegenden Häuser verband. Auf ihm lief ein Hund mit rotbraunem Fell entlang, und in einem klaren Bach schwammen Wasserpflanzen. Bevor ich aufwachte, hörte ich noch das Hana-Ichimomme-Lied, einen Abzählvers, den man in diesem Dorf häufig sang.

Während ich mich mit dem Auto Komiyamas Haus näherte, murmelte ich vor mich hin: ›Es wird wohl Eifersucht sein.‹ Aber als ich über Yukis Worte im Traum nachdachte, kam ich zu dem Schluß, daß es sich vielleicht doch nicht um gewöhnliche Eifersucht handelte. Mit anderen Worten, sie hatte eine tiefere Bedeutung. Ich war eifersüchtig darauf, daß sie gemeinsam sterben wollten. Und ich wollte Yuki nicht etwa deshalb retten, weil ich überzeugt war, daß der Tod ein bedauerliches Unglück sei. Ich konnte es mir durchaus als ein unermeßliches Glück vorstellen, gemeinsam in den Tod zu gehen. Deshalb wollte ich die beiden voneinander trennen.

Meine Feindseligkeit gegenüber Komiyama wäre wahrscheinlich größer gewesen, wenn er nicht dazu entschlossen gewesen wäre, sich umzubringen. Da er aber nicht mehr leben wollte, hatte ich Mitleid mit ihm und hegte keine Rachegefühle. Als hochgebildeter Mann von Welt verfügte er über ein reiches Wissen und einen weiten Horizont. In ihm war etwas so Lyrisch-Sentimentales, daß es einem schon ans Herz greifen konnte. Das war mir sympathisch. Vielleicht hatte ich deswegen das unabwendbare Gefühl, daß das Böse tief in mir versuchte, Yuki nun von ihm zu trennen. Komiyama konnte ruhig sterben, aber Yuki mußte leben, diese Gedanken kamen mir in den Sinn.

Nachdem ich den Wagen abgestellt hatte, lehnte ich mich gegen den Kotflügel und ließ meinen Blick umherschweifen.

...Ich werde offen über alles reden. Ob Komiyama mir wohl alles sagen wird? Ob ich wohl die Wahrheit aus ihm herausbekommen werde...?

Jetzt war die beste Gelegenheit, dachte ich. Aber es fiel mir schwer, den ersten Schritt zu tun. Es war eine schwere Tür, aber ich mußte sie fest entschlossen öffnen. Innerlich überzeugt von dieser Notwendigkeit, näherte ich mich dennoch mit unschlüssigen Schritten der Tür seines Hauses.

Die Dame des Hauses erschien. Sie war schlank und zierlich und paßte gut in das Bild, das ich mir von ihr gemacht hatte. Eine Person, die den Eindruck eines kleinen, zarten Porträts hinterließ. Selbst mir Grünschnabel gegenüber benutzte sie eine überaus gesetzte und höfliche Sprache. Dennoch fiel mir eine strenge Falte auf ihrer Stirn auf. Irgendwie spürte sie, daß ihr Mann sich mit Selbstmordgedanken trug, die langsam Gestalt annahmen. Die Sorge darüber setzte ihr sicher heftig zu... Was sie wohl alles weiß? Sie war das Gegenstück zu der ruhigen Yuki, die sich gelassen in ihr Schicksal fügte.

»Der Fischrogen von neulich war wirklich sehr gut. Vielen Dank!« Sie sagte dies wie eine Frau aus gutem altem Hause, von denen es in der Stadt nicht mehr viele gab.

»Sie mögen ihn auch?«

»Ja, sehr gern.«

Während ich zum Atelier nebenan ging, dachte ich noch einmal über Komiyamas Frau nach, und fand, daß sie ein kluger, doch nicht sehr emotioneller Mensch sei. Vielleicht hatte sie wegen Komiyama bereits einen Psychiater aufgesucht... Bei diesem Gedanken kam mir die Vision, mit ihr selbst in der näheren Zukunft über ihren Mann zu sprechen. Ich sah jedoch nicht konkret, was ich ihr sagen sollte.

Komiyama saß untätig in seinem Atelier und rauchte. Möglicherweise hatte ich mich mit der ganzen Sache zu sehr beschäftigt, denn es kam mir so vor, als ob er meinen Besuch erwartet hätte. Er schien sogar zu wissen, warum ich gekommen war. Es paßte eigentlich nicht zu seinem Alter, daß er – wie ertappt – zusammenzuckte, als sich unsere Blicke trafen. Ich sah ihn offen an, und, um die Spannung zu lösen, schaute ich mich ein wenig in dem Zimmer um. Aber es war alles unverändert. Auf dem niedrigen Bücherschrank lag ein Kunstband, und als meine Augen dort haltmachten, sagte Komiyama: »Das ist Mondrian.«

Ich nahm das Buch in die Hand und betrachtete es. Die Bilder darin waren mir allesamt bekannt.

»Die Erläuterungen sind sehr interessant. Ich finde, das ist wirklich *Mondrian*. Haben Sie seine Biographie gelesen?« fragte er mich.

»Ich habe ein weniger wissenschaftliches Buch über ihn gelesen.«

»Ich leihe Ihnen diesen Kunstband. Lesen Sie ihn doch einmal.«

»Vielen Dank.«

»Tachibana, in der letzten Zeit habe ich Mondrian nur wie durch einen Schleier wahrgenommen. Vielleicht hat meine Energie nachgelassen, denn ich konnte in seinen Werken nur noch raffinierte Muster erkennen. Ich wollte sie so für mich interpretieren.«

Dann sprach Komiyama über den Ursprung und die Entwicklung des mondrianschen Stils. Für mich war vieles neu, und seine Art zu reden, gefiel mir. Er erzählte in seiner leidenschaftlichen Art, so wie er es immer zu tun pflegte. Er las gerne. Er vertraute den Schriftzeichen und war auch in der Lage, anderen den Gefühlswert eines Buches zu vermitteln.

Aber diesmal wurde ich davon nicht mitgerissen. Obwohl es sehr interessante Dinge waren und ich sie gut nachempfinden konnte, kam es mir so vor, als ob ich durch eine Milchglasscheibe blickte. Ich wurde ungeduldig.

»Ich möchte über Yuki sprechen. Können wir das hier?« fragte ich.

Komiyama bekam große Augen und schaute mir direkt ins Gesicht. Ungewollt. In seinem Blick lag Offenheit, aber auch Angst und Feigheit.

»Fahren wir raus«, sagte er knapp.

Wir fuhren mit dem Wagen zur Mündung des Ōigawa. Im Vergleich zu vorhin war der Himmel klar, aber die Wellen schlugen hoch. Ich empfand die in die klare Luft hineinspringenden Wellenkämme als schneidend kalt. Verglichen mit letztem Mal war sogar das Meer kalt. Wir standen eine Weile im Seewind und kehrten dann zum Auto zurück. Wir stiegen ein und öffneten die Fenster einen Spalt.

»Vorhin haben Sie mir Ihr Herz geöffnet, jemandem wie mir … Das berührt mich wirklich sehr«, sagte ich.

»Wenn ich einmal zu erzählen anfange, dann gibt es kein Halten mehr. Aber das war nur ein kleiner Teil. Es ist wahr, ich habe meine Augen auf den Tod gerichtet«, erwiderte er.

»Aber wie ist es dazu gekommen?«

»Ich weiß es nicht.«

»…«

»Mein Interesse an dieser Welt hat nachgelassen, und die Waagschale zwischen Leben und Tod neigt sich nach der Seite des Todes. Der Tod hat begonnen, seine magische Kraft auf mich auszuüben.«

»Ihr Interesse an dieser Welt ist also schwächer geworden? Und der Grund?«

»Tja, der Grund. Ich befinde mich an einem Abhang. Und das bedrückt mich sehr.«

»…«

»Aber warum ich an diesem Abhang angelangt bin, das weiß ich selbst nicht.«

»Dieser Abhang könnte bedeuten, daß Sie den Tod für etwas sehr Wichtiges halten. Nicht wahr!«

»Wichtig …«

»Ja, wichtig.«

»Ich halte den Tod nicht unbedingt für wichtig. Aber irgendwie ist er für mich zum Ziel geworden. Irgendwie, ich weiß nicht wieso, besteht da eine unwiderstehliche Anziehungskraft. Ich denke ständig darüber nach, welche Art des Sterbens wohl für mich die richtige wäre. Selbstmord, was ist das wirklich? Es hat etwas Verhängnisvolles.«

»Gibt es denn keine andere Möglichkeit?«

»Wohl kaum.«

»...«

»Tachibana, ich kann überhaupt nichts daran ändern. Vielleicht bin ich einfach so. Aber ich habe das Gefühl, daß irgendwie über mich entschieden wurde. In meinem Innern ist etwas, das stärker ist als ich. Verstehen Sie mich? Verstehen Sie, daß es bei manchen Menschen so etwas gibt?«

»Ja, das verstehe ich.«

»Ich bin wirklich sehr froh darüber, Sie getroffen zu haben. Irgendwie glaube ich, daß Sie der einzige Freund in meinem Leben sind. Vor wieviel Jahren haben wir uns eigentlich kennengelernt? War es vor acht Jahren? Ich beobachtete Sie, wie Sie am Strand gemalt haben. Dann haben Sie mich gebeten, Ihnen meine eigenen Bilder zu zeigen.«

»Vor neun Jahren, vor neun Jahren im September war es.«

In meiner Stimme schwang Rührung mit. Danach schwiegen wir eine Weile. Die Abenddämmerung hatte sich verdichtet. Aus dem Dunkel des Autos heraus sahen wir nun den Sternenhimmel. Der Wagen stand vor einem Deich. Deshalb konnten wir vom Fenster aus das Meer nicht sehen. Vielleicht hatte Komiyama mein Schweigen mißverstanden. Vielleicht hatte er sich vorgestellt, daß ich an Yuki dachte. Aber in diesem Moment dachte ich über mich selbst nach. Ich überlegte, ob ich die Psyche dieser beiden Menschen, die zusammen sterben wollten, überhaupt verstehen konnte. Ich verspürte die Versuchung, ihnen zu verzeihen, wie eine Flutwelle in mir aufsteigen.

»Ich weiß schon, warum Sie heute zu mir gekommen sind. Sie machen sich Gedanken um Yuki«, sagte Komiyama.

Ich nickte.

»Keine Sorge. Ich werde sie nicht mit hineinziehen. Ich bin nämlich egoistisch.«

»...«

»Ich muß leider an die Komplikationen denken, die entstehen, wenn zwei Menschen zusammen Selbstmord begehen. Sie ist irgendwie schon von einer ganz sentimentalen Stimmung umfangen. Aber für mich hat diese Atmosphäre eine Süße, die tatsächlich eines gewissen Reizes nicht entbehrt. Und nicht nur das. Er bedeutet für mich auch eine Art Sprungbrett für die Durchführung meines Selbstmordes. Jedoch würde die Durchführung allen Seiten nur Unannehmlichkeiten bereiten; und die sollte ich unbedingt auf ein Minimum beschränken...«

»Selbst wenn Yuki zusammen mit Ihnen sterben wollte, würden Sie sich nicht darauf einlassen?«

»Nein, niemals!«

»...«

»Ich würde es nicht zulassen.«

»...«

»Sie sind der einzige, dem ich das erzähle. Bitte, hören Sie mir zu, auch wenn es Ihnen vielleicht lästig sein sollte. Am meisten fürchte ich die Schwierigkeiten, in die ich meine jetzige Frau bringen würde. Und da ich geschieden bin, muß ich mir zudem noch Gedanken um meine ehemalige Frau und die beiden Kinder aus dieser Ehe machen. Insbesondere die Kinder, die inzwischen das Gymnasium besuchen, machen mir Sorgen. Ich will daher so sterben, daß es wie ein Unfalltod aussieht. Betrachten wir uns einmal Hemingways Tod! Es ist völlig unklar, ob es Selbstmord war, oder ob sein Jagdgewehr versehentlich losgegangen ist. Selbstverständlich wird seine Frau gewußt haben, wie es passiert ist, aber... Auch in meinem Fall wäre das gut. Nur meine Frau wüßte dann, ob es ein Selbstmord war. Sie und Yuki werden hoffentlich mein Geheimnis wahren. Es ist schon komisch, aber ich überlege, ob sich wohl das Haus eines Selbstmörders noch verkaufen ließe. Am besten würde meine Frau auch weiterhin dort wohnen. Wenn sie das Haus verließe, würde es leerstehen und verkommen. Ich sehe ein allmählich verfallendes Haus vor meinen Augen. Als Erbstück wäre es dann nichts mehr wert.«

»...«

»Möchten Sie, daß ich damit aufhöre?«

»Nein.«

Ich fand, er sollte mir nur ruhig weitererzählen. Es wäre doch unhöflich von mir, wenn ich ihn einfach so, wie mir eigentlich zumute war, aufforderte, damit aufzuhören! Um so mehr, als gerade er es war. Es wäre unbarmherzig von mir gewesen, ihn in irgendeiner Weise zu unterbrechen.

»Sie wären doch vor ungefähr vier Jahren fast einmal im Meer von Yaezu ertrunken? Unmittelbar danach haben Sie mir davon erzählt. Sie waren auf das Meer hinausgeschwommen und hatten die Gelegenheit zur Rückkehr verpaßt... ›Noch kann ich zurück, noch kann ich zurück‹, während Sie dies murmelten, schwammen Sie über die Grenze Ihrer eigenen Kräfte weiter auf das offene Meer hinaus. Das war ein nützlicher Hinweis für mich. Es ist offensichtlich ganz einfach, man muß nur immer weiter aufs Meer hinausschwimmen.«

»...«

»Ich mache nur Spaß, aber Ihr Erfahrungsbericht war ein aufschlußreicher Hinweis für mich.«

»Komiyama, Sie machen sich so viele Gedanken darüber, was nach Ihrem Tod geschehen wird. Sind das nicht alles bloße Spekulationen? Ich glaube, Sie machen sich keine Vorstellung davon, welchen Wirbel das geben wird.«

»Ich denke, man kann zwar nicht hundertprozentig sichergehen, aber man kann zumindest gründlich vorbereitet sein.«

»Komiyama, haben Sie nicht Lust, mit mir zu verreisen? Wollen wir nicht einmal zusammen von Japan weg? Ich würde irgendwie gerne nach Polynesien fahren«, sagte ich mit einemmal.

Es war mir ganz unvermittelt in den Sinn gekommen. Er lächelte. Sein Lächeln drückte auch ein wenig Freude aus, aber er erwiderte: »Würde es Ihnen denn Spaß machen, mit mir zu verreisen?«

»Es geht nicht um meinen Spaß.«

»Wenn ich dazu Lust verspüre, werde ich mir einen Plan ausdenken.«

»Auch ich werde einen Plan machen.«

Als ich bei der Suruga-Kreditbank eingebogen war, sah ich auf dem Parkplatz des Café Domingo die Rückfront seines Wagens, lenkte mein Auto dorthin und hielt daneben an. Beim Aussteigen spürte ich, wie etwas meine Brust zusammenschnürte, und sah, wie meine Fingerspitzen zitterten. Ich lehnte mich an den Wagen und betrachtete eine Weile den Boden vor meinen Füßen. Ich war beunruhigt, daß die beiden durch ein Zusammentreffen mit mir in eine hilflose Situation geraten könnten. Deshalb ließ ich mir ein bißchen Zeit. Aber als ich in das Café hineinging, war alles anders. Meine Befürchtungen trafen nicht zu. Ich hatte eine düstere, dramatische Szene vor Augen gehabt, aber ich erkannte sogleich, daß alles friedlich und ruhig war und ich in den Augen der beiden anderen meine eigene Bestürzung nicht wiederfinden würde. Komiyama lächelte so wie immer, und Yuki änderte ihren Ausdruck nur ein wenig, so, als hätte sie mich erwartet. Aber sie taten nicht nur so, als ob alles normal und ruhig sei.

»Es ist kühl heute«, sagte Komiyama, und Yuki fragte mich: »Setzt du dich zu uns?«

»Nein, danke«, sagte ich und setzte mich an einen anderen Tisch vor ihnen.

Aus den drei leeren Stühlen an meinem Tisch hätte man schließen können, daß ich einzig und allein zum Kaffeetrinken ins Domingo gegangen war.

»Kommen Sie öfter hierher?« fragte Komiyama.

»Eigentlich selten. Vor zwei Monaten das letzte Mal«, sagte ich nach einigem Überlegen.

»Setzen Sie sich doch zu uns!«

»Ich bleibe gern hier.«

Dann hatte ich plötzlich die merkwürdige Idee, daß ich die beiden durch und durch kannte und mir als außenstehendem Beobachter dieses Vertrauen in meine eigene Objektivität auch zustand. Dies erschien mir wie ein verblüffend genaues Porträt meiner selbst. Ich saß zwar nicht an einem Tisch mit den beiden, war aber dennoch zu nervös, um auch nur auf den Geschmack meines Kaffees zu achten. Erst als ich mir sagte, ›du bist doch hier nichts weiter als ein Beobachter oder Aufpasser‹, wurde ich langsam ruhiger. Während ich den Kaffee schlürfte, hatte mein Zittern völlig aufgehört. Die beiden setzten ihre Unterhaltung noch eine Weile fort.

»Was meinst du damit, man malt nur mit dem, was einem zu eigen ist?« fragte Yuki.

»Ich würde es auch als Selbständigkeit bezeichnen. Ein Maler malt nur mit dem, was er verinnerlicht hat. Übernimmt er etwas, macht er sich zunächst die Idee eines anderen zu eigen. In erster Linie sollte er jedoch aus sich heraus malen.«

»Ich stehle nicht.«

»Es macht gar nichts, wenn man stiehlt. Maler sind wie Diebe.«

»Was!?«

»Man ist erpicht auf Dinge, von denen man selbst profitieren kann.«

Da brach das Gespräch ab. Sie schienen über irgend etwas nachzudenken, und ich fügte hinzu: »Mondrian hat auch gestohlen, oder?«

Komiyama erwiderte: »Mondrian? Ich weiß nicht, ob er gestohlen hat oder nicht. Ich habe das Gefühl, daß er ein ganz besonderer Fall ist. Nennt man ihn nicht auch einen Hellseher? Einen, der die Dinge durchschaut, meine ich.«

»Er sagt doch, daß der Gegenstand tragisch sei.«

»Und deswegen wollte er wahrscheinlich auch die Gegenständlichkeit aufgeben. Ich weiß nicht, aber er ist irgendwie ein Maler, der zu dir paßt.«

»...«

»Sie sind ein Mondrian-Typ.«

Was meinte Komiyama damit? Es war wohl nur ein Scherz. Aber es berührte mich unangenehm. Das war immer so, wenn man auf meine Person zu sprechen kam. Ich hatte die Angewohnheit, in solchen Situationen das Thema zu wechseln.

»Um noch einmal auf die Reise zurückzukommen – wie wäre es mit Tahiti? Wir fliegen bis Hawaii und steigen dann um. In einer Woche kann man ganz schön herumkommen.«

»Wann könnten Sie denn fahren?«

»Vielleicht im Winter? Es ist doch eine Insel, wo immer Sommer ist. Im November oder Dezember könnte ich meinen Urlaub nehmen und bis dahin auch das Geld für die Reise zusammenhaben.«

»November oder Dezember? Ob ich dann fahren kann?« überlegte Komiyama laut und wandte sich Yuki zu: »Tachibana hat mir nämlich vorgeschlagen, mit ihm eine Reise in die Südsee zu machen!«

»Dort war doch auch Gauguin«, erwiderte Yuki.

»Bei einer Woche Zeit könnten wir sogar bis zu den Marquesas fahren«, sagte Komiyama zu mir.

»Ich denke, eine Woche reicht vollkommen.«

»Gauguin ist doch an Arsen gestorben, oder?«

»Nein, als er Arsen genommen hatte, starb er nicht daran. Er wurde gerettet und starrte immerzu auf das Meer mit seinen Korallenriffen. Das habe ich einmal in einem Buch gelesen.«

»Aha, so war das! Und anschließend fuhr er dann zu den Marquesas.«

Komiyama sagte, er könne wohl nicht im November oder Dezember fahren. Als ich ihn fragte, wie es mit dem kommenden Frühling sei, antwortete er, er wolle es sich noch überlegen.

Währenddessen fiel mir etwas auf. Die Worte, die wir in unserer Unterhaltung benutzten, deuteten Gefahr an, obwohl wir normal und ruhig redeten. Waren wir vielleicht schon so unserem eigenen Tonfall verhaftet, daß solche Worte ganz alltäglich für uns klangen? Nein, es war wohl vielmehr die Sprache Komiyamas, die uns gefangen hielt und die die Worte so normal erscheinen ließ. Das kommt daher, weil er die gefährlichen Worte als scheinbar Unbeteiligter ausspricht. Komiyama verstellt sich vor Leuten. Und Yuki und ich verhalten uns entsprechend. Wir haben zwei Gesichter, wie Dr. Jekyll und Mr. Hyde. Reden wir mit Leuten, dann drücken wir uns mehr oder weniger gewählt aus, damit keine Diskrepanz aufkommt. Wir sind bemüht, das Einverständnis unter uns dreien andere nicht unbedingt spüren zu lassen. Das bereitet uns ein gewisses Vergnügen, wenn es auch nur symbolisch ist. Statt Vergnügen sollte man es eher einen kleinen Zeitvertreib nennen. Ich erinnere mich an einen englischen Roman, den ich vor zwei, drei Jahren gelesen habe. Darin wurde eine Gruppe, die ihre Geheimnisse bewahrte, als *confidants* bezeichnet. Auch wir waren *confidants* für die Leute in der Stadt.

»Laßt uns fahren«, sagte Komiyama; ich nickte.

Als die beiden im Sonnenschein auf dem Parkplatz in das Auto einstiegen, sah ich sie mit anderen Augen: ein Mann in den Fünfzigern zusammen mit einer vierundzwanzigjährigen Frau. Sie glichen einem Phantasiebild. Hinter dem, was ich deutlich sah, ahnte ich etwas Tieferes, was ich nicht sehen konnte. Aber die Aufregung, die ich verspürt hatte, als ich ankam, schien verflogen, und meine Schritte waren sicher. Ich stieg in meinen Wagen und folgte ihnen.

Auch dieses Mal hielt Komiyama an der Mündung des Ōi. Das

Meer war ruhiger als das letzte Mal, aber die Flut stieg schnell. Als wir zum Wasser liefen, mußten wir ständig wieder zurückweichen. Das Wasser blieb uns auf den Fersen wie ein lebendes Wesen.

Ein Streifen wie eine weiße Schlange versperrte dann und wann die Mündung, kleine Wassersäulen klangen wie Glöckchen und stiegen gemächlich empor. Das Meer war schwer. Vom Horizont rückte dunkles Blau näher, das mich an eine gewaltige Mauer erinnerte.

»Es war richtig, hierher zu kommen, nicht wahr!« sagte Yuki.

»Bis zum Horizont – wie weit mag das wohl sein?« fragte Komiyama.

»An die zehn Kilometer werden es wohl sein. Nach Gozenzaki sind es gut zehn Kilometer, und man kann Gozenzaki am Horizont erkennen«, antwortete ich, nachdem ich meine Augen einen Moment lang angestrengt hatte.

»Kommt, wir wollen zurückfahren!« sagte Komiyama.

Da kam mir plötzlich eine Idee, und ich griff zu einer Lüge.

»Mir fällt gerade ein, daß ich in Shizuoka noch etwas zu erledigen habe. Am besten fahre ich gleich von hier aus dorthin. Yuki, willst du nicht mitfahren?«

»Ich muß zurück nach Hause. Heute abend kommt eine Freundin«, erwiderte sie in ihrer monotonen Sprechweise.

»Könntest du deiner Freundin nicht absagen? Ich müßte dich unter vier Augen sprechen.«

»Muß das denn heute sein?«

»Ja, es muß heute sein!«

Ich sprach erregt, drängend.

»Ruf doch deine Freundin an. Es wäre doch gut, wenn du mit Tachibana fahren könntest«, sagte Komiyama.

Aber Yuki stieg mit Komiyama in den Wagen, und sie fuhren in Richtung Fujieda davon. Wenn ich mir ihr argloses Verhalten so betrachtete, schienen mir die beiden, ohne daß ich sie fühlen konnte, durch die Hände wegzugleiten und mich im Stich zu lassen.

Es blieb mir nichts anderes übrig, als in Richtung Shizuoka zu fahren, so, wie ich es angekündigt hatte.

Mutsumi Okada
Die Brust

1.

Ich hatte mir vorgenommen, mich mit der Bedienung der Waschmaschine vertraut zu machen.

Eine Münzwäscherei hätte es ja auch getan, doch hier, in einer abgelegenen Stadt an Tōkyōs westlichem Rand, gab es noch nicht einmal das. Zwei oder drei Tage wäre es ja auch so gegangen, aber wenn ich länger als zehn Tage ohne meine Frau leben müßte, wäre bestimmt keine Unterwäsche mehr da. Der Herbstanfang war schon vorüber, aber es sah nicht so aus, als würde die andauernde Sommerhitze nachlassen. So mußte ich jeden Tag meine Unterhemden und Unterhosen wechseln, und bald würde sich bestimmt ein Berg schmutziger Wäsche ansammeln. Deshalb hatte ich meine Frau gefragt, in welcher Reihenfolge die Waschmaschine zu bedienen sei, und mir dabei Notizen gemacht.

An einem frühen Nachmittag im letzten Augustdrittel, zwei Tage bevor meine Frau ins Krankenhaus gehen sollte, sagte ich zu ihr: »Also, ich versuche heute einmal, die Wäsche von Anfang bis Ende alleine zu machen.«

Sie saß mit verdrießlicher Miene am Tisch im Wohnzimmer und antwortete mir nicht. Anscheinend plagte sie sich wieder damit herum, irgendwelche komplizierten Anmerkungen zu schreiben. Es war schon eine öde Arbeit. Darum wollte ich ihr abweisendes Verhalten ja auch verstehen, aber ein Gefühl von Enttäuschung regte sich trotzdem in mir. Nach kurzer Überlegung sagte ich nur: »Dafür könntest du mir eigentlich noch einmal Fleischtaschen machen. Wenn du reichlich Knoblauch reintust, gibt das Kraft. Außerdem bekomme ich doch bis auf weiteres keine hausgemachten mehr!«

Während er auf seine Notizen blickte, ließ er zuerst Wasser in die Wäschetrommel ein und gab dann das Waschmittel dazu. Nun mußte alles etwa eine Minute laufen, um die Lauge herzustellen. Ich drehte am Schalter. Doch es tat sich überhaupt nichts.

Hatte ich etwas falsch gemacht...? Ich sah auf die Notizen, doch da stand nur: Wasser einlassen, Waschmittel dazu, eine Minute lang laufen lassen. Im Grunde hatte ich keine Ahnung von dieser Art Maschinen, so ging ich wieder ins Wohnzimmer.

»Du, die Waschmaschine gibt keinen Mucks von sich«, sagte ich zu meiner Frau, die mit dem Korrekturlesen, was sie nebenher machte, fortfuhr, ohne aufzublicken. »Ich habe es aber genau nach den Notizen gemacht...«

Sie stand schweigend auf. Die Waschmaschine war vor dem Badezimmer unter der Treppe aufgestellt. Sie warf nur einen kurzen Blick darauf und sagte: »Du hast den Stecker nicht reingesteckt, oder?«

Ach so. Ich war so voller Elan gewesen und hatte nun das Gefühl, daß schon der Anfang schiefgelaufen war. Ich ärgerte mich über mich selbst, doch als ich dann den Stecker einsteckte, begann die Trommel sich wahrhaftig zu drehen.

Meine Frau ging wortlos wieder ins Wohnzimmer zurück. Ich fühlte Unmut über ihr Benehmen in mir aufsteigen, aber dadurch schob ich immerhin den Ärger über meine eigene Unaufmerksamkeit beiseite. Es wäre unklug, jetzt überempfindlich zu werden. Heute und morgen sollten in Frieden vorübergehen, dann wollte ich meine Frau wegbringen. Mit diesem Gedanken tröstete ich mich.

Mit der Waschmaschine war nun alles in Ordnung. Waschen, Wasser ablaufen lassen. Danach spülen und noch einmal das Wasser abpumpen. Währenddessen kann man eine Pause machen. Im Prinzip war es das gleiche wie beim Gebrauch von Waschbrett und Bottich. Das Ganze dauerte ungefähr dreißig Minuten. Nachdem ich die fertig gewaschene Wäsche in einen Plastikkorb gelegt hatte, brachte ich sie auf die Veranda im zweiten Stock. Wie ich es mir abgeschaut hatte, glättete ich die Waschfalten in den Hemden und Hosen und hängte sie Stück für Stück auf die Trockenstange. Wegen der hohen Luftfeuchtigkeit war ich im Nu schweißgebadet.

Jetzt duschen und Haare waschen!

Nur den Körper abzuduschen, ginge ja schnell, mit dem Haarewaschen dauerte es länger. Dennoch entschloß ich mich dazu; ich hätte mich sonst zu unwohl gefühlt. Erst brachte ich bei der Waschmaschine alles in Ordnung, dann stopfte ich mir Baumwolle ins linke Ohr. Es war keine normale Verbandswatte, sondern Ōme-Baumwolle, von der man sagt, daß sie gut Wasser abhält. In meinem Trommelfell war nämlich ein Loch, und damit kein kaltes oder heißes Wasser eindrang, mußte ich es immer auf diese Art schützen. Ich hätte die Dusche auch auf warm stellen können, doch heute reichte mir kaltes Wasser. Zuerst wusch ich mir die Haare. Nackt kniete ich mich an den Waschplatz im Badezimmer und machte mir mit dem Wasser aus dem Boiler die Haare naß. Dabei bog ich mit der linken Hand das Ohr so um, daß es verschlossen war. Beim Shampoonieren war das nicht nötig, aber beim Ausspülen verschloß ich es wieder auf diese Weise. Es war wirklich lästig. Auf der Hals-Nasen-Ohren-Station hatte man mir gesagt, daß sich das Loch im Trommelfell nie mehr ganz schließen würde. Es war geplatzt, als mir meine Frau einen kräftigen Schlag versetzt hatte. Auch eine Rippe hatte sie mir gebrochen, aber die war nach der Behandlung verheilt.

Obwohl sie mir das Trommelfell zerschlug und die Rippe brach, ließ ich mich nicht herausfordern, ja ich wehrte mich nicht einmal. Ich hätte mich irgendwie schützen sollen, aber dafür war alles viel zu schnell gegangen.

Ich duschte mich ab und nahm beim Verlassen des Badezimmers die Baumwolle wieder aus dem linken Ohr heraus. Obwohl ich mich bemühte, kein bißchen Wasser hineinkommen zu lassen, war es im Ohr doch immer naß. Nun knüllte ich normale Verbandswatte klein, steckte sie ins Ohr und nahm die Feuchtigkeit damit auf. Nach ein, zwei Versuchen war ich aber noch immer beunruhigt und nervös. Es war schon eine ärgerliche Veranlagung von mir, daß ich mich damit immer noch nicht abgefunden hatte. Als nächstes führte ich dann ein Wattestäbchen ein und drehte es sanft. Noch eins – und noch eins. Das Ganze war äußerst lästig. Dann aber konnte ich meinen aufgestauten Ärger nicht mehr zurückhalten und mußte ihn an meiner Frau, die sich in der Küche an die Essenvorbereitungen gemacht hatte, loswerden: »Es ist einfach nicht zum Aushalten!«

»Was ist denn?«

»Jedesmal beim Haarewaschen muß ich einen Wattepfropfen ins Ohr stecken. Wenn ich mir überlege, daß ich das bis zu meinem Lebensende so machen muß...«

Eine Ärztin hatte das Ohr behandelt, und das Loch im Trommelfell war schließlich zwar kleiner geworden, aber vollständig schloß es sich nicht mehr. Ich hatte mich erkundigt, ob ich denn nun jedesmal beim Haarewaschen Watte hineinstopfen müßte, und sie hatte entgegnet: »Diese kleine Mühe sollte Ihnen doch nicht zu lästig sein.«

Mit dem Wasser könnten schließlich Bakterien eindringen, und es könnte eitern. Dann wäre sogar die Gefahr einer Mittelohrentzündung gegeben.

»Deshalb kann ich aber doch das Haarewaschen nicht sein lassen...«

Meine Frau gab mir wieder keine Antwort und beschäftigte sich weiter mit dem Kochen.

»Etwas fürs ganze Leben, ein Leben lang!« setzte ich hinzu.

Plötzlich ließ sie die Sachen stehen, kam ins Wohnzimmer und setzte sich vor den niedrigen Tisch. Ihre Miene war starr.

»Was ist denn auf einmal, was hast du denn?«

»Willst du damit sagen, daß ich schuld daran bin?«

»Das hat doch niemand gesagt.«

Während ich noch dachte ›Das solltest du besser nicht sagen‹, waren mir die Worte herausgerutscht.

»Ich habe doch nur von Tatsachen gesprochen.«

»Das kommt aber auf das gleiche heraus wie ein Vorwurf.«

»Tatsachen sind Tatsachen.«

Sie verzog ihr Gesicht: »Ich kann doch jetzt auch nichts mehr machen.«

Ihre Stimme klang, als ob sie dem Weinen nahe wäre. Aber mir war ohnedies klar, daß sie in den letzten Tagen die Flut ihrer Gefühle kaum noch zurückhalten konnte.

»Aber ich sag' doch gar nicht, daß du irgend etwas Bestimmtes tun sollst!«

Aber die Worte selbst hatten ihn schon aufgeregt. Als sich

seine Frau die hervorstürzenden Tränen mit einer unwirschen Bewegung wegwischte, da war es auch mit seiner Beherrschung vorbei: »So. Ich bin jetzt derartig wütend, daß mir der Appetit vergangen ist. Ich esse nichts!«

Sie stand mit einem Ruck auf, ging in die Küche, nahm den Teller mit den Fleischtaschen und warf sie mit einer ungestümen Bewegung in den Plastikeimer für die Essensabfälle.

In unserem winzigen Garten begann eine Zikade zu zirpen.

2.

Seine Frau war in den ersten Stock gegangen.

Er folgte ihr nicht gleich, sondern schluckte erst einmal ein Beruhigungsmittel, das er in einer neurologischen Poliklinikstation erhalten hatte. In solchen Momenten nahm er es mehrmals in stündlichem Abstand ein. Dann wurde er langsam ruhiger. Natürlich wußte er, daß es nichts anderes als eine bequeme Flucht war.

Wie wäre es, wenn ich mich jetzt mit meiner Frau ausspräche?

Es war natürlich schon unzählige Male zu solchen Auseinandersetzungen gekommen. Diskutieren ist nicht unbedingt meine schwache Seite, und auch sie beteiligte sich heftig daran, aber es war nichts Außergewöhnliches, daß wir es übertrieben und schließlich eine ganze Nacht lang stritten. Und dabei kamen fast jedesmal sogar noch die Differenzen von unserer Hochzeitsfeier auf den Tisch. Ihre Hartnäckigkeit machte mir eigentlich nichts aus, doch meine Nerven waren mittlerweile dünn geworden, und es gab ja doch nie einen Punkt, wo wir zu einer Einigung hätten gelangen können. Wenn man so immer nur die Zeit verschwendet, und die ganze Mühe fruchtlos bleibt, ist es denn da nicht besser, mit Beruhigungsmitteln die Verstimmung zu mildern? Wahrhaftig! Und es kam auch vor, daß ich arbeiten konnte, wenn ich die weißen Tabletten eingenommen hatte.

So machte ich es auch jetzt, es war bereits dunkel geworden. Als ich zum zweitenmal das Mittel geschluckt hatte, ging ich in den ersten Stock.

Meine Frau saß regungslos zusammengekauert in einer dunklen Ecke des in westlichem Stil eingerichteten Schlafzimmers. Ich schaltete das Licht an und setzte mich mit gekreuzten Beinen ihr gegenüber auf den billigen Teppich.

»Ich denke im Grunde, daß du die Hand gegen mich erhoben hast, weil ich dich dazu getrieben habe. Deswegen werfe ich dir auch gar nichts vor.«

Meine Frau schwieg, aber sie weinte auch nicht mehr.

»Ich habe es dir oft gesagt, ich erwarte gar keine Kooperation von dir. Du sollst mich nur bei der Arbeit nicht stören.«

»Ich passe nicht zu dir.«

»Darüber haben wir schon oft genug gesprochen. Du meinst also, wir sollten Schluß machen, weil wir nicht zueinander passen? Aber, ob man zueinander paßt oder nicht, kann man doch erst herausbekommen, wenn man sich Zeit dafür nimmt.«

»Seit unserer Heirat sind doch schon viele Jahre vergangen, oder?«

Wahrhaftig, vielleicht paßten wir wirklich nicht zueinander. Ich hatte eigentlich auch nur etwas Besänftigendes sagen wollen. Aber ganz auf mich alleine gestellt, konnte ich doch auch nicht leben. Das war meine Berechnung. Ich empfand diese Selbstbetrachtung als bitter und spürte die ganze Aussichtslosigkeit.

»Aber ich kann mich nicht einfach damit abfinden. Außerdem gab es doch auch Momente, in denen wir uns gut verstanden haben, oder?«

»Wir unterscheiden uns zu grundsätzlich!«

»Aber gibt es denn überhaupt Paare, die vom Denken her und auch sonst vollkommen harmonieren?«

»Es paßt dir doch anscheinend nicht, wenn ich dich störe, oder? Wir haben natürlich noch andere Gemeinsamkeiten, aber ist es nicht unsinnig zusammenzuleben, wenn ich dir bei deiner bedeutsamen Arbeit nur lästig falle?«

Ich blickte auf den Wecker auf dem Wäscheschrank und stand auf, ohne ihr zu antworten. Es war an der Zeit, die nächste Beruhigungspille zu schlucken.

Nachdem ich sie eingenommen hatte, ging ich jedoch nicht wieder nach oben zurück, sondern breitete mein Manuskriptpapier auf dem Tisch aus.

Schon bald kam sie laut polternd die Treppe herunter. Drohend baute sie sich neben mir auf.

»Du hast wohl wieder Medikamente genommen!«

Sie hatte es doch gemerkt! Meine Frau hatte einmal gesagt, sie würde es sofort mitbekommen, wenn ich diese Sorte von Beruhigungsmitteln nehmen würde. Mein Gesicht und meine Augen bekämen davon einen schlaffen Ausdruck, meinte sie. Und dagegen hätte sie eine absolute Aversion. Selbst das chinesische Naturheilmittel gegen Erkältungen sollte ich gefälligst so einnehmen, daß sie davon nichts merkte. Ich hatte nun einmal die Angewohnheit, schon beim kleinsten Niesen dieses Pulver zu nehmen, vermutlich wegen meiner Neigung zu Medikamenten. Deshalb hatte ich es mir wohl selbst zuzuschreiben, wenn sie derartige Forderungen erhob. Damit nicht genug, solch einfache Stärkungsmittel wie Lipobitan D und Oronamin C waren ihr zuwider, und sie verlangte, diese vor ihr versteckt zu halten.

Deshalb war es auch kein Wunder, wenn sie schon bei dem Wort *Beruhigungsmittel* zornig wurde.

Sie verstellte mir immer noch den Weg und sagte: »Bitte, hör auf damit.«

Sie sagte das meist ziemlich ruhig, aber der Blick war starr und ihre Mundwinkel bebten.

»In dieser seelischen Verfassung kann ich nicht schlafen. Und wenn ich zuwenig Schlaf habe, kann ich nicht arbeiten.«

Was sage ich da bloß! Habe ich tatsächlich geäußert, daß ich sonst nicht arbeiten könne? Auch wenn ich genug geschlafen habe, ist meine Arbeit nicht besonders gut. Ich suchte eigentlich nicht mehr als einen Vorwand, um die Beruhigungsmittel nehmen zu können. Je klarer mir das wurde, desto mehr wurde ich meiner selbst überdrüssig.

»Kann jemand denn bedeutende Werke schreiben, wenn er sich dabei auf Beruhigungsmittel verläßt?«

Damit hatte sie mich mit einem Male in die Enge getrieben, doch von meiner Veranlagung her war ich nicht bereit, etwas leichthin anzunehmen.

»Das kann ich nicht unbedingt sagen, aber man kann auch nicht behaupten, daß man allein gesund oder nüchtern gute Arbeit leisten kann. Schlafmittel, Aufputschmittel, Drogen, Alkohol – es gab seit jeher zahlreiche Berühmtheiten, die durch den täglichen Gebrauch von Medikamenten und Alkohol hervorragende Werke, sogar Meisterwerke zustande brachten.«

»Es mag wohl derartige Schriftsteller geben, aber du brauchst ihnen ja nicht auch noch nachzueifern.«

»Wovon soll ich leben, wenn ich nicht schreibe?«

»Wir könnten auch leben, wenn du nur Hausmeister eines Hochhauses oder so wärst. Oder meinst du etwa, außer dir könnte niemand die Sachen schreiben?«

In diesem Fall wollte ich zumindest nicht lügen. »Das gerade nicht... glaube ich.«

Auch ich trug diese Gedanken schon andauernd mit mir herum, und das war sehr belastend, und weil sie zutrafen, war kaum etwas dagegen zu machen. Natürlich war es richtig, was meine Frau gesagt hatte.

»Wenn du soweit gehst, hören wir besser auf.«

»Ja, es ist schon aus.«

Mein schwächlicher Charakter war schon erbärmlich, doch hatte ich kein Recht, die Schuld daran auf andere zu schieben. Aber viel schlimmer war, daß meine Unsicherheit, ob ich überhaupt vom Verkauf meines Talents leben könnte, schon in ein Gefühl beklemmender Furcht umgeschlagen war. Wie ich damit fertig werden sollte, das war jetzt meine größte Sorge.

Es war wieder Zeit für ein Beruhigungsmittel. Ich stand auf und ging in das kleine Zimmer nebenan, das als Bibliothek dient. Ich griff nach der Keksdose, in der die Tabletten waren.

»Hörst du nicht auf damit?«

Ohne eine Antwort zu geben, wollte ich gerade eine Beruhigungstablette herausnehmen. Da kam mir die Gestalt der Frau in den Blick, die sich über das Schreibtischchen vorgebeugt hatte, um mein Manuskriptpapier an sich zu reißen. Ich sprang ins Wohnzimmer und stieß sie mit einem Hieb gegen die Schulter weg.

»Was soll das, verdammtes Miststück.«

Doch damit nicht genug – ich schlug ihr auch noch ins Gesicht. Mit einem dumpfen Schlag fiel sie rücklings auf den Boden, ohne einen Ton von sich zu geben. Kaum saß sie wieder, wollte sie meine Beine umklammern, aber wortlos trat ich sie weg. Immer noch stumm fiel sie wieder nach hinten, als würde sie sich hinlegen.

Ich hatte als erster meine Hand gegen sie erhoben, das war schon lange nicht mehr vorgekommen. Dazu war es wahrscheinlich das erste Mal, daß ich sie trotz Beruhigungsmitteln geschlagen hatte. Sie hatte dies ganz und gar nicht erwartet und wirkte völlig verdattert. Ich nutzte diese Gelegenheit, nahm aus der Büchse gleich die doppelte Ration Beruhigungsmittel, ging eilig in die Küche und schluckte sie auf einmal hinunter. Ich atmete schwer. Natürlich, ich wußte selbst, daß mein Manuskript nicht viel wert war, aber daß sie sich an meinem einzigen *Verkaufsobjekt* vergreifen wollte, das war zu viel für mich gewesen. In der Tat, je mehr mein Selbstvertrauen geschwunden war und die Erniedrigungen zugenommen hatten, desto leichter konnten anscheinend solche erbärmlichen Reaktionen hochkommen.

Ich hörte sie laut weinen. Als ich wieder ins Wohnzimmer kam, saß sie aufrecht da, bedeckte mit beiden Händen das Gesicht und stammelte schluchzend: »Es tut mir leid… es tut mir so leid…«

»Du bist doch nicht schuld! Es gibt nichts, wofür du dich entschuldigen müßtest!«

Ich hatte mich neben sie gesetzt und wollte damit etwas Freundliches sagen.

»Ich weiß nicht mehr, was ich machen soll… sobald du Medikamente nimmst, bekomme ich eine unglaubliche Angst.«

Meine Frau verzog den Mund, und immer noch schluchzend, fuhr sie fort: »Außerdem… ich bin ja bald schon gar keine richtige Frau mehr. Und was das bedeutet, kannst du als Mann sowieso nicht verstehen.«

Übermorgen sollte bei ihr eine Brustoperation vorgenommen werden.

Als sie endlich mit dem Weinen aufhörte, sagte sie mit hängendem Kopf und in einem Tonfall, aus dem völlige Verzweiflung klang: »Nimm mich bitte in deine Arme.«

Ich legte schweigend die Hände um ihre Schultern, und sie zitterte leicht am ganzen Körper.

3.

Es war im letzten Jahr gewesen, als sie bei ihrer monatlichen Regel starke Veränderungen beobachtete.

Meine Frau wurde auf der gynäkologischen Station des Krankenhauses in der Stadtmitte untersucht, an dem ihr jüngerer Bruder, Ken'ichirō, als Arzt angestellt war. Der Befund ergab, daß es sich nicht um Gebärmutterkrebs handelte; es war nur eine sehr kleine Geschwulst, die man nicht operieren mußte. Die Sache erforderte jedoch aufmerksame Beobachtung, und so ließ sie sich auch dieses Jahr wieder ärztlich untersuchen. Die Geschwulst war nicht größer geworden.

Ein Plakat, das für Krebsfrüherkennung warb, brachte sie auf die Idee, sich bei dieser Gelegenheit auch die Brust untersuchen zu lassen. Auf der Chirurgie tastete man sie ab und teilte ihr dann den Verdacht auf einen Krankheitsherd in der rechten Brust mit. Beschwerden deswegen hatte sie bis jetzt nicht gehabt. Es gab fünf Stadien. Nach einer Zelluntersuchung, die man daraufhin sofort durchführte, stellte man bei ihr Stadium II a oder b fest.

»Es ist ein gutartiger Tumor, aber es läßt sich nicht ausschließen, daß er sich zum Stadium III entwickeln könnte«, sagte der damit befaßte Chirurg.

Sie hatte auch eine Unterredung mit dem stellvertretenden Klinikleiter, Dr. Ono.

»In Stadium III würden wir operieren, aber im Stadium II... allerdings gibt es schon Fälle, wo man zum Beispiel den Blinddarm operiert, selbst wenn keine Entzündung vorliegt.«

Als sie ihn fragte, inwieweit sich in beiden Stadien der Eingriff unterscheide, antwortete er, daß im dritten Stadium natürlich ein größeres Stück herausgeschnitten werden würde.

Sie beriet sich mit ihrem Bruder, der sagte: »Raus damit, nur weg damit. Wenn man es jetzt auf die leichte Schulter nimmt, macht man sich später doch nur Vorwürfe.«

Meine Frau entschloß sich zur Operation, und mit einem kurzen Krankenhausaufenthalt sollte es sein Bewenden haben.

So war es also dazu gekommen, daß er sich auch mit der Bedienung der Waschmaschine befassen mußte.

Gestern abend, nachdem ich sie geschlagen hatte, konnte ich dank der Beruhigungsmittel auch ohne Essen einschlafen. Heute nun war die Mittagszeit schon überschritten, als ich aufstand – vermutlich wirkte die erhöhte Dosis noch nach.

Wenn ich zuviel Beruhigungsmittel genommen habe, sei an mir alles unnormal; angefangen bei meinem Gesichtsausdruck, bis zu der Art, wie ich daliege. Weil meiner Frau das unheimlich ist, schläft sie dann in einem separaten Zimmer im ersten Stock. So schien sie es auch gestern gemacht zu haben. Als ich in das viereinhalb Matten große Zimmer spähte, war die Außen-Schiebetür weit aufgerissen und das Bett schon hochgeräumt.

Ich zog den Pyjama aus und spürte dabei einen Schmerz am Mittelfinger meiner rechten Hand. Als ich hinunterging, hatte meine Frau den Küchenventilator herausgenommen und war dabei, ihn im Waschbecken mit einem Putzmittel zu säubern.

»Morgen.«

»Guten Morgen.«

»Was ist denn mit deinem linken Auge passiert, es ist ja knallrot?«

»Da hast du mich mit deiner Faust getroffen.«

»Hat es geblutet?«

»Das zwar nicht, aber wenn es einen Bluterguß gibt, werden sie im Krankenhaus wahrscheinlich sonst was denken.«

Es wäre irgendwie unglaubwürdig und fast etwas peinlich gewesen, mich zu diesem Zeitpunkt noch zu entschuldigen.

»Und mir tut der Mittelfinger hier weh. Ich könnte ihn verstaucht haben.«

Es war zwar die Wahrheit, aber ich sagte es so, als wollte ich mein Verhalten, das ich im Grunde tief bedauerte, beschönigen. Ich wußte auch, daß ich zu meiner Partnerin so kurz vor der Operation lieb und fürsorglich sein sollte, doch es ging mir nicht so ohne weiteres von den Lippen. Äußerlich ließ sich meine Frau – wie es ihre Art war – nicht anmerken, daß sie mir etwas nachtrug; in ihrem Inneren sah es wahrscheinlich anders aus.

»Ißt du etwas?«

»Ach... ein Toast reicht mir.«

Heute wollte ich auf jeden Fall einen Streit vermeiden. Ich hatte ihr auch schon länger versprochen, daß wir heute abend zusammen baden würden.

Ich machte mir selbst einen Pulverkaffee, aß meinen Toast und meinte zu ihr: »So, jetzt muß ich mich aber langsam mit den Haushaltssachen vertraut machen!«

Solange meine Frau abwesend war, gab es außer der Wäsche schließlich noch allerlei anderes täglich zu erledigen, und dazu machte ich mir ebenfalls Notizen. Es war zwar nicht direkt Hausarbeit, doch in erster Linie galt es, Chabu zu versorgen.

Wir hatten keine Kinder, so hielten wir uns diese Mischlingskatze, allerdings hatten wir sie nicht von klein auf gehabt. Eines schönen Tages vor vier, fünf Jahren tauchte sie aus heiterem Himmel auf und ließ sich bei uns nieder. Weil sie braun-weiß gefleckt war, nannten wir sie Chabu – Brauntüpfel. Anfangs hielten wir sie für eine halbwilde, streunende Katze, doch kein einziges Jahr wurde sie in der fruchtbaren Zeit trächtig.

»Sie ist bestimmt sterilisiert und irgendwo im Haus gehalten worden.«

Auch er verabscheute Katzen nicht gerade, seine Frau aber liebte sie über alles. Chabu war schwächlich, und es wäre schlimm, wenn sie krank würde, solange seine Frau im Krankenhaus war. Er durfte auf keinen Fall vergessen, ihr Futter zu geben und jeden Tag frisches Trinkwasser hinzustellen. Seine Frau hatte ihm auch beigebracht, wie er das mit dem Plastik-Katzenklo handhaben sollte.

Außerdem hatten wir noch fünf oder sechs Bonsai-Töpfe. Sie stammten eigentlich von meinen Eltern aus T., einem westlichen Vorort von Tōkyō, aber weil mein Vater vorletztes Jahr starb und meine Mutter unmittelbar danach ins Krankenhaus mußte, hatte meine Frau die wertvollen Töpfe zu uns mitgenommen.

Meinem älteren Bruder war schon vor drei Jahren die Frau gestorben, und er führte in seiner Wohnung als Witwer eine Art Junggesellendasein und hatte keinen Platz für die Bonsai.

Er, der Zweitälteste, interessierte sich nicht für so etwas und kannte keinen Baum oder keine Blume mit Namen, aber als die Mutter starb, waren sie vielleicht so etwas wie ein Andenken an die Eltern. Jedenfalls hatte seine Frau ihm aufgetragen, den Bonsai täglich morgens oder abends, wenn es etwas kühler sei, Wasser zu geben.

Bisher hatte ich die Pflege von Chabu und den Bonsai völlig ihr überlassen. Es war nicht weiter schwierig, mich um beides zu kümmern, aber da ich nicht daran gewöhnt war, konnte es leicht passieren, daß ich vielleicht dabei unachtsam war und etwas vergaß. Immerhin waren auch sie Lebewesen, und Nachlässigkeiten durfte man sich nicht erlauben.

Nun war da noch die Sache mit meinen Mahlzeiten, doch da konnte ich ja einfach ins Restaurant gehen. Gekochter Reis hält sich bei dieser Hitze nicht lange, wenn man alleine davon ißt.

So blieb als eigentliche Hausarbeit nur das Saubermachen übrig. Ich stärkte mich mit dem Toast und reinigte dann den ersten Stock und das Wohnzimmer unten mit dem Staubsauger. Der Himmel war zwar heute bewölkt, aber ich schwitzte doch und mußte eine kalte Dusche nehmen. Die Haare wusch ich mir aber nicht.

Das Handtuch um die Hüften gewickelt, ließ ich mich im Wohnzimmer nieder. Meine Frau war gerade dabei, ihre persönlichen Sachen, die sie morgen mitnehmen wollte, in eine Reisetasche zu packen. Sie legte nur einen leichten Hauskimono und einen sommerlich dünnen Pyjama zurecht, da in dem Krankenhaus ohnehin eine Klimaanlage die Temperatur regelte. Das Zusammensuchen all der kleinen Dinge, angefangen bei der Zahnbürste bis hin zu einem Handspiegel, kostete sie ziemlich viel Zeit. Ich rauchte eine Zigarette, während ich beim Packen zusah. Erstmals empfand ich es als Realität, daß sie ins Krankenhaus gehen mußte.

Nun kam für ihn das Aufwischen mit dem Lappen dran. Flur, Treppe, Küche. Wenn man jetzt auch noch an die Essensvorbereitungen dachte – die Hausarbeit war doch in der Tat keine leichte Sache!

Als ich mit dem Wischen fertig war, war es schon beinahe Abend. Zur eigenen Arbeit würde es nicht mehr reichen, aber für heute und morgen hatte ich das schon eingerechnet. Außerdem war jetzt das Bad die Hauptsache. Ich hatte morgens Wasser in die Badewanne eingelassen, damit es durch die sommerliche Temperatur schneller warm würde, und jetzt brauchte ich nur noch den Gasofen anzumachen. Lauwarm würde ausreichen. Auf diese Art sparten wir auch Heizkosten.

Ich gab Chabu frisches Wasser und goß die Bonsai mit der Gießkanne. Dann schloß ich den Schlauch am Wasseranschluß draußen an und besprengte den Garten. Obwohl ich nur Unterhemd und Unterhose trug, war ich verschwitzt.

Er blickte aus dem Garten hoch zu seiner Frau, die auf der Veranda im ersten Stock das zum Lüften ausgelegte Bettzeug wieder hereinholte.

»Du, hast du Hunger?«

»Nein, nicht so sehr...«

»Na gut, dann laß uns später etwas essen und erst ins Bad gehen, ja?«

Verlegen nickend legte sie den rechten Zeigefinger an die Lippen. Sie wollte wohl andeuten, daß man mich in der Nachbarschaft hören könne. Es scheint so, daß sich das Empfinden einer Frau nicht ändert, selbst wenn sie schon in den Dreißigern ist.

Ich tauchte schon ein wenig vor ihr ins heiße Wasser ein und überlegte mir dabei, daß ich jetzt das erstemal mit meiner zehn Jahre jüngeren Frau gemeinsam badete, seit wir hierher nach H. gezogen waren. Als sie die Glastür zum Badezimmer sanft öffnete, schaute ich ihren nackten Körper nicht direkt an, aber es war irgendwie seltsam, daß sie sich bei solchen Gelegenheiten in einer – kann man es so sagen? – typisch weiblichen Art ganz gleichgültig gab. Dadurch verschwand dann aber auch meine Befangenheit.

»Komm rein!« sagte ich aufmunternd zu ihr.

Sie antwortete nicht, aber als er ihr etwas Platz machte, ließ sie ihren Körper still ins Wasser gleiten. Es war ein etwas älteres Haus, und die alte Wanne aus rostfreiem Stahl benutzten sie immer noch; sie war so groß, daß zwei Personen hineinpaßten, und auch der Platz davor zum Abseifen war recht groß.

Sie saß mir direkt gegenüber, und ich sah sie wieder an: Wohl weil sie keine Kinder geboren hatte, war ihr Körper straff geblieben. Ihre weiße Haut hatte sie von Natur aus.

»Kann man eine Geschwulst oder so etwas beim Betasten fühlen?«

»Weiß ich nicht.«

Sie versuchte, die Brüste mit ihren Armen zu bedecken.

»Wenn man die linke und die rechte Brust vergleicht, kann man vielleicht was feststellen«, sagte sie in einem fast geschäftsmäßigen Ton.

Ich streckte beide Hände aus, schob die Arme meiner Frau sanft beiseite und umfaßte beide Brüste. Massierend tastete ich sie mit den Fingerspitzen ab, doch etwas wie eine Geschwulst konnte ich nicht fühlen.

Aber war das nicht eine Art Abschied? So fragte ich mich, und um diesen Anflug von Sentimentalität zu verscheuchen, zog ich die Hände wieder zurück.

»Komm, wir waschen uns jetzt gegenseitig den Rücken ab.« Das Wasser platschte hoch, als ich mit einem Ruck in der Badewanne aufstand.

4.

»Hallo, Großer.«

So sprach ihn Ken'ichirō, der Bruder seiner Frau, immer an.

Er war schon vor ihr ins reservierte Krankenzimmer im ersten Stock gegangen und wartete dort, während sie die Aufnahmeformalitäten für das Krankenhaus selbst erledigte.

Da der Stationsleiter der Chirurgie, Dr. Ono, die Operation vornehmen würde, wollte ich gerne vorher noch ein paar Worte mit ihm wechseln. Als ich am Aufnahmeschalter nach ihm fragte, bekam ich gesagt, daß er jetzt, am Nachmittag, schon auf seiner Visite sei. Nach einem Verkehrsunfall hatte er über einen Monat in dem viergeschossigen Krankenhaus im Bezirk S. gelegen und kannte daher auch Dr. Ono vom Sehen.

Das Krankenzimmer war eigentlich ein Zweibettzimmer, doch da ein Bett nicht belegt war, unterschied es sich momentan im Grunde nicht von einem Privatzimmer.

Auch heute war das Wetter klar, aber dank der Klimaanlage war von der Hitze nichts zu spüren. Dafür ließ sich leider auch das Fenster nicht öffnen.

Als mir gerade die Zeit lang wurde, weil ich hier nicht rauchen konnte, kam Ken'ichirō im weißen Kittel herein. Das eigentliche

Fachgebiet meines Schwagers war zwar die Neurochirurgie, aber er würde bei der Operation meiner Frau dabei sein.

»Meine Frau kommt später noch, deshalb ...«

»Es ist mir unangenehm, daß wir euch so viel Mühe machen.«

Morgen nach der Operation würde Ken'ichirōs Frau über Nacht zur Betreuung bleiben.

»Wieviel schneiden sie denn ungefähr weg?«

»Wenn es ein Steak wäre, könnte es etwa so groß wie eins für 2–3000 Yen sein.«

Aber dann würden sie doch sicher auch die Brustwarze mit herausschneiden, überlegte ich mir, doch diesen Gedanken sprach ich nicht aus.

Ken'ichirō nahm einen Notizzettel heraus, legte ihn auf einen Seitentisch und malte mit einem Kugelschreiber ganz grob einen großen Kreis und in dessen Mitte einen kleinen.

»Das ist die rechte Brust.«

Das Runde in der Mitte wäre dann also die Brustwarze. Hierauf zog er in dem Kreis der Brust die Linien eines Kreuzes.

»Hier ist die problematische Geschwulst.« Mit der Spitze seines Kugelschreibers klopfte er nun auf eine Stelle am Rand des oberen linken Viertels: »Hier sind fast überall Milchdrüsen, es ist wie ein durchwachsenes Steak. Du kommst doch morgen, Großer, oder?«

»Sicher, ich komme vor der Operation und bleibe bis zum Ende.«

»Wenn sie es herausgeschnitten haben, zeige ich es dir. Jetzt gehe ich wieder auf Visite.«

Nachdem Ken'ichirō mit großen Schritten davongeeilt war, nahm ich die hingekritzelte Skizze in die Hand. Ein Gefühl der Betroffenheit gegenüber dem, was meine Frau da erwartete, breitete sich in meinem Inneren aus. Wellen einer Empfindung, die schon etwas von Mitleid hatte, drängten sich ihm fast bis zur Kehle hoch.

Wann war es eigentlich gewesen? – Damals hatte er nicht die Hand gegen sie erhoben, hatte sie aber – außer sich vor Wut – beschimpft.

Ich hatte auf Bitten von Herrn A., einem älteren Schriftstellerkollegen, der mir schon seit vielen Jahren freundschaftlich zugetan war, obgleich ich ihn nicht allzu häufig sah, für ihn eine Chronologie seiner Werke angefertigt. Wahrscheinlich hatte Herr A., den ich sehr verehrte, insgeheim vermutet, daß ich von Romanmanuskripten allein nicht leben konnte, und mir so diese Arbeit übertragen.

Als er die Korrekturabzüge davon in den ersten Frühlingstagen dieses Jahres erhielt, schickte er erst ein Dankesschreiben, und dann wurde mir auch noch ein Päckchen zugestellt. Meine Frau öffnete es und fand darin gekochten und geräucherten Schinken und Würstchen.

»Es sind Lebensmittel, und deshalb solltest du ihn besser anrufen und bestätigen, daß du sie bekommen hast. Er macht sich bestimmt schon Gedanken.«

Es war schon fast Abend, als sie das sagte, und sie war auf dem Weg, zum Unterricht zu gehen. Wie üblich war es schon dunkel, als sie zurückkehrte, und kaum hereingekommen, fragte sie: »Hast du Herrn A. angerufen?«

Ich war wie gewöhnlich gereizt, weil mir das Manuskriptschreiben nicht von der Hand ging, außerdem waren mir ihre Fragen lästig.

»Ich rufe nicht an!«

»Warum?«

»Das geht nicht so einfach.«

»Was ist denn daran schwierig?«

»Ich bin da eben anders.«

Vielleicht konnte ich es nur nicht richtig erklären, aber es ging mir auch auf die Nerven.

»Das Paket war an mich. Und es ist meine Sache, ob ich anrufe oder nicht.« Dabei wurde meine Stimme lauter. »Ich bin nun einmal nicht so unsensibel wie du!«

»Es ist doch nur ein einfacher Anruf, oder?«

»Du kapierst doch wirklich überhaupt nichts! Selbst zu einem normalen Telephongespräch kann ich mich kaum aufraffen. Bei Herrn A. kostet es mich erst recht Überwindung. Herr A. war übrigens ein Schüler von Professor B., der mittlerweile gestorben ist, und an den Tagen, wo er zu Professor B. gehen sollte, bekam er mit Sicherheit morgens mehrmals aus Nervosität Durchfall. Jemand, der so unsensibel ist wie du, kann so etwas bestimmt nicht verstehen.«

»Nun, kannst denn du, wo du ein so hochsensibles Wesen bist, eine solche Arbeit leisten wie Herr Professor B. oder Herr A.?«

»Das hat doch damit nichts zu tun.«

»Bei dir sind doch einzig und allein deine Nerven erstklassig.«

Da hatte sie meinen wunden Punkt getroffen, und in mir kam die Wut hoch.

»Man merkt, daß du ein richtiger Schwachkopf bist, wenn du so etwas sagst.«

Sie wollte etwas erwidern, doch ich brüllte dazwischen: »Schwachkopf, Schwachkopf!«

Schon zu normalen Zeiten vertrugen wir uns nicht sonderlich gut. Jetzt aber verzerrte sich ihr Gesicht, als würde ihr Zorn durch meine drohende Haltung noch weiter angefacht. Verdammt, dachte ich, doch ich brachte es nicht fertig, den Mund zu halten.

»Hör zu, du Simpel. Ich schreibe ihm einen richtigen Dankesbrief. Verstanden, Simpel?«

Ich hatte kaum ausgesprochen, da kam sie rot vor Zorn auf mich zugestürzt. Weil ich mich nicht wehrte, schlug ich hintenüber der Länge nach hin.

»Schwachkopf, du Schwachkopf.«

Sie trat mir heftig in die Seite. Als ich wieder hochkam, bekam ich noch einen Schlag mit der Faust auf das linke Ohr. Aber dann setzte sie sich auf den Boden, zog mit beiden Händen fest ihren Rocksaum zusammen und schluchzte unter Tränen: »Ich bin so ein schlechter Mensch... so ein schlechter Mensch...«

Er hatte sich nicht in der Lage gefühlt, irgend etwas zu sagen, und er stand nur da...

Ich war gerade im Begriff, das Krankenzimmer zu verlassen, um in der Eingangshalle des Erdgeschosses eine Zigarette zu rauchen, als meine Frau hereinkam, die die Formalitäten erledigt hatte.

»Tut mir leid. Du hast wohl lange warten müssen.«

»Nein... kann ich noch etwas für dich tun?«

»Nein, eigentlich nichts Besonderes.«

Beim Anblick ihres lebhaften Wesens ging mir für einen Augenblick die Szene des gemeinsamen Bades am gestrigen Abend durch den Kopf.

»Es wäre wohl besser, wenn auch ich Dr. Ono begrüßen würde.«

»Na ja, ich kann es ihm doch auch ausrichten, wenn er seine Visite beendet hat.«

Ja, wozu war ich dann eigentlich ins Krankenhaus gekommen? Selbst jemanden nur kurz zu begrüßen, traue ich mir kaum zu, weil ich im Reden unbeholfen bin.

»Willst du heute noch arbeiten?«

»Ja.«

Professor Ono würde ich morgen sowieso sehen können. Aber das Auftreten meiner Frau vermittelte mir ein beruhigendes Gefühl. Wie es auch in ihrem Inneren aussehen mochte – nach außen hin verriet sie nicht die geringste Spannung oder Angst, daß sie ihre Brust verlieren könnte. Sie ließ sogar etwas wie Tapferkeit spüren. Ich hatte das Gefühl, wenigstens ein einziges tröstendes Wort sagen zu sollen, doch fiel mir in diesem Moment nichts Passendes ein.

Es klopfte. Meine Frau antwortete, die Oberschwester aus der Chirurgie trat ein und begann in ein Formular die vor der Operation notwendigen Daten zu ihrem Gesundheitszustand einzutragen. Es war nur eine Formalität; er begrüßte die Krankenschwester und blickte dann zum Fenster hinaus. Das Zimmer lag dem Haupteingang direkt gegenüber. Die Ambulanz war nur vormittags offen, und deshalb war jetzt keine Menschenseele zu sehen. Das Krankenhausgelände kurz nach Mittag hatte etwas Bedrückendes.

»Dann, bis morgen«, sagte die Schwester.

»Bitte kümmern Sie sich gut um sie«, erwiderte ich.

Und meine Frau fügte hinzu: »Vielen Dank für Ihre Bemühungen.«

Als beide sich gleichzeitig verbeugten, sagte die füllige Oberschwester lächelnd: »Es gibt keinen Grund, sich Sorgen zu machen!« und ging langsam hinaus.

Ich war erleichtert, weil der Bluterguß am linken Auge meiner

Frau verschwunden war. Mein verstauchter Finger dagegen tat immer noch weh, wenn ich ihn leicht drückte.

Meine Frau nahm ihre Sachen, die sie mitgebracht hatte, aus der Reisetasche heraus und breitete sie nebeneinander auf der Überdecke des Bettes aus. Dann zog sie die Nachttischschublade auf und musterte sie eingehend.

Es gab wirklich nichts mehr, was er noch hätte tun können.

»Wann hast du mir ein neues Badehandtuch hingelegt?«

»Heute morgen.«

Daß sie sich sogar darum gekümmert hatte, dachte ich bei mir, doch ohne mich zu bedanken, sagte ich: »Also dann gehe ich jetzt.«

»Iß doch bitte jeden Tag regelmäßig deine Mahlzeiten, auch wenn es dir lästig sein sollte!«

»Ja, ja.«

Das hatte ich mir auch ab heute abend wirklich vorgenommen. Zu Abend wollte ich irgendwo unterwegs etwas essen. Kostgeld hatte sie mir reichlich gegeben.

»Also, ich bin dann schon morgen vormittag da.«

»Du brauchst nicht so früh zu kommen, die Operation ist doch erst nachmittags.«

»Das mit der Hausarbeit schaffe ich schon.«

»Danke.«

Im empfand ein Gefühl des Ungenügens, weil ich nichts mehr zu sagen wußte. Es machte mich ungeduldig, und so verließ ich fast überstürzt das Krankenzimmer.

In der Eingangshalle zündete ich mir eine Zigarette an. Ich hielt sie im Mund, ohne sie hier zu rauchen, und öffnete die gläserne Eingangstür. Der breite Fußweg bis zum Haupttor reflektierte die im Westen stehende Sonne, und es war erstickend heiß. Im Gehen rauchte ich die Zigarette, blieb noch einmal vor dem massiven Torpfosten aus Beton stehen und schaute zurück.

Ob sie ihm nachschaute? Seine Frau stand am Fenster und winkte. Sie schien zu lachen. Auch er lächelte und winkte zurück. Das Sonnenlicht war gleißend.

Ach, wenn die Operation nur ohne Komplikationen verläuft...

Endlich empfand er es so aus tiefstem Herzen. Dann eilte er mit raschen Schritten davon.

5.

Durch die dicke cremefarbene Tür kam kein Laut.

Ich blickte auf die Armbanduhr. Es dauerte schon fast dreißig Minuten. Ich drückte mein Ohr an die stählerne Tür zum Operationssaal. Es war nicht das leiseste Geräusch zu hören. Dann spähte ich durch das Schlüsselloch, doch dahinter war es stockfinster, und ich konnte nichts erkennen.

Ich war mit Ken'ichirō, der ausnahmsweise an dieser Operation teilnahm, vorher kurz zusammengetroffen. Möglichst gelassen hatte ich mich bei ihm erkundigt: »Wie lange wird es ungefähr dauern?«

»Zwei Stunden etwa.«

Auch seine Frau Akiko war gekommen. Sie war gerade hier gewesen, aber wieder gegangen, weil sie meinte, sie wolle schnell nach Hause gehen, um den Pyjama meiner Frau zu waschen. Natürlich, Ken'ichirōs Haus war auch nicht so weit weg.

Es half jedenfalls auch nichts, wenn ich vor dem Operationssaal wartete. Es würde voraussichtlich noch länger als eine Stunde dauern, und so zog ich mich ins Krankenzimmer zurück.

Über die Operation selbst machte ich mir gar nicht solche Sorgen. Meine Angst war vielmehr, daß der Tumor sich als bösartig herausstellen könnte, wenn man die Brust erst geöffnet hatte. Doch andererseits würde man es nicht herausbekommen, wenn man sie gar nicht erst aufschnitte.

In dem hellen Krankenzimmer nahm er die Frauenzeitschriften, die Akiko mitgebracht hatte, in die Hand, aber wie geistesabwesend blätterte er noch nicht einmal die Seiten um.

Gestern abend hatte ich wieder die Dosis der Beruhigungsmittel erhöht. Ich hatte den Vorwand, daß ich vielleicht zu spät zur Operation kommen würde, wenn ich nicht rechtzeitig einschliefe, und außerdem konnte ich sie ungeniert einnehmen, weil meine Frau nicht da war. So schaffte ich es glücklicherweise, noch vor Mitternacht einzuschlafen.

Heute war er zwar schon vormittags ins Krankenhaus gekommen, aber seine Frau konnte es nicht merken. Er würde auch nicht extra erwähnen, daß er die Dosis gesteigert hatte, und bekam merkwürdigerweise ein schlechtes Gewissen, weil er jetzt nicht dafür getadelt wurde. Er hatte das Gefühl, daß es nicht fair war. Als er so müßig im Krankenzimmer herumsaß, empfand er auf einmal ungewohnte Bedenken gegenüber den Beruhigungsmitteln.

Sollte ich nicht wenigstens in der Zeit, wo meine Frau im Krankenhaus ist, auf eine Erhöhung der Dosis verzichten? Diese Enthaltsamkeit wäre wie ein Gelöbnis. Im Prinzip brächte es zwar nichts für sie, aber von meinem Gefühl her würde es etwas bedeuten.

In diesem Augenblick ging mit einem Male die Tür auf.

»Großer, es ist geschafft.« Noch in der Operationskleidung steckte Ken'ichirō den Kopf herein.

»Willst du es sehen?«

»Ja.«

Ich folgte ihm zum Operationszimmer. War es nicht schneller gegangen als erwartet? Mit den Augen grüßte ich Dr. Ono, der noch seine weiße Operationsmaske trug.

»Das ist es.«

Ken'ichirō tippte mit der Pinzette auf etwas in einer Schale auf einem Tisch, der wie ein überdimensionales Hackbrett mit Füßen aussah.

In seiner blaßrosa Farbe erinnerte es an abgelöstes Fleisch einer Venusmuschel. Die Farbe, aber auch die Größe waren ähnlich. Ken'ichirō drehte mit der Pinzette den feuchten, glänzenden Brustdrüsenklumpen um. Ein bißchen Blut klebte daran.

»Es ist gutartig.«

»Wie! Und da hast du mir so einen Schrecken eingejagt mit deinem Steak!«

Das kam mir meinem jungen Schwager gegenüber so locker von den Lippen, doch gleichzeitig war ich mir bewußt, was für ein Stein mir vom Herzen fiel. Aber – ich weiß nicht warum – bevor ich mein Gefühl, wegen meiner Frau erleichtert zu sein, ausdrücken konnte, wollte ich Dr. Ono, Ken'ichirō, ja sogar der Medizin selbst Dank sagen.

Eine Krankenschwester photographierte das Gewebestück von allen Seiten mit einer Polaroid-Kamera. Meine Frau, die jetzt das Wichtigste war, wurde wohl gerade, genau wie vor der Operation, auf einer Liege in einem separaten Aufzug zurück zu ihrem Krankenzimmer transportiert. Sie hatte mir gesagt, sie bekäme eine Vollnarkose. Deshalb war sie jetzt bestimmt noch nicht aufgewacht.

Er wandte sich an Dr. Ono, der jetzt die Maske abgenommen hatte.

»Vielen herzlichen Dank.«

Ich verbeugte mich sehr tief und mußte dabei denken, daß es diesmal eigentlich eine Verneigung vor meiner Frau war. Dies Gefühl ihr gegenüber hielt bis zu ihrer Entlassung aus dem Krankenhaus unverändert an.

Während ihres Aufenthaltes im Krankenhaus war sie nur einmal in ein nahegelegenes öffentliches Bad gegangen, hatte sie mir erzählt, und so bereitete ich an dem Tag, bevor ich sie abholen ging, ein Bad für sie vor.

Es war ein bewölkter Tag, aber da sich kein Lüftchen regte, war es schwül. Als ich mit meiner Frau in unser Haus kam, klebte alles auf der Haut.

»Jetzt ein Bad, ein Bad! Geh du zuerst hinein!« drängte ich sie mit ungeduldiger Stimme. Sie hatte Chabu auf den Arm genommen und schmuste mit ihr leise flüsternd.

»Aber es ist doch noch hell!«

»Das macht nichts. Ruh dich heute aus und leg dich einfach hin! Die Sachen im Haus erledige ich.«

»Das ist nett von dir.«

»Schon gut, ich bin schon ziemlich daran gewöhnt. Zum Abendessen bestellen wir uns dann etwas aus dem Restaurant.«

Er überzeugte sich davon, daß seine Frau auch ins Badezimmer ging, dann öffnete er weit die Fenster und Türen im Erdgeschoß und im ersten Stock einschließlich der Flurtür. Nun zog auch er flink die Sachen, die er trug, aus, warf sie in die Waschmaschine, öffnete die Glastür ohne anzuklopfen und stieg zu ihr in die heiße Wanne. Mühelos hob ich mir den Körper meiner Frau auf den Schoß. Was die Form betraf, konnte ich keinen Unterschied an ihren beiden Brüsten feststellen. Lediglich ein gekrümmtes rotes Mal zog sich von der Achselhöhle her über die ganze rechte Brust. Seitlich darüber war ein Heftpflaster aufgeklebt.

»Was ist das?«

»Das verschließt das Loch von der Drainage.«

Ich strich sanft mit den Fingerspitzen über die gezackte Narbe, die nach dem Fädenziehen wie ein Reißverschluß aussah.

»Laß, das kitzelt!«

»Das macht doch nichts. Halt still!«

Meine Frau lebte. Ihre Brüste waren heil. Ich muß sie vorsichtig behandeln und sorgfältig mit ihr umgehen. Oder sollte mein jetziges Gefühl etwa nur der Sorge um sie entspringen?

Ich war mir darüber nicht im klaren. Sicher war jedoch, daß ein Teil Berechnung dabei war.

»Es kitzelt. Hör auf!«

»Wenn du sie im Gesicht hättest, würdest du wie ein Bandit aus einem Comic aussehen.«

Ganz im Stillen rief er für sich »Hurra, hurra!«

Harumi Setouchi
Verschollen

Wäre das Kind auf ihrem Schoß nicht gewesen, hätte man denken können, sie sei noch unverheiratet, so jung wirkte die Frau. Sie war von zierlicher Gestalt, zwar keine Schönheit, die die Blicke der Leute auf sich gezogen hätte, aber auch nicht häßlich. Nur von ihrer äußeren Erscheinung her gesehen, machte sie den Eindruck einer ruhigen, angenehmen Frau. Von ihrem ovalen Gesicht mit klassischen Zügen hob sich allein die Frisur, ein mädchenhafter Pagenkopf, ab.

Das blaue Strickkostüm ließ das Gesicht der Frau weißlich schimmern. Wegen der Nähe zu den Bergen strahlte der Fernseher in diesem Haus nur ein schlechtes Bild aus, auch die Farben hatten ihre Launen und je nach Sender unterschiedliche Qualität. Das zufällig eingeschaltete Programm stammte von einem Sender, der noch halbwegs gut zu empfangen war, wenn auch Rot und Blau immer zu grell wirkten. Die Gesichter der Menschen spielten ins Rötliche, und so wirkten sie alle wie angetrunken. Das weiße Gesicht der Frau im blauen Kostüm stach um so stärker hervor.

Das Kind, ein Junge, saß rittlings auf dem Schoß der Frau und klammerte sich wie eine Zikade an sie. Die Frau hielt den Rücken des Kindes mit beiden Armen fest umschlungen, gerade so, als umfinge sie ein zwei- bis dreijähriges Kleinkind. Der Junge war bereits so groß, daß eine solche Umarmung unnatürlich wirkte. Er mochte wohl schon vier oder fünf Jahre alt sein. Offenbar empfand auch das Kind eine derartige Körperhaltung als gezwungen, denn es bewegte sich unruhig auf dem Schoß der Frau hin und her.

»Jeden Abend fragt mich Yō-chan: Wann kommt Papa denn heim?... Wo doch die Papas von anderen Kindern alle jeden Tag heimkommen, warum kommt denn der Papa von Yō-chan nicht nach Hause...? Es versetzt mir jedesmal einen Stich... wegen seiner Arbeit, weißt du, ist Papa weit weg und kommt bestimmt mit ganz vielen Geschenken heim... so habe ich ihn bisher angeschwindelt.«

Es war eine leise, aber klare Stimme. Die Frau sprach, indem sie ihr Kinn auf dem Kopf des Jungen rieb. Den Worten haftete eine Art Melodie an. Die Stimme paßte nicht zur hellblauen Farbe der Kleidung, entsprach jedoch exakt den Gesichtszügen der Frau, so dachte sie, die zuschaute.

Sie hatte ganz und gar nicht die Angewohnheit, während des Frühstücks fernzusehen. Bevor sie sich an diesem Morgen – es war bereits der dritte von aufeinanderfolgenden Feiertagen – an den für eine Person gedeckten Frühstückstisch setzte, hatte sie aus Langeweile mit einem Mal ihren Arm ausgestreckt und den Fernseher eingeschaltet. Wieder ließ während der dreitägigen Ferien der Mann nichts von sich hören. Das ist jetzt also das vierte Jahr hintereinander an solchen Feiertagen, hatte sie an diesem Morgen, als sie aufwachte, überlegt. Gleich dem Gähnen beim Erwachen im Bett, war ihr dieser Gedanke ununterdrückbar aufgestoßen. Angenommen, auch Gedanken hatten Gerüche, dann müßte diesem wohl der widerliche Gestank von Verdorbenem anhaften. Sie stellte sich den üblen Geruch von Erbrochenem vor und verzog unwillkürlich das Gesicht. Sie empfand es als ungerechte Strafe, sie wollte sich nicht damit abfinden und war es leid, daß sie sich innerlich beim Einschlafen und im Augenblick des Erwachens noch immer nicht von Männern zu lösen vermochte. Tagsüber hielten die Gedanken an Männer sie nicht in dem Maße wie früher gefangen; sie besaß jetzt die Kühle und Gelassenheit, die Abnahme ihrer Sinnlichkeit zu beobachten.

Das Frühstück: Croissant, schwarzer Tee mit Milch und Käse, war typisch für die Trostlosigkeit des Lebens einer alleinstehenden Frau Mitte Dreißig. Während sie das Croissant grob mit den Fingern zerpflückte, dachte sie neidisch an den gesunden Appetit eines Mannes, der irgendwo mit irgendwem frühstückte. Sie wollte dieses Bild abschütteln und wandte ihren Blick – gleich einem begeisterten Zuschauer – wieder dem Fernseher zu.

Neben der Frau, die das Kind an sich drückte, erschien ein

junger Mann auf dem Bildschirm. Er zog die Schultern ein und ließ den Kopf hängen. Die Kamera wurde in zudringlicher Weise direkt auf die Gestalt des Mannes gerichtet und verharrte dort. Sie stellte sich vor, daß er im Stehen zweifellos lange Beine hätte und attraktiv wäre. Der Anzug, den er trug, war ganz neu, von modischem Schnitt. Sein Haar – war es Natur oder eine Dauerwelle? – stieß in sanft fließenden Locken an die Kanten des Bildschirms. Es war ein gutaussehender Mann mit weichem Gesichtsausdruck, ein Typ, den Frauen mögen.

Während die eindringliche melodiöse Stimme der Frau zu hören war, verzog der Mann schmerzlich das Gesicht und hielt das Kinn an die Brust gepreßt. Sein Gesicht – der Teint war für einen Mann recht hell – übertrug dieser Fernseher rosafarben. Er hatte auffallend dichte Wimpern und volle Lippen. Die Form seiner Unterlippe, die schmollend aufgeworfen wirkte, verlieh ihm Ähnlichkeit mit einem Sänger, der bei reiferen Frauen beliebt war. Sie erinnerte sich dabei an das Gesicht eines Mannes, an den sie schon seit Jahren nicht mehr gedacht hatte. Auch jener Mann würde wohl heute morgen, am dritten der aufeinanderfolgenden Feiertage, irgendwo mit seiner Familie das Frühstück einnehmen. Wer hatte ihr nur erzählt, daß er Vater geworden sei? Wem war wohl der Ausdruck ›der Wind hat es mir erzählt‹ zuerst in den Sinn gekommen, einem Mann oder einer Frau? Solchen Gedanken hing sie nach, den Blick unverändert auf den Fernseher gerichtet. Der Mann auf dem Bildschirm wurde dem Mann, über den sie jetzt nur über Dritte erfuhr, allmählich immer ähnlicher. Gestalt und Gesichtsausdruck glichen sich kaum, doch diese Weichheit um die Lippen, die wirkte, als sei ein Hauch von Kindlichkeit zurückgeblieben, war ihr vertraut. Das Kind war quengelig, befreite sich aus den Armen der Mutter, die es nicht loslassen wollte, und rutschte von ihren Knien herunter.

Auf dem Bildschirm erschien eine andere Frau mit langen Haaren, die das Kind an der Schulter festhielt und es mit einschmeichelnder Stimme ansprach.

»Yō-chan, gehst du bitte da drüben spielen?«

»Gut«, sagte das Kind mit deutlicher Stimme und nickte.

»Läßt du Papa und Mama mal allein, ja? So ein braver Junge.«

Das Kind riß sich von Stimme und Hand der Frau los und

rannte fort. Die Kamera zeigte nur die Frau mit dem langen Haar in Nahaufnahme, rückte sie in den Mittelpunkt. Es war eine Kritikerin, die wegen ihrer Scheidung eine Zeitlang in Wochenzeitschriften und Frauenmagazinen für Gesprächsstoff gesorgt hatte. Sie war bemüht, ihrem flachen Gesicht, dessen runde Augen weit auseinanderstanden, einen möglichst ernsten Ausdruck zu verleihen, und ihr Tonfall wurde feierlich.

»Yō-chan wurde im Studio unvorbereitet mit seinem Vater, der zwei Jahre lang untergetaucht war, zusammengebracht. Als ihm von Mama bedeutet wurde, das sei sein Papa, stürzte er zunächst ganz spontan auf ihn zu. Doch sofort entwand er sich Papas Armen wieder und rannte, wie eben gerade, davon. In einem Winkel des Studios kauerte er hinter einem Stuhl und rührte sich nicht vom Fleck. Die Knie umschlungen, den Blick starr nach unten gerichtet, man hätte ihn für einen Stein halten können. ›Was hast du denn? Du hast dich doch sicher gefreut, deinen Papa zu sehen‹, sagte ich, worauf Yō-chan leise fragte: ›Dieser Mann, ist das wirklich mein Papa?‹ ›Ja, natürlich, das ist der Papa von Yō-chan. Kannst du dich denn nicht an ihn erinnern?‹ ›Hm, dieser Mann sieht aber nicht wie mein Papa aus, irgendwie ist der nicht der Richtige‹, das hat er gesagt. Auch als ich ihn dann endlich zu seiner Mama zurückgebracht hatte, klammerte er sich an ihr fest und schaute überhaupt nicht mehr zu seinem Papa herüber.« An dieser Stelle seufzte die Kritikerin tief auf.

Das Croissant hatte ihren Mund ausgetrocknet, und während sie mit Tee nachspülte, konnte sie endlich einordnen, was sie auf dem Bildschirm sah. Es handelte sich um ein Programm namens »Gegenüberstellung«, das diesem Sender großen Zuspruch brachte. Die Idee dabei war, daß auf Ersuchen der Fernsehzuschauer vermißte Personen vom Sender aufgespürt und dann ihren Angehörigen vor der Kamera gegenübergestellt wurden. Kein konstruiertes Drama, nein, das Leben, wie es so spielt, wurde gesendet und auf diese Weise Neugierde und Sensationslust der Fernsehzuschauer hervorgelockt. Das Programm könne eine hohe Einschaltquote halten und sei einfach eine Goldgrube, hatte sie gehört. Es war schon länger her, daß sie die Sendung einmal gesehen hatte, denn sie arbeitete und hatte morgens um diese Zeit keine Muße, zu Hause in Ruhe fernzusehen. Der für die Sendung verantwortlich zeichnende Redakteur und seine Assistenten traten einer nach dem anderen auf und berichteten, ohne etwas vorzuenthalten, von ihren Mühen, den Mann, der so mir nichts dir nichts einfach verschwunden war, ausfindig zu machen. Die Aktivitäten bis zu seiner Entdeckung – von einer versteckten Kamera gefilmt – waren nun geschickt zusammengestellt auf dem Bildschirm zu sehen. Der Mann wurde in Kyōto, am Ufer eines Kanals, aus heiterem Himmel von einem Detektiv des Fernsehsenders angesprochen. Er drehte sich mit fragendem Gesicht um, spürte instinktiv, daß etwas nicht stimmte, wendete der versteckten Kamera augenblicklich wieder den Rücken zu und versuchte zu fliehen. Da kam aber auch von vorne ein Mitarbeiter des Fernseh-Teams auf ihn zu, um ihm den Weg zu versperren. Wie ein in die Enge getriebenes wildes Tier drehte sich der Mann zwei-, dreimal im Kreise, ließ dann mit einem Mal völlig erschöpft die Schultern hängen und senkte den Kopf. Das ist ja geradezu wie eine Gefangennahme; ärgerlich schüttelte die Zuschauerin den Kopf. Wieder erschien der Mann auf dem Bildschirm. Er holte ein graubraun kariertes Taschentuch hervor und preßte es gegen das Gesicht. Seine Schultern bebten, und er brach in Tränen aus. Unverzüglich reagierte die Kamera, und das naßgeweinte Gesicht des Mannes breitete sich in immer näherer Einstellung auf dem Bildschirm aus.

Seine Frau betrachtete ihn unverwandt. Nur die Stimme der Kritikerin war zu hören.

»Wie ist jetzt Ihre Einstellung? Wollen Sie zu Ihrer Frau und Yō-chan zurückkehren?«

Mit den Handflächen drückte der Mann das Taschentuch gegen sein Gesicht. Tränenüberströmt, von Heulkrämpfen geschüttelt, brachte er kein Wort heraus. Die Kamera fing das blasse Gesicht seiner Frau ein, die ihn unablässig anschaute. Sie weinte nicht. Mit hartem Gesichtsausdruck starrte sie ihn an, so, als wolle sie ihn nicht einen Moment aus ihren Blicken entlassen.

»Ich weiß es nicht«, sagte der Mann unter Schluchzen. Er war am Ende, und seine Stimme klang kindlich.

»Was soll das heißen?«

»Die andere ist doch auch ein guter Mensch, sie hat sich um

mich gekümmert... ich kann sie nicht im Stich lassen... meine Frau habe ich sowieso verloren...«

Der Mann bedeckte sein Gesicht mit den Händen und weinte erneut. Seine Frau betrachtete ihn seelenruhig. Die Kamera schwenkte zum Moderator der Sendung, einem Mann mittleren Alters, und seiner jungen Assistentin, die für die Werbespots zuständig war. Aus dem Gespräch der beiden wurde deutlich, daß auch die andere Frau, die zwei Jahre lang mit dem Mann untergetaucht war, Kind und Ehemann hatte und es ohne ihr Wissen bereits zur Scheidung gekommen war. Auch sie sollte in der »Gegenüberstellung« auftreten, doch auf dem Weg ins Studio bekam sie Frau und Kind des Mannes flüchtig zu Gesicht und hat es sich dann doch anders überlegt, so hieß es. Seine Ehefrau war zwei Jahre jünger als er, die Frau, mit der er durchgebrannt war, ein Jahr älter. Der Ehemann jener Frau hatte sich nach der Scheidung wieder verheiratet, und um das Mädchen, das sie bei ihm zurückgelassen hatte, kümmerte sich jetzt seine neue Frau.

»Weil wir in den zwei Jahren in ständiger Angst lebten, verkehrten wir in Kyōto mit niemandem. Ohne Verwandte und Bekannte, ganz allein wäre sie dort.«

Tränen ließen den Mann stocken. Seine Frau neben ihm biß sich auf die Lippen, und zum erstenmal preßte sie beide Hände gegen ihr Gesicht.

»Wenn Sie jetzt von mir eine schnelle Entscheidung verlangen...«

»Angenommen, Ihr Mann kehrte zu Ihnen zurück, würden Sie ihm vergeben?« fragte die Kritikerin mit melodiöser Stimme.

Die Zuschauerin hatte das Croissant aufgegessen.

Das blasse Gesicht erhoben, antwortete die Frau bestimmt: »Ich vergebe ihm.«

»Was!« rief die Zuschauerin. Unwillkürlich machte sie ihrer Empörung über die Kritikerin, den Moderator und die Frau, die beteuerte, sie werde ihrem Mann vergeben, Luft. Nur der Mann, von Weinkrämpfen geschüttelt, weichlich und ohne jedes Schamgefühl, kam ihr wie ein Mensch vor.

»Ich kann Yō-chan nicht länger zumuten, daß er ohne seinen Papa aufwächst. Und auch ich will mich nicht mehr mit dieser unerträglichen Situation abfinden«, erklärte die Frau in einem

Ton, in dem eine Melodie mitschwang. Der Tonfall der Kritikerin und die Sprechweise der Frau, bei beiden war eine Melodie herauszuhören. Sie bemerkte eine gewisse Ähnlichkeit mit dem Rezitieren von Sutren.

»Bereuen Sie die letzten zwei Jahre, das, was Sie getan haben?« hakte die Kritikerin nach. Der Mann gab keine Antwort.

»Glauben Sie etwa nicht, daß es unrecht war?«

»Meiner Frau und dem Kind gegenüber war es unrecht. Ich habe meine Familie verlassen, weil... nein, ich habe schuld. Ich allein habe schuld.«

Der Mann stützte beide Ellenbogen auf die Knie, vergrub sein Gesicht in den Händen und begann zu weinen.

›Ich vergebe dir‹, ›Wenn du für Ruriko zurückkommst, vergebe ich dir alles‹, ›Hast du denn kein Mitleid mit dem Kind?‹, ›Es gibt keine Garantie, daß es ausgerechnet mit dem gutgeht, das ist doch sonnenklar.‹ Die Zuschauerin glaubte, die Stimme ihres Ehemannes zu hören. Seine Worte waren zu neuem Leben erwacht und wurden in Fetzen an ihre Ohren geweht, gleich dem Rauschen des Windes in fernen Baumwipfeln.

Sie goß heißen Tee nach, stand dann auf, um eine Flasche Brandy zu holen, und schenkte sich ein.

Auf dem Bildschirm war nun ein Garten zu sehen, den man im Studio angelegt hatte. Vor einem Bambushain – allem Anschein nach ein Bühnenbild – waren zwei Stühle aufgestellt. Zwei Frauen saßen mit dem Rücken zur Kamera. Sie erkannte den runden Rücken der Kritikerin mit dem langen Haar, daneben hatte eine Frau mit schmaler Taille Platz genommen; sie trug eine weiße Bluse, durch die der BH hindurchschien. Ihre Haare waren strähnig zerzaust und fielen unsauber in den Nacken; die Dauerwelle war herausgewachsen und das Haar nicht nachgeschnitten worden. Abgezehrt vom Schlafmangel, geschwollen vom Weinen, das Gesicht der Frau konnte man sich schon allein durch Betrachten ihrer Haare vorstellen.

»Sie haben es gehört. Schließlich will er doch zu Yō-chan zurückkehren.«

Der Rücken der Frau blieb stumm.

»Wußten Sie, daß er sich so entscheiden würde?«

»Ja.«

»Seit wann?«

»Seit man uns aufgespürt hat.«

»Aber bis zuletzt – sogar noch im Studio – war er nicht entschlossen, zurückzukehren.«

»...«

...Das Fernsehbild rückte allmählich in die Ferne, zog sich immer kleiner zusammen, verdichtete sich zu einem winzigen glänzenden Punkt und verlosch. Danach breitete sich weiße Leere aus, und wie aus milchigem Nebel tauchten langsam menschliche Umrisse auf. Ein Mann und eine Frau rollten sich dort, derart ineinander verschlungen, daß man sie kaum auseinanderzuhalten vermochte. Beide waren völlig nackt, ihre Körper feucht von Schweiß, Tränen und Speichel. Der Mann packte die Haare der Frau, sie krallte die Fingernägel in seinen Rücken. ›Ich will sterben‹, ›Sterben wir‹: diese Losungsworte wurden immerzu wiederholt; wer es sagte, war nicht herauszuhören. Als sei dies die einzige Möglichkeit, auch im Sterben verbunden zu bleiben, ließen sie völlig erschöpft voneinander ab, um danach aufs neue Verlangen zu spüren. Zwei Schlangen gleich, die einen Ring bilden, indem die eine den Schwanz der anderen im Maul hält, hatte ihr Tun kein Ende. Jedesmal, wenn ihr Bewußtsein verblaßte, glaubte die Frau, sterben zu können; doch mit Alkohol besprengt und mehrmaligen Schlägen der flachen Hand auf die Wangen, kehrte sie ins Leben zurück, um sich dann – als eile sie dem Tod entgegen – erneut an den Körper des Mannes zu schmiegen. Weit lag der Tag in ihrer Erinnerung zurück, an dem sie besprochen hatten, den Gashahn aufzudrehen. Der Mann hatte gesagt, er wolle es tun. Aber hatte sie nicht erwidert, sie könne es machen?

Als er zu sich kam, wurde heftig an die Tür des Appartements geklopft. Der Mann deckte die Frau zu, die in einen todesähnlichen Schlaf gesunken war. Im nächsten Augenblick hörte er, wie der Nachschlüssel des Hausmeisters ins Schloß gesteckt wurde. Den entblößten Rücken der aufgebrochenen Tür zugewandt, machte der Mann langsam den Reißverschluß seiner Hose zu, die er gerade erst angezogen hatte...

»Schaffen Sie's von jetzt an allein?« Die Stimme der Kritikerin klang, als rezitiere sie eine Sutra. Die Frau gab keine Antwort.

»Was haben Ihnen diese zwei Jahre denn bedeutet?«

»...«

»War es ein Traum für Sie?«

»...«

»Sie waren also glücklich in den zwei Jahren?«

»...«

»Wollen Sie ihm für die Zukunft alles Gute wünschen? Könnten Sie das nicht als eine Wiedergutmachung ansehen?«

Schweigend stand die Frau plötzlich auf. Die Zuschauerin fühlte, wie etwas in ihr, das sich zu einer Flut aufgestaut hatte, überzufließen drohte.

Die Frau schüttelte ihr wirres Haar, straffte den Nacken und lief mit großen Schritten los. Der Kamera den Rücken zugewandt, versuchte sie zu entkommen, als führte ein Fluchtweg direkt in das Bambusdickicht des Bühnenbildes. Erst jetzt sprang die Kritikerin eilig auf.

»Einen Moment!« kreischte sie, kaum vereinbar mit dem bisher aufgesetzten düsteren Rezitationstonfall. Ohne sich um das Mikrophon zu kümmern, das sie – bisher verborgen, nun unordentlich herunterbaumelnd – beim Gehen behinderte, rannte sie los. Sie umkreiste die Frau, verstellte ihr mit ausgebreiteten Armen den Weg, wollte sie nicht fortgehen lassen. Ihr plattes Gesicht mit den auseinanderstehenden Augen zeigte sich, vor Erregung rot angelaufen, häßlich über den Schultern der Frau. Die Augen waren erstaunt aufgerissen, sogar der Mund weit geöffnet. Der Oberkörper der Kritikerin fiel nach vorne, gleichzeitig sprang die Frau zur Seite, als gelte es, sich ihr mit aller Kraft zu entwinden. Bis zuletzt den Rücken zur Kamera, stieß sich die Frau das eben gezogene Messer in die Brust, taumelte in den Bambushain, griff nach einem Bambusrohr und stürzte auf die Knie. In diesem Moment fiel das Fernsehbild aus, nur noch bleigraue Lichtstrahlen flimmerten quer über den Bildschirm.

Die Flut, die sich in ihrem Inneren aufgestaut hatte, ebbte mit einem Mal ab. Die Zuschauerin spürte einen Stich im Herzen und preßte beide Handflächen gegen ihre Brust.

Yoshiko Shibaki
Purpurberge

Nein, ein Wunder ist es nicht, wenn sich in der abendlichen Stadt unter den zahllos dahinströmenden Menschen zwei begegnen, aber es ist doch immer Zufall.

Plötzlich stand auf dem Bürgersteig ein Mann vor Yoshiko. Er war Journalist einer Agentur für Wirtschaftsnachrichten und verkehrte häufig in einem Klub für Leute aus der Finanzwelt, bei dem Yoshiko angestellt war.

»Sind Sie auf dem Heimweg?« fragte er, während sie nebeneinander weitergingen. Er war ein Mann zwischen fünfunddreißig und vierzig, der noch keine Spuren des Alters zeigte.

Er kam öfters in den Klub, um Leute aus der Finanzwelt zu treffen, und hatte Yoshiko ab und zu um die Vermittlung von Kontakten gebeten. Daß er sie einlud, mit ihm zusammen etwas trinken zu gehen, war wahrscheinlich sein Dank. Sie verbeugte sich unsicher ablehnend, aber er verstand es als Einwilligung, und so gingen sie in ein nahegelegenes Café.

Nachdem er Kaffee bestellt hatte, beobachtete er die vor dem Fenster vorbeiströmenden Menschen. Es schien ihm, als wolle die Stadt, wenn die Lichter noch nicht brannten, die Dämmerung festhalten. Yoshiko empfand ähnlich. Es war ihr auch angenehm, daß er ihr wenig Beachtung schenkte. Er fragte sie nicht, ob sie schon lange in dem Klub arbeite und ob ihre Arbeit interessant sei; wahrscheinlich weil auch ihm ihre Arbeit in der Tat nicht besonders aufregend vorkam.

»Wenn man so nach draußen schaut, sieht man kaum jemanden im Kimono«, bemerkte er.

Im Berufsverkehr sieht man noch seltener Menschen im Kimono als sonst, dachte sie, sagte aber, daß Menschen in ihrem Alter nur noch selten einen Kimono tragen würden.

»Aber Sie haben doch dieses Jahr ein- oder zweimal einen Kimono getragen, Frau Shida.«

Diese Worte aus seinem Mund machten sie verlegen. Am ersten Arbeitstag im neuen Jahr und bei der Jubiläumsfeier des Klubs hatte sie tatsächlich einen Kimono getragen. Da sie keine festliche Kleidung besaß, war sie in einem Kimono erschienen. Sie hatte aber nicht erwartet, daß sich das jemand merken würde. Irgend jemand hatte ihr erzählt, daß der Mann viele Jahre im Ausland für eine Nachrichtenagentur gearbeitet hatte.

Als der Kaffee dann vor ihnen stand, fragte sie ihn, wo er im Ausland gelebt habe. Er antwortete, er habe ungefähr vier Jahre in Frankreich und drei Jahre in der Schweiz verbracht. Als sie das Wort Schweiz hörte, bekam sie Herzklopfen.

»Es gibt eine Stadt namens Brig, in der Nähe der schweizerisch-italienischen Grenze. Kennen Sie die Stadt?«

»Ja, die kenne ich. Es ist eine ruhige Stadt am Fuß der Berge.«

Yoshiko hatte bisher nur Leute getroffen, die mit der Eisenbahn durch Brig hindurchgefahren waren, doch niemanden, der den Ort wirklich kannte.

»Die Berge sind sehr nah, nicht wahr? Ich habe es auf einer Postkarte gesehen.«

»Brig hat einen Umsteigebahnhof und ist auch der Ausgangspunkt für Reisen nach Zermatt. Es ist ein etwas ländliches Grenzstädtchen, aber gerade deshalb reizvoll.«

»Die Postkarte zeigt die Ansicht vor dem Bahnhof. Die Straßenbahn verläuft quer auf dem Bild. Auf der anderen Seite der Schienen erstreckt sich eine große Straße. An den Gebäuden rechts und links erkennt man, daß es die Hauptstraße ist. Die Straße steigt an, und wo sie endet, erheben sich die Berge.«

»So ist es. Auf der rechten Seite der Straße war eine Bank und ein Kaufhaus, auf der linken Seite eine Konditorei. Allzuviel Verkehr gab es freilich nicht. Ich erinnere mich deshalb so gut daran, weil ich einmal dort übernachtete und es sehr kalt war. Ich kaufte mir eine warme Mütze und trank einen Tee in der Konditorei.«

»Wo war Ihr Hotel?«

»Nahe dem Marktplatz. Ein kleines Hotel, das Schweizer Hof heißt. Kennen Sie jemanden, der dorthin gefahren ist?«

Yoshiko zögerte. Sie hatte eigentlich nicht vor, in dem Gespräch so weit zu gehen, doch wollte sie mehr über die Stadt erfahren, hatte lange Jahre hindurch schon etwas darüber hören wollen.

»Vor acht Jahren hat mein verstorbener Mann mir eine Postkarte aus Brig geschickt. Er hatte zwei Jahre in Deutschland studiert. Die Postkarte war die letzte Nachricht von ihm, kurz vor seiner geplanten Rückkehr. Wahrscheinlich war er von Zürich aus unterwegs, um eine Bergtour zur Jungfrau zu unternehmen. Auf dem Rückweg kam er durch Brig.«

»Ist er dort gestorben?«

Er sah Yoshiko direkt ins Gesicht.

»Es war ein Autounfall.«

Die Erinnerung an die acht Jahre zurückliegenden Geschehnisse machten sie verwirrt und unsicher. Aber nun wollte sie schließlich doch alles, was sich in ihrem Herzen aufgestaut hatte, auf einmal loswerden.

»Es war eine Frau, die am Steuer saß. Eigentlich mußten sie nach Genf fahren, aber aus irgendeinem Grund fuhren sie in Richtung Italien. Dann soll Nebel aufgekommen sein. In der Nähe des langen Simplon-Tunnels stürzte das Auto in einen Abgrund. Beide starben.«

»Ach, so war das. Ja, dort ist häufig Nebel. Es kommt vor, daß man bis Mailand schlechte Sicht hat«, sagte er wie zum Trost.

Yoshiko konnte ein Gefühl der Erregung nicht zurückhalten.

»Die Frau war Japanerin, sie studierte Gesang. Es war zwar ein Unfall, aber trotzdem wurden Spekulationen laut, es könnte ein Doppelselbstmord aus Liebe gewesen sein. Leute aus der Geschäftsleitung der Firma meines Mannes flogen an den Unfallort, um die Gerüchte zu zerstreuen. Mir wurde der besonderen Umstände und meines Kindes wegen davon abgeraten, auch hinzufliegen. Die Postkarte bekam ich erst nach dem Tod meines Mannes.«

Ihr Gegenüber sagte nichts.

»Irgendwann möchte ich auch einmal zum Eiger, zur Jungfrau und nach Brig fahren. Was ich dann tun werde, weiß ich nicht, aber ich denke, daß ich mich leichter in die Umstände seines Todes fügen kann, wenn ich diese Stadt sehe. Daran habe ich mich seit acht Jahren geklammert. Auf seiner Postkarte steht, daß es keine besondere Stadt ist. Wohin auch immer man schaut, überall sieht man nur die Berge.«

Sie sah aus dem Fenster, und es kam ihr vor, als sähe sie hier inmitten von Tōkyō die Berge. Erst nach einer Weile bemerkte sie, daß der Mann nichts sagte. Warum erzähle ich ihm nur diese Geschichte, dachte sie verlegen, aber jetzt konnte sie auch nicht mehr so ohne weiteres aufstehen und weggehen.

»Was haben Sie als erstes getan, als Sie nach so langer Zeit wieder nach Japan zurückkamen«, wechselte sie das Thema. Sie dachte, daß ein Mann, der aus dem Ausland zurückgekehrt war, sich den Geschmack des häuslichen Essens, das Beisammensein im Familienkreis oder eine Reise nach Kyōto wünschen würde. Der Mann antwortete nach kurzem Überlegen: »Ich habe mir Kabuki-Theater angeschaut.«

Seine unbekümmerte und ungezwungene Erscheinung ließ sich nicht mit der Atmosphäre eines klassischen Kabuki-Theaters verbinden. Aber dann fügte er erklärend hinzu, er sei in dem Theaterviertel Hongō aufgewachsen.

»Ich mache aus dem Theaterbesuch keine große Sache. Man kann nicht einmal sagen, daß ich das Theater besonders liebe. Wenn ich Zeit habe, gehe ich hin. Es ist egal, was gespielt wird, der erste Akt reicht oder etwas zwischendrin. Wenn der Bühnenraum sich öffnet, die Schauspieler auf die Bühne treten, sprechen und tanzen, dann ist das für einen Augenblick eine ganz andere Welt. Wenn ich eine Weile zugesehen habe, leben in mir die bekannten Dialoge wieder auf, und ich werde ganz in ihren Bann gezogen. Und wenn es langweilig wird, kann man ja schlafen. Ich gehe nur in ausgesprochen japanische Stücke.«

Jedes seiner Worte kam für Yoshiko sehr unerwartet. Sie fragte ihn, ob er denn von klein auf mit dem Kabuki vertraut sei.

»Wir haben viel mehr Kenntnisse und Wissen über vergangene Zeiten, als uns klar ist. Das Erwachsenwerden ist schon etwas ganz Seltsames. Die Theaterstücke, zu denen mich meine Großmutter und meine Eltern in meiner Kindheit mitnahmen, sind mir noch im Gedächtnis geblieben.«

Immer wenn er auf die Bühne sehe, habe er wieder seine japanische Sensibilität, fügte er lachend hinzu.

Schon seit zwei Jahren sei er jetzt wieder zurück in Japan, aber in der letzten Zeit sei er trotzdem kaum ins Theater gegangen. Auch Yoshiko hatte ihre Wurzeln in Tōkyō, deshalb glaubte sie, seine Ansichten über das Theater gut zu verstehen.

Sie erzählte ihm, daß sie in Yotsuya geboren sei und auch dort lebe; der Mann beneidete sie darum. Als sie aus dem Café heraustraten und auf dem Bürgersteig standen, konnten sie gegenüber die hohen Gebäude im Viertel des Außenministeriums sehen. Von hier bis Yotsuya waren es nur zwei Stationen mit der U-Bahn.

»Es sind nur ungefähr zwanzig bis dreißig Minuten, wie wär's, wenn Sie zu Fuß gingen?«

»Mit der U-Bahn dauert es aber nur fünf Minuten.«

»Städter gehen viel zuwenig zu Fuß«, sagte der Mann und sah auf die Uhr an seinem Arm. Er verabschiedete sich, da er leider noch eine Verabredung hätte.

»Das nächste Mal gehen wir über die Benkei-Brücke, nicht wahr?«

Beim Abschied entschuldigte sie sich, daß sie so viel über Brig gesprochen habe.

»Beim nächsten Mal kann ich Ihnen Photos von Brig zeigen. Ich habe Aufnahmen vom Fenster des Schweizer Hofes aus gemacht. Letztendlich ist es wohl besser, alles zu erfahren, als sich mit der halben Wahrheit zu begnügen. Dann kann man es leichter akzeptieren. Sie sollten deshalb nach Brig und zur Jungfrau fahren.« Mit diesen Worten verabschiedete er sich im Gewühl der Stadt.

Yoshiko fragte sich, warum sie diesem Mann, mit dem sie zum ersten Mal zusammengesessen hatte, überhaupt von ihrem verstorbenen Ehemann erzählt hatte, und bedauerte es. Sie hatte weder mit ihrer Familie noch mit Bekannten je darüber gesprochen und nun unbedacht alles erzählt. Welchen Eindruck mußte er wohl von ihr gewonnen haben? Wahrscheinlich würde er sie jetzt für eine etwas ordinäre Frau halten. Natürlich hatte sie allein die Verantwortung für eine Familie zu tragen und in ihrer Lebensmitte wieder eine Stellung annehmen müssen. Da gab es nichts Besonderes mehr zu erleben. Es ist mir wohl zu Kopf gestiegen, daß mich tatsächlich noch einmal ein Mann angesprochen hat, verspottete sie sich selbst. Sie beschloß, beim nächsten Treffen mit ihm so zu tun, als wäre nichts geschehen, und nicht ein zweites Mal von Brig zu sprechen.

Aber als sie ihn das nächste Mal traf, brachte er die versprochenen Photos von Brig mit. Aus dem Fenster des Hotels sah man den Marktplatz, einen Kirchturm, schräge Dächer bis zum Beginn der Hügel, wohl eine typische Schweizer Stadt. Ein Bild vom Bahnsteig schien am frühen Morgen aufgenommen worden zu sein; keine Menschenseele war zu sehen. Man konnte den Namen des Bahnhofs »Brig« erkennen; die Anzeigetafel zeigte die Abfahrtszeiten der Züge. Das letzte Photo war eine Aufnahme des Mannes selber vor dem kleinen, aber robust gebauten Bahnhof. Er hatte vom Wind zerzaustes Haar und sah wie ein erschöpfter, einsamer Reisender aus. Yoshiko betrachtete das Photo, indem sie das Gesicht ihres Ehemannes hineinprojizierte. Verstorbene sagen nichts mehr; so wußte sie nicht, ob ihr Mann seinen Tod geahnt hatte. Auf der Postkarte hatte Yoshiko keinen versteckten Hinweis darauf gefunden. Sie hatte das Gefühl, daß sie den Mann auf dem Photo zu lange anstarrte. Deshalb sagte sie halb entschuldigend: »Es könnte sein, daß mein Mann genau wie Sie dann in den Bahnhof gegangen ist, ohne zu wissen, wie nah sein Tod war. Paris oder Rom finde ich nicht so anziehend, aber diese Berge und die Grenzstadt sind wunderschön, nicht wahr?«

»Die Berge in der Schweiz sollen sich zu bestimmten Jahres- und Tageszeiten durch Veränderungen des Sonnenlichtes purpurn färben. Ich habe das noch nicht gesehen, doch, einmal für einen Augenblick, als kurz vor Sonnenuntergang die schneebedeckten Berge, wie mit roter Farbe übergossen, erstrahlten. Es war unbeschreiblich schön.«

Die Vision von purpurfarbenen, schneebedeckten Bergen erschien vor Yoshikos Augen. Sie überlegte, ob es die Götter oder die Seelen der Verstorbenen waren, die ihre Schatten darauf warfen.

Sie wollte sich Abzüge von den Photos machen lassen. Er sagte, sie solle besser das Photo, auf dem er zu sehen sei, nicht nachmachen lassen. Er sei ein Nichtsnutz, fügte er sorglos hinzu. Diese Worte hatten Yoshiko getroffen. Seit dem Tod ihres Mannes war ihr der Gedanke, ein Nichtsnutz, nur ein halber Mensch zu sein, nicht mehr aus dem Kopf gegangen.

Es war die Jahreszeit, die für einen Spaziergang wie geschaffen war. Sie verließen das Café und machten sich auf den Weg von Toranomon nach Akasaka, und sie genoß das seltene Erlebnis, an der Seite eines Mannes zu gehen. Diese Frau, die immer noch in ihrer alten Stadt zu leben schien, in einer Zeit, da sich die Metropole gewaltig bis zu den umliegenden Städten ausdehnte, erregte die Neugier des Mannes.

»Haben Sie auch während der Bombenangriffe im Krieg hier gelebt?« fragte er.

»Ja, auch während der Bombenangriffe.«

Als am 13. April 1945 die Bomben fielen, brannte Yotsuya bis zum letzten Haus ab. Die siebenjährige Yoshiko floh an der Hand ihrer Mutter bis zum Jingū-gaien, dem äußeren Garten des Meiji-Schreins. Dort war eine Flak-Stellung, die den Luftangriff des Feindes aber nicht abwehren konnte. Sie hatten sich mit knapper Not in einen Luftschutzkeller gerettet, aber die Flammen des Bombenangriffs, die den nächtlichen Himmel bedeckten, waren fürchterlich gewesen. Niemals würde sie das zerstörerische Feuer vergessen, das selbst den Himmel entzündete.

Wie friedlich war die Stadt, auf die damals die Brandbomben gefallen waren, heute. Als sie die Benkei-Brücke überschritten, die über den Akasaka-Graben führt, sahen sie rechts und links, wie Symbole des Friedens, die großen Hotels stehen.

»Auch in Luftschutzkellern brauchte man Glück. Leben und Sterben lagen nah beieinander.«

Er hatte mit seinen Eltern in einem Luftschutzkeller in Ochanomizu Schutz suchen müssen, da der nächstgelegene Luftschutzkeller zerstört worden war. Sie hatten großes Glück gehabt, kurz hinter ihnen war die Tür geschlossen worden.

»Wie alt waren Sie damals?«

»Wie alt wohl? Sicher nicht älter als du.«

Der Mann und Yoshiko lachten verlegen. Als sie bei dem Hotel an der Kioichō auf den Fußweg kamen, von dem aus man auf den Akasaka-Palast blicken kann, sahen sie unterhalb des Dammes und entlang der Schienen Klee blühen.

»Es gibt einen Tulpenbaum zwischen den Bäumen, die die

Straße in der Nähe der Gäste-Residenz säumen. Kennen Sie ihn?«

»Einen Tulpenbaum?« wiederholte er fragend.

Der Baum, von dem sie nun erzählte, war ein wunderschöner, großer Alleebaum, aber leider blühte er noch nicht. Man bezeichnet diesen Baum als Tulpenbaum, weil seine Blüten der einer Tulpe ähneln. Die Blüte ist fünf bis sechs Zentimeter groß, blaßgrün und hat einen gelben Stempel. Bis zur Blütezeit im Frühsommer würde es noch eine Weile dauern.

»Das ist eine hübsche Geschichte.«

»Diese Geschichte ist das Gegengeschenk für Ihre Erzählung von den Purpurbergen. Es muß wunderschön sein, wenn sich die schneebedeckten, hohen Gipfel und die schneegesprenkelten Felswände in Purpurberge verwandeln, nicht wahr? Ob es wohl die Götter sind, die die Berge so schmücken? Die Menschen beten zu der Zeit sicherlich, weil die Götter ihnen so nah sind.«

»Die Alpen sind zeitlos und unveränderlich, der Mensch ist dagegen unbedeutend.«

Er hatte Sehnsucht nach den Bergen.

Der Bahnhof von Yotsuya kam in Sicht, nun war es nicht mehr weit bis zu Yoshikos Haus. Da sie sonst immer hastig nach Hause lief, war es ein neues Gefühl, so geruhsam durch die Stadt zu schlendern. Sie hatte von den Klubmitgliedern schon viele Geschichten aus dem Ausland gehört, aber dieser Mann erzählte über nichts anderes als über die Berge. Sie überlegte sich, wie wohl seine Familie die sieben Jahre, die er im Ausland war, verbracht hatte. Ihr waren schon die zwei Jahre, die sie auf ihren Mann warten mußte, sehr ans Herz gegangen. Und nach alledem der Tod ihres Mannes! Das Gefühl der Reue würde wohl bis an ihr Lebensende nicht vergehen. Auch wenn sein Gesicht nun von Monat zu Monat, von Tag zu Tag mehr verblaßte, Reue und Zorn blieben wie ein trüber Bodensatz zurück.

Der Mann blickte um sich, als suche er einen Grund, sich zu verabschieden. Die Lichter der Stadt brannten bereits.

Dann fragte er, ob sie noch ein Bier zusammen trinken wollten.

»Es ist zwar nur ein armseliges Haus, aber wollen Sie nicht

kurz hereinkommen? Meine Mutter und meine Tochter, sie ist schon Studentin, sind da.«

Als Yoshiko ihn so einlud, blieb er ein wenig überrascht stehen und meinte: »Ich glaube, ich sollte jetzt lieber...«, und ging schnell in Richtung Bahnhof davon.

Es war wohl ungehörig von ihr gewesen, ihn einzuladen, dachte sie sich und bereute ihre unüberlegten Worte.

Die Purpurberge waren ihr im Traum erschienen. Die frühsommerliche Abendsonne fiel auf den letzten Schnee der Alpen. Als die Sonne im Untergehen ihre Farbe verlor, traten für einen kurzen Moment die purpurfarbenen Berge hervor. Sie überlegte sich, ob ihr Mann, der im Frühsommer auf der Jungfrau und dem majestätischen Mönch gewesen war, wohl zuletzt die purpurnen Berge gesehen hatte, als er am Abend von den Bergen herabstieg und nach Brig fuhr. Im Traum fragte sie ihren Mann.

In der Morgendämmerung, als sie ihre Augen schon geöffnet hatte, war sie noch mitten im Traum. Ein Geräusch hatte sie geweckt. Sie hörte, wie die Bäume im Garten schwankten und der Wind anfing zu heulen. Da der Wind wohl Regen bringen würde, stand sie auf und schloß die Fensterläden. Urplötzlich setzte heftiger Regen ein. Während Yoshiko sich ankleidete, rief sie ihre im Nachbarzimmer schlafende Tochter: »Mayumi, Mayumi!«

Als sie Mayumis verschlafene Stimme hörte, schrie sie: »Es gießt, komm schnell.«

Sie zog sich einen Regenmantel über und lief in den Hausflur. Die Straße vor dem Haus, die so schmal war, daß gerade ein Auto hindurchfahren konnte, stieg leicht an. Es regnete in Strömen. Früher war die Gegend ein ruhiges Wohnviertel gewesen, aber in der Zeit des großen Wirtschaftswachstums hatte man begonnen, große Neubaublöcke in der Umgebung zu bauen. Nur Yoshikos Haus und ein paar Nachbarhäuser waren noch aus Holz gebaut. Seitdem sie von hohen Häusern umgeben waren, bekamen sie nur noch wenig Sonne, und das Regenwasser floß nicht mehr richtig ab. Da es kein Erdreich mehr gab, in das es einsickern konnte, rauschte das Regenwasser, einer Flut gleich, die abfallende Straße hinab. Wenn man das Wasser sich selbst überließ, verwandelte es Yoshikos Garten bald in einen kleinen überlaufenden See. Sie ging mit Mayumi auf die Straße und griff, gegen die Kraft des Wassers ankämpfend, nach dem Kanaldekkel. Gemeinsam und mit großer Anstrengung hoben sie den schweren Deckel an. Nachdem sie ihn zur Seite geschoben hatten, floß das Wasser rasch ab. Freilich durften sie den Kanalschacht nicht ganz öffnen, da das auf der befahrenen Straße hätte gefährlich werden können.

Als sie endlich ihr Ziel erreicht hatten, waren sie völlig durchnäßt. Wie hilfreich jetzt Männerhände gewesen wären, dachte Yoshiko, während sie ins Haus zurückging. Ihre Mutter Haruko stand in der Tür, blickte auf die nassen Gestalten und reichte ihnen Handtücher. Beim Umziehen im Badezimmer fragte Mayumi, die im zweiten Universitätsjahr war: »Bauen wir unser Haus auch zu einem richtigen Betonhaus um?«

Sie wußte nur zu genau, daß dazu weder die Mittel noch der Wille vorhanden waren.

Yoshiko war zwar in diesem Haus aufgewachsen, da sie aber eines Tages als Braut ausgezogen war, war es streng genommen das Haus von Mutter Haruko. Die zweiundsiebzigjährige Haruko lebte von der Pension ihres verstorbenen Mannes, sie färbte sich das Haar schwarz und achtete sehr auf ihr Äußeres. Immer, wenn sie gefragt wurde, ob sie und Yoshiko Schwestern wären, sagte sie: »Ja, da haben Sie ganz recht.«

Aber das Alter schritt zweifellos fort. Wenn sie vom ersten Stock herunterstieg, wirkte ihr Gang gebrechlich. Yoshiko spürte das Altern ihrer Mutter und erschauerte bei dem Gedanken, daß sie auf die gleiche Weise altern könnte.

Nachdem sie die durchnäßten Sachen in Ordnung gebracht hatte, zeigte sie Mayumi die Photos von Brig. Sie wollte sehen, was Mayumi dabei empfand.

»Ist das Brig? Wer ist das?«

Mayumis Blick verweilte auf dem Gesicht des Mannes, der vor dem Bahnhof von Brig stand.

»Das ist nicht dein verstorbener Vater.«

Das Thema Schweiz war seit langer Zeit tabu, doch man konnte sehen, daß der Name des Grenzstädtchens in Mayumis Gedächtnis auf geheimnisvolle Weise haften geblieben war.

»Er ist ein Mann, der Brig kennt. Er sagte mir, daß ich einmal hinfahren soll, weil es eine schöne, etwas ländliche Stadt ist.«

»Mutter, du fährst nicht. Du bist doch zu lahm. Ich fahr' für dich!«

»Es ist aber ein Unterschied, ob du fährst oder ob ich fahre.«

Yoshiko war ein bißchen eingeschnappt, weil ihre Tochter sie als »lahm« bezeichnet hatte. Aber sie fühlte doch auch, daß die Tage, wo sie das Kind auf dem Arm getragen hatte, allmählich vorbei waren. Als Mayumi nochmals nach dem Mann auf dem Photo fragte, antwortete Yoshiko etwas geheimnistuerisch: »Den kennst du nicht«, und fand das gar nicht schlecht.

Es war ein schönes Gefühl, daß jetzt in ihrem so abgeschlossenen Alltag ein kleines Fenster geöffnet worden war.

Jeden Tag, wenn sie zur Arbeit ging, verließ auch Mayumi das Haus. Es schien ihr mehr Spaß zu machen, Freunde zu treffen, als zu Hause zu bleiben. Man wußte auch nicht, ob sie in die Vorlesungen ging.

»Du studierst sehr viel, nicht wahr?« meinte Haruko ab und zu spöttisch zu ihrer Enkelin. Wenn sie die Treppe hinauf- oder herunterstieg und Mayumi sah, die keine Anstalten machte, ihr zu helfen, fragte sie manchmal spitz: »Moral und gesunder Menschenverstand werden wohl nicht an der Universität gelehrt, oder?«

»Am Monatsende fahren wir nach Oku-Tama – mit einer Übernachtung«, informierte Mayumi ihre Mutter. Die Kosten hätten sie sich schon mit Jobs verdient, insgesamt sieben Kommilitonen, Mädchen und Jungen. Yoshiko zog ihre schönen Augenbrauen zusammen.

»Meinst du, daß das in Ordnung ist?«

»Was heißt ›in Ordnung‹?« gab Mayumi zurück, ein Mädchen mit einem gesunden, leicht dunklen Teint.

»Die Mutter von Rei fragt immer, wenn sie vom Campen oder einer Exkursion zurückkommt, ›Na, hast du dir diesmal jemanden geangelt? Such dir möglichst früh einen festen Partner.‹ Solche Mütter gibt's nämlich auch noch.«

Immer, wenn Yoshiko mit ihr schimpfte, sagte Mayumi: »Was redest du da, du fünfundvierzigjährige Oma!«

Vor ungefähr zwei Tagen war Yoshiko einiges über ihren

neuen Bekannten zu Ohren gekommen. Ihr Vorgesetzter, Herr Komiya, hatte erzählt, daß dieser Herr Eguchi von der Nachrichtenagentur eigentlich Bildhauer gewesen sei. Er habe sogar im Ausland studiert, die Bildhauerei aber wegen irgendwelcher Vorfälle aufgegeben. Zunächst hätte er aushilfsweise bei der Agentur gearbeitet, sei dann aber ganz in diese Tätigkeit eingestiegen. Als ihn Herr Komiya einmal fragte, warum er nach sieben Jahren Auslandsaufenthalt nun eine ganz andere Arbeit mache, habe er nur lachend geantwortet, »Ich bin nun mal ein Herumtreiber«. Was für Probleme es gegeben hatte, wußte auch Herr Komiya nicht, vermutete aber, daß es mit der Ehefrau zusammenhinge, von der er sich wohl getrennt habe.

Yoshiko war es egal, in welchen Verhältnissen er lebte. Sie wollte sich nur ab und zu mit ihm treffen, Kaffee trinken, durch stille Sträßchen der Stadt spazierengehen und sich unterhalten. Sie wünschte sich die Freiheit, in ihrem eintönigen Leben mit der alternden Mutter und der heranwachsenden Tochter noch ein wenig Zerstreuung mit einem männlichen Partner zu haben.

Ihre Mutter trank gerne Bier. Eine kleine Flasche schaffte sie alleine, bei einer großen schenkte sie auch Yoshiko noch etwas ein. Haruko lebte so, wie sie es wollte und konnte. Yoshiko behandelte sie wie eine, die vom rechten Weg abgekommen war. Sie sagte immer, Yoshiko habe keinen starken Willen. Wenn Haruko wüßte, daß sie von einem Mann angesprochen worden war, wäre sie sicher sprachlos gewesen.

Am Nachmittag nach dem Regen sah sie den Mann im Klub. Ach, endlich zeigt er sich wieder, dachte sie. Nach einer langen Unterhaltung, die er mit dem Direktor einer Stahlhütte in einem anderen Zimmer führte, kam er zurück. Yoshikos Bild von ihm hatte sich verändert, seitdem sie die Geschichten über ihn gehört hatte. Am Abend, nachdem sie ihre Arbeit beendet hatte, ging sie in das Café in der Stadt. Er saß alleine da. Sie hatten sich zwar nicht verabredet, aber sie fragte trotzdem, ob sie sich zu ihm setzen dürfe. Es war schon das dritte oder vierte Mal, daß sie sich so trafen. Sie legte den Regenmantel, der ihr hinderlich war, zur Seite und erzählte ihm von dem schrecklichen Regen am Morgen. Er sagte, er habe befürchtet, daß das

Dach von seinem Appartement wegfliegen würde. Dann berichtete sie von den Wasserfluten an ihrem von großen Betongebäuden eingeschlossenen Haus.

»Mein Haus wird wohl bald versinken. Tōkyō verändert sich ja so schnell. In einer Gasse in Yotsuya gibt es einen kleinen Schrein für den Erntegott Inarisan. Man bringt ihm noch gelegentlich Opfergaben dar, aber wenn andere Menschen hierherziehen, wird das wohl auch ein Ende haben.«

»Auf dem höhergelegenen Gebiet von Hongō Yushima, wo ich aufgewachsen bin, steht jetzt eine Absteige neben der anderen. Es sieht fürchterlich geschmacklos aus. Aber wenn nach dem Regen die Wolken aufreißen, ist über den Hochhäusern für einen Moment blauer Himmel zu sehen. Ausgesprochen schön ist dieser Anblick, bemerkenswert vor allem, daß es in Tōkyō so einen Anblick überhaupt noch gibt.«

»Sind Sie nicht eigentlich Bildhauer?«

»Das ist sehr lange her – ich habe Stahlskulpturen gemacht. Ab und zu juckt es mich jetzt noch in den Fingern, wenn ich Pappe, leere Weinkisten, Zigarettenschachteln oder andere Kästen sehe, etwas daraus zu machen. Aber das ist unnützes Geschwätz.«

»Warum haben Sie damit aufgehört?«

Yoshiko sprach ihn zwar ganz offen an, erwartete aber nicht, von ihm Gründe zu hören.

»Einer von meinen Gefährten hat sich sehr angestrengt, die Qualifikation als Fremdenführer zu erwerben, weil er sagte, das Leben gehe erst einmal vor. Inzwischen hat er die Möglichkeit, nach Japan zurückzukehren, versäumt. Einen Maler gibt es, für den es das Höchste ist, in einem billigen Restaurant eine Portion Schnecken zu essen. Dann aber auch einen, dessen Ehefrau neurotisch wurde, wiederholt Selbstmordversuche unternahm und dabei alles zugrunde richtete. Wenn ich alles erzählen sollte, käme ich nie ans Ende. Körper und Seele trocknen allmählich aus, man wird wie eine Mumie. Deshalb gibt es drüben so viele Gescheiterte. Wenn sie nach Japan zurückkehren, sind sie andere Menschen geworden. Das Schreckliche dabei ist, daß man sich an so ein Leben im Ausland gewöhnen kann«, fügte er hinzu. Yoshiko hatte einfach nur so gefragt, aber als sie ihm dann zuhörte, griff es ihr ans Herz. Ob er es wohl gewesen war, dessen Ehefrau wiederholt Selbstmordversuche unternommen hatte?

Als sie das Café verließen, gingen sie wie immer zu Fuß bis zur Benkei-Brücke und traten diesmal in das in der Nähe des Hotels gelegene China-Restaurant ein. Yoshiko war zwar zum ersten Mal hier, kannte aber das Restaurant dem Namen nach.

»Das ist doch das Restaurant, in dem früher China-Manjū verkauft wurden?«

»Die Manjū-Klöße hier waren das Beste, was man nach dem Krieg in Japan kaufen konnte.«

Die gemeinsamen Erinnerungen an das Leben während des Krieges lebten wieder auf. Er erinnerte sich an das Glücksgefühl, das er in seiner Kindheit hatte, wenn er in jeder Hand einen Manjū hielt und herausschmecken konnte, welcher mit süßem Bohnenmus oder mit Fleisch gefüllt war, obwohl man es dem Gebäck von außen nicht ansah. Das kannte Yoshiko auch noch. Gemeinsam lachten sie über diese Erinnerungen.

In dem hübschen, kleinen China-Restaurant bestellten beide sich ihre Lieblingsgerichte. Er mochte gerne scharf gewürzte Krabben, und sie liebte Abalonenmuscheln. Für Yoshiko bedeutete es ein ganz unverhofftes Glück, von dem Reisschnaps zu kosten, den er ihr einschenkte. Das Leben einer alleinstehenden Frau, selbst mit Kindern und Eltern, ist nicht sehr erfüllt und befriedigend. Jetzt fühlte sie sich endlich wie eine ganz normale Frau. Sie erzählte ihm, wie sie am Morgen den Kanaldeckel öffnen mußte, damit das Schlammwasser abfließen konnte.

»Das Wasser ist so wild, weil es nicht abfließen kann.«

»Aber heutzutage sind Gärten mitten in Tōkyō doch ein sehr großer Luxus.«

»Obwohl in meinem kleinen Garten die Sonne nicht scheint, blüht dort die Miyakowasure. Kennen Sie die Blume? Es ist eine Chrysanthemenart mit kleinen violetten Blüten. Wenn sie blüht, pflanze ich sie in einen Blumentopf und stelle sie auf die Veranda, dort, wo die Sonne hinkommt.«

»Miyakowasure? Die kenne ich nicht, aber der Name ›die Hauptstadt vergessen‹ ist nett.«

Er konnte sich die kleine Blume und das bescheidene Leben der Frau mit ihrer Familie gut vorstellen.

»Wenn sie verblüht ist, pflanze ich sie zurück in den Garten. Meine Mutter ist sehr fleißig, aber in letzter Zeit klagt sie immer mehr über Hüftbeschwerden und anderes.«

»Sie haben doch auch eine Tochter, oder?«

»Meine Tochter tut nichts. Immer wenn ich mit ihr schimpfe, antwortet sie: ›Was sagt da die fünfundvierzigjährige Oma‹?«

Als er die Bedeutung der ›fünfundvierzigjährigen Oma‹ verstand, lachte er laut auf. Yoshiko gab sich keine Mühe zu verbergen, daß, seit sie ihren Ehemann verloren hatte, ihre Gefühlswelt auseinandergebrochen war.

Beim Essen fragte er sie – so, als fiele es ihm gerade ein –, ob sie sich für Jiuta-Gesang und -Tanz interessiere. Yoshiko hatte es noch nie auf der Bühne erlebt, so konnte sie nicht sagen, ob sie es mochte oder nicht. Ihm ginge es genauso, aber er habe von jemandem Karten geschenkt bekommen. Wenn es langweilig wäre, könnte man ja ruhig schlafen; das wäre nicht weiter schlimm. Mit diesen Worten lud er sie ein.

An diesem Abend kam der Mond hervor, nachdem sich Wind und Regen verzogen hatten. Als sie am Hotel vorbei und den Damm entlang gingen, war die Luft mit Blütenduft erfüllt. Sie stellte sich anstatt der Bahngeleise unterhalb der Böschung einen Fluß vor – vielleicht glich der Weg durch die Baumgruppe ein wenig dem Seine-Ufer? Der Mann schien diese Gegend sehr zu mögen. Zwar wieder in Japan, hier aber ohne Familie, war er immer noch so etwas wie ein Reisender. Deshalb empfand er bestimmt Heimweh an Orten, die ihn mit der Vergangenheit verbanden. Zurückgekehrt, versuchte er nun, in japanische Atmosphäre und kulturelle Darbietungen einzutauchen, und hatte sich jetzt gar noch Karten für klassischen Tanz besorgt. Yoshiko mußte daran denken, wie hart für ihn die sieben Jahre in der Fremde gewesen sein mochten. Und neben ihr ging gewissermaßen ihr toter Mann.

Der Tag, an dem sie ins Theater gehen wollten, traf auf ihr freies Wochenende, deshalb entschied Yoshiko sich dafür, einen Kimono anzuziehen. Sie dachte auch, daß das dem Anlaß angemessen sei. Sie wählte aus den wenigen Kimonos, die sie besaß, einen blaßgrünen mit Schwertlilienmuster aus. Haruko half ihr bei den

Vorbereitungen, und Yoshiko war so gut gelaunt, daß sie es als gutes Omen ansah. Mayumi taxierte mit verschränkten Armen die Kleidung ihrer Mutter und vermutete richtig, daß sie wohl mit dem Mann auf dem Photo von Brig ausgehen würde. Sie sagte nicht ›Die fünfundvierzigjährige Oma hat sich rausgeputzt‹, sondern versicherte ihr, daß sie nach was aussehe, wenn sie sich nur zurechtmache. Als sie fertig war, begleitete sie ihre Mutter bis zum Hauseingang und rief ihr hinterher: »Na, dann aber mal ran!«

»Was sind das für Ausdrücke«, wies Haruko sie zurecht; Yoshiko lächelte nur gezwungen. Ob sie wirklich in den Augen der Tochter so aussah, als wolle sie den Mann verführen, dachte Yoshiko leicht irritiert und beschämt. Dann trat sie auf die abendliche Gasse hinaus und ging zu dem verabredeten Ort.

Das Gesicht des Mannes war schon durch die Scheiben des China-Restaurants zu sehen. Er war in Gedanken versunken, doch als Yoshiko eintrat, wandte er sich der Gestalt im Kimono mit einem freundlichen Blick zu. Direkt vor dem Theaterbesuch konnten sie sich nicht so viel Zeit zum Essen nehmen, dennoch gab er sich gelassen.

»Früher bin ich mit dem Ruderboot über den Fluß bei der Benkei-Brücke gefahren. Damals gab es viele Ruderboote dort. Auch diese Gegend hat sich sehr verändert. Wenn ich das nächste Mal hinkomme, hat sie sich bestimmt noch mehr verändert«, sagte er sehr nachdenklich.

Plötzlich drängte sich Yoshiko eine Vorahnung auf.

»Ist irgend etwas?« fragte sie.

Sie wußte zwar, daß er einen schweren Arbeitstag gehabt hatte, aber sie war besorgt. Ihre Sinne waren geschärft.

»Sie machen wohl wieder eine weite Reise?«

»Ja, Sie haben recht. Von wem haben Sie das gehört?«

Yoshiko hatte nur ihre Befürchtungen geäußert, aber als er sie bestätigte, stockte ihr fast der Atem.

»Ich bin jetzt seit zwei Jahren wieder in Japan. Gerade hatte ich mich einigermaßen eingelebt, da weht es mich wieder in die Fremde zurück. Innerhalb der nächsten zwei Wochen.«

Er machte kein besonders glückliches Gesicht. Ein Mitarbeiter seiner Agentur sei krank geworden, und er müsse schnellstens für ihn einspringen. Sie seien eben Menschen, die immer wieder zu den aktuellen Schauplätzen gerufen würden; das sei unumgänglich. Er gehe zuerst nach Paris, aber wenn sonst irgendwo in Europa etwas passieren sollte, müsse er auch dorthin fliegen. Es sei eine Arbeit, bei der er alles allein machen müsse, und dabei habe er dieses Mal wirklich die Absicht gehabt, für immer in Japan zu bleiben.

Yoshiko hatte schweigend die Augen gesenkt. Nach acht Jahren waren endlich wieder helle, glückliche Tage gekommen, die sich jetzt plötzlich in schwarze Tage verwandelt hatten. Irgend etwas in ihr war zersprungen. Fast unhörbar sagte sie einige Worte. Es blieben ihnen noch zwei Wochen, er fahre ja nicht sofort, meinte er in vertraulichem Ton. Yoshiko aber hatte das Gefühl, etwas sei abgeschlossen worden, bevor überhaupt die Einleitung zu Ende geschrieben war. Eine Frau, die ihren Ehemann verloren hatte, würde wohl immer alleine bleiben. Als sie ihn fragte, wie lange sein Dienst in Europa dauern würde, antwortete er: »Fürs erste sind zwei Jahre vorgesehen.« Zwei Jahre schienen Yoshiko so lang, endlos lang, daß ihr fast schwindelig wurde. Es war dieselbe Zeit, die sie auf ihren Mann gewartet hatte. Wie würden ihre Mutter und ihre Tochter es wohl aufnehmen? Die Unterhaltung geriet ins Stocken. Und das Essen war noch nicht zu Ende.

Der Mann sah auf seine Uhr und drängte dann zum Aufbruch. Sie kannte den Mann noch nicht gut genug, um zu wissen, wie sie den Schock verbergen sollte; jedenfalls wollte sie sich Mühe geben, den Tag mit Haltung zu überstehen.

Das Theater, dem beide sich nun zuwandten, lag in der Nähe des Grabens um den kaiserlichen Palast. Es sollten drei Jiuta-Tänze von einer Meisterin des Fachs getanzt werden, aber als beide gedankenverloren und etwas niedergedrückt im Theater ankamen, war der erste Teil des Programms bereits zu Ende und Pause, und in der Eingangshalle drängten sich die Menschen. Die Atmosphäre in der Halle und die eleganten Besucher – für den Mann war es die letzte Gelegenheit, vor seiner Abreise japanische Stimmung zu kosten. Yoshiko spürte, daß die Zeit für den letzten Akt gekommen war.

Hinter dem Vorhang wurde es hell. In dem Augenblick, als

der Vorhang sich öffnete, ging ein leichtes Raunen durchs Publikum. Auf der Bühne stand eine anmutige, schöne Frau, als wäre sie geradewegs aus einem Ukiyoe-Holzschnitt herausgetreten. Sie trug das Haar hochgebunden im Shimada-Stil, der Saum ihres reinweißen Kimonos schleppte, der altertümlich gestreifte Gürtel war tief geknotet, und in der Hand hielt sie einen dunkelblauen Papierschirm. Der Jiuta-Gesang hieß »Schnee«. Die Frau auf der Bühne bewegte sich wie im Traum; leise und unaufhörlich rieselte Schnee auf sie herab. Es war der Tanz einer Frau mit anmutiger Körperhaltung und von zarter Gestalt.

»Fegt man Kirschblüten oder Schnee zusammen, bleiben die Ärmel doch unbefleckt, das ist fürwahr eine alte, alte Sache.«

»Oh, Schwermut der kurzen Liebe«, bei diesem Seufzer bewegte sich der Saum ihres Kimonos. In ihrem zerbrechlich zarten Körper schien ein Feuer zu brennen. Ein blinder Musiker spielte auf der Shamisen und sang dazu.

»Wenn ich lausche, traurig und alleine schlafend, tönt an meinem Lager nur der Klang des Hagels wider.«

Mit dem weißen Ärmel wischte sie tropfende Tränen. Von ihrer anmutigen Gestalt und dem ebenmäßig schönen Gesicht ging ein sinnlicher Liebreiz aus. Die Tänzerin war eine achtzigjährige Frau.

Wie eine stille Blüte löste sich die Frau im Schneegewand in einem Schleier von Gefühlen auf. Auch von ihrem Körper blieb nichts zurück. Nur ein Schatten schwebte noch über der Bühne.

Die Aufführung war zu Ende.

In dieser kurzen, sich verschwenderisch verdichtenden Zeit waren sowohl die Tänzerin als auch die Zuschauer ganz aufgegangen.

Der nächste Tanz war eine Variation des ersten Abschnittes. Es blieb ein bezaubernder Nachklang zurück.

Draußen vor dem Theater war es dunkel geworden. Während sie durch die nicht sehr belebte Gegend am Rande des Wallgrabens schritten, waren Yoshikos Gedanken noch immer bei der Gestalt und den Seufzern der Tänzerin. Sie war im Innersten ihres Daseins berührt und berauscht und spürte, daß auch sie eine Frau war und wie die Tänzerin lebte. Bislang war sie nichts weiter als eine Frau gewesen, die sich ausgetrocknet und verdurstet vorkam. Sie verstand die Gefühle des Mannes, der, aus dem Ausland zurückgekehrt, seinen Lebensdurst stillen wollte. Sie mußte dankbar sein, daß es für sie vor dem Abschied eine so erfüllte, schöne Zeit gab. Auch er empfand so.

»Werden Sie drüben auch nach Genf oder Zürich fahren?« fragte sie ihn.

»Wenn dort eine große Konferenz oder so etwas stattfindet, werde ich wohl auch dahin fahren.«

»Bitte schauen Sie sich die Schweizer Berge an, die sich rot oder purpur färben. Es muß ganz überirdisch schön sein, wenn die schneeweiße Decke der Berge für einen Moment in purpurnes Leuchten gehüllt wird, nicht wahr?«

»Kommen Sie doch selbst einmal. Sie werden es bestimmt zu sehen bekommen«, sagte er zu ihr.

Das ist wohl unmöglich, dachte sie. Für eine Frau, die noch so spät eine Anstellung gefunden hatte und die sich um eine alte Mutter und um eine junge Tochter kümmern mußte, würde eine Reise in die Schweiz wohl nur ein Traum bleiben. Ab morgen würden die langweiligen Arbeitstage wieder beginnen. Es schien ihr unerträglich. Sie begann, die bis gestern fast vergessenen Schweizer Berge und das Grenzstädtchen in neuem Licht zu sehen. Als an der Straßenecke ein Auto auftauchte, hielt der Mann sie fürsorglich am Arm fest.

Yoshiko hatte gesehen, wie die achtzigjährige Tänzerin bei ihrem eleganten Tanz ganz aus ihrer weiblichen Existenz schöpfte. Wenn diese Frau bis zu diesem unendlich fernen achtzigsten Lebensjahr als Frau leben konnte, dann wollte auch sie als Frau leben. Erstmals wurde ihr klar, daß es im Leben einer Frau nie zu spät war. Und sie dachte auch daran, daß noch zwei Wochen blieben.

Chidorigafuchi tauchte auf. Ab und zu erleuchteten Autoscheinwerfer die nächtliche Straße.

Shō Shibata

Szenen einer Stadt – 1

Die Frau spricht.

»Also darum geht's dir letztendlich! Geradezu erleichternd, wie banal das ist! Wenn du glücklich dabei wirst – mir soll's recht sein! Aber ob du denn glücklich werden kannst, mit so einem jungen Ding?«

Der Mann schweigt.

»Du, warst du glücklich, mit mir? Wenigstens irgendwann einmal?«

»…«

»Warst du etwa unglücklich? Hast du mich absolut nicht ausstehen können? Und dich mit mir nur eingelassen, weil du keine Bessere gefunden hast?«

»…«

»Nun antworte doch was! Ob du glücklich warst oder nicht, das wenigstens wirst du doch wissen, oder?«

»…«

»Ist es dir jetzt schon zuviel, auf so etwas einzugehen? Soll das heißen, daß es dir schon zu lästig ist, mit der Frau, von der du dich trennst, auch nur ein Wort zu reden? Das paßt zu dir! Oder ist für dich etwa die Zeit, die du mit mir zusammen warst, schon ganz egal? Ist es dir schon zuviel, darüber nachzudenken, ob du glücklich warst oder unglücklich? Das paßt ja noch viel besser zu dir! Karriere wirst du ja machen, da bin ich sicher. Aber die andere tut mir leid. Die weiß ja nicht, auf wen sie sich da einläßt! Es war wohl dein Charme, der es ihr angetan hat.«

»…«

»Was soll denn das schon heißen, sie sei auf dich geflogen, während ihr zusammen gearbeitet habt? Ich kenne dich schon seit deinem ersten Semester an der Universität! Nun sag mir mal, was sind dagegen die paar Jährchen, seit man endlich von einer richtigen Arbeit bei dir sprechen kann? – Allerdings war ich damals ja auch ein junges Mädchen, gerade erst vom Gymnasium abgegangen.«

»...«

»Tja, und jetzt gehe ich auch auf die dreißig zu, und da ist es ja gar nicht so abwegig, wenn du mir jetzt davonläufst, oder?«

»...«

»Das ist es doch, oder? Letzten Endes bist du meiner überdrüssig geworden, weil ich gealtert bin. Sag mal, dieses junge Mädchen, von dem du da erzählst, gibt's die überhaupt? Hast du die dir nicht ausgedacht? Und meinst, mich leichter loszuwerden, wenn du so was vorschützt, eiskalt? Bei dir kann ich mir das vorstellen.«

»...«

»Na gut, vielleicht gibt's die ja wirklich. Aber du willst ja doch nur ein bißchen mit dem Feuer spielen, oder? Mit einem jungen Mädchen seinen Spaß zu haben, ist nicht übel, und wenn's überdies einen Vorwand für die Scheidung liefert... Wirklich geschickt machst du das! Unbeschreiblich! Das hast du glänzend eingefädelt! Und jetzt willst du sicher, daß ich dich lobe, stimmt's? Den Gefallen habe ich dir ja hiermit getan!«

»...«

»Aber das sag' ich dir, du hast dich verrechnet! Wenn du mir sagen würdest ›Ich hab' dich satt, laß mich gehen‹ oder wenn du mich demütig darum bätest, dann könnte ich in die Scheidung einwilligen, ohne mit der Wimper zu zucken. Aber einfach Lebewohl zu sagen, weil da ein junges Mädchen ist... Um keinen Preis lass' ich dich so ziehen! Daß du ein kalter und brutaler Mensch bist, weiß ich ja jetzt nur zu genau. Aber wenn es einer Frau erst einmal nichts mehr ausmacht, daß sie ihre Würde verliert, dann ist sie zu allem fähig.«

»...«

»Jetzt hast du Angst bekommen, stimmt's? Männer sind sowieso alle Feiglinge! Ihr spielt euch doch bloß auf! Viel Getue und nichts dahinter! Na, was ist es denn sonst?! Hast doch damals in der Universität schon den Lebemann gespielt und dauernd die Vorlesungen geschwänzt! Und wenn es dann an die

Prüfungen ging, hast du dich nicht geschämt, meine Aufzeichnungen mitzunehmen, ohne dich auch nur zu bedanken. Wem verdankst du denn dein Examem? Was? Du hast wirklich schon vergessen, wem du dein Examen verdankst?! Also, einer wie du sollte wirklich nicht den Mann rauskehren, von Arbeit und Beruf reden, nur weil er das Examen bestanden hat! Spiel dich doch nicht so auf! Sie sei zutraulich geworden, während ihr zusammen gearbeitet habt, sagst du? Und ich, die ich dir zum Examen verholfen habe, ich nehme eine Arbeit an, von der man gerade so eben leben kann, lasse mich als Mädchen für alles herumscheuchen! Mein Chef läßt mich deutlich spüren, daß ich ihm Dankbarkeit schulde, noch bei ihm arbeiten zu dürfen, so verblüht, wie ich jetzt schon bin, und wie er mich Tag für Tag ertragen muß. Die Welt ist wirklich ungerecht! Du ruhst dich doch bloß aus auf dieser ganzen Misere und spielst mit uns Frauen herum, das war mit mir so und ist mit diesem dummen Gör genauso!«

»...«

»Hast du dazu irgend etwas zu sagen? Dann sprich doch offen! Wie ein Mann! Oder ist dir noch rechtzeitig beim ersten Wort eingefallen, daß jede Antwort Verschwendung wäre? So ist es doch, oder? Es heißt ja auch, daß es nicht wehtut, wenn man anderen auf die Füße tritt. Seit Jahren trittst du mir pausenlos auf die Füße! Du bist nicht nur kalt, du hast überhaupt kein Gefühl!«

»...«

»Na, dann geh doch! Mach schon! Ich will dein Gesicht nicht eine Sekunde länger sehen! Gerade hab' ich es doch gesagt, oder? Daß Frauen gefährlich sind. Nun geh schon, solange noch alles dran ist an dir!«

»...«

»Was trödelst du denn so herum bei einer Frau, die du nicht mehr gebrauchen kannst?«

»...«

»Warte! Du, willst du wirklich gehen? Hast du wirklich vor, einfach so zu gehen, nur, weil eine Frau dir das befiehlt? Jetzt hast du aber gelacht. Hast wohl lachen müssen, was? Vor Erleichterung, weil eine Frau dir befohlen hat, zu gehen! Kein Rückgrat! Schau mal an, jetzt zuckt dein Gesicht schon! Nun lauf doch nicht gleich so an! Wie wär's denn, wenn du wenigstens ein mannhaftes Wort hinterlassen würdest, bevor du gehst?«

»...«

»Ach, stimmt ja, in deinen Augen wäre auch ein einziges Wort schon ein Verlust. Ich verstehe das ja. Du bist doch heute gekommen, um auf jeden Fall einen Schlußstrich zu ziehen. Und meinst, daß Schweigen das Beste wäre, daß ein überflüssiges Wort die Sache in die Länge zöge. Stimmt's etwa nicht? Du gehörst doch zu denen, die zehn Jahre so stumm ausharren können wie eine Muschel. Können dich die Worte einer Frau nicht wenigstens einmal wütend machen, so daß du dich vergißt und sie anbrüllst? Es bedrückt einen richtig, wenn man mit dir zusammen ist. Wie steil deine Karriere sein wird, weiß ich ja nicht, aber ich habe wirklich keine Lust mehr, mit einem solchen Mann zusammen zu sein. Es war eine unglückliche Verbindung, von Anfang an. Wie viele Jahre sind es denn nun schon, seit sich das so hinzieht? Gab es eigentlich so etwas wie ein schönes Erlebnis, auch nur ein einziges Mal? Daß wir beide einmal ineinander verliebt gewesen sein sollen, kann ich schon gar nicht mehr glauben.«

»...«

»– Sag mal, erinnerst du dich noch an damals? Na ja, warum solltest du dich denn daran erinnern? Du würdest ja nicht für einen Yen Nutzen daraus ziehen, dich an etwas mit mir zu erinnern. So bist du nun mal. Aber ich erinnere mich noch. – Ja, ich werde mich sogar bis zum Tode daran erinnern, du wirst sehen. Gezittert hast du doch damals! Nackt, splitternackt, geradezu wie ein Kind –. Was heißt es dagegen schon, sich im Büro in dich zu verlieben?«

»...«

»Du schweigst immer noch? Reicht es dir nicht, in Fremdsprachen schlecht zu sein? Hast du jetzt sogar dein Japanisch vergessen? Na, von mir aus! So einen Mann wie dich überlasse ich doch jedem dummen Gör sogar mit einem Geschenkschleifchen drum! Sag's der doch, sie soll zu mir kommen und sich Rat bei mir holen, als Anstandsmitbringsel würde eine Schachtel Kekse reichen. Dann gebe ich dich mit Freuden her, zusammen mit einer Gebrauchsanweisung. Ich werde ihr auch genau erklären, was für ein kalter Mann du bist. Bist ja eh nur Gebrauchtware, verbraucht, soweit du überhaupt brauchbar warst! Mit dir geht's doch schon bergab, neuerdings! Oder willst du im Ernst mit einem jungen Mädchen noch einmal anfangen?! Das träumst du doch bloß, Dummkopf! Du bist doch deutlich älter geworden, ganz genau wie ich! Ihr Männer vergeßt das doch bloß in eurem Übermut! Aber Gott ist gerecht!«

»...«

»Nun erzähl mal. Wenn du mir von ihr nichts erzählst, weiß ich ja gar nicht, was ich sagen soll, wenn sie sich um Rat an mich wendet. Was ist das denn für eine? Ist sie hübsch? Schön? Talentiert? Moment mal, ist das nicht die? Die ich neulich kurz gesehen habe? Die ist es, oder? Die sich ein Barett oder so was aufgesetzt hatte, die mit dem Bubikopf-Schnitt? Mögen die Männer diesen Typ? Solche Leute sind aber gefährlich, das mußt du wissen. Oberflächlich wie Kinder, dabei aber sehr berechnend, weißt du.«

»...«

»– Ist schon erbärmlich, daß ich über jemanden herziehe, den ich gar nicht kenne. Mich geht's ja auch gar nichts an, was das für eine ist, nicht? So sind nun mal die Frauen. Bewerfen sich gegenseitig mit Niederträchtigkeiten. Dabei bist der Niederträchtige doch du, der Mann! Und die Dumme, das bin ich. Das habe ich jetzt eingesehen. Schließlich habe ich mich ja mit einem so wertlosen Mann wie dir eingelassen und mich über Jahre mit ihm hingeschleppt. Mit einem Mann, der alles, die schönen Erinnerungen und die unschönen Erinnerungen, auslöscht, als wäre nichts gewesen, und den Mund nicht mehr aufmacht. Aber was meinst du wohl, was aus deinem Leben wird? Karriere wirst du ja machen, so wie du veranlagt bist. Aber was wird denn aus deinem Leben, wenn du die ganze Zeit mit mir auslöschst? Früher oder später stirbst du doch auch!«

»...«

»Und wenn du stirbst, verlierst du alles, die Karriere, die Position und das Geld!«

»...«

»Hat ja gar keinen Sinn, jemandem, der jetzt schon tot ist, so etwas zu erklären. Ach, wann war das doch gleich? Noch nicht mal ein Jahr war vergangen, seit du endlich die Universität verlassen und die Arbeit begonnen hattest. Da hab' ich dir ins Gesicht gesehen, und eine innere Stimme sagte mir: ›Meine Güte, das ist ja das Gesicht eines Toten!‹ Wir hatten auf einem Spaziergang einen Bekannten getroffen, wir blieben stehen, unterhielten uns, und da spieltest du dich so lächerlich auf, räsoniertest über irgend etwas herum. Wieso hab' ich das damals eigentlich so empfunden? Du meintest wohl, schrecklich männlich zu sein, aber wenn ich auch nur eine Frau bin, mich hast du damit nicht für dumm verkaufen können! Für euch Männer sind wir immer nur Anhängsel, wir kichern und machen ein Gesicht, als ob wir blöd wären, aber wir sehen doch so einiges und machen uns darüber unsere Gedanken, weißt du. Aber wieso war ich eigentlich damals nicht so klug, mich von dir zu trennen? Daß ein Mann mit einem solchen Leichengesicht auch einer Frau gegenüber irgendwann kalt und grausam wird, wieso habe ich das damals nicht begriffen? – Mit ›kalt‹ meine ich ja nicht, daß du mich jetzt haßt, nein, die Art, wie du dich von mir trennst, wie du mich sitzenläßt. Was bist du eigentlich für ein Mensch, daß du dich nicht damit begnügst, die Gegenwart und die Zukunft einer Frau zu verderben? Warum dazu noch die Vergangenheit? – Na gut, lassen wir mich jetzt mal beiseite. Was ich dich statt dessen fragen will, das ist, was für dich die Zeit mit mir eigentlich bedeutet hat. Ich frage ja gar nicht, was ich für dich bedeutet habe. Ich war ja für dich nichts. Das ist mir jetzt klar. Aber die Zeit, die du mit mir zugebracht hast, was hat sie für dich bedeutet? Was wird aus deinem Leben, wenn du diese Zeit wie ein Nichts betrachtest, falls du sie so betrachten kannst? Wenigstens das will ich von dir wissen.«

»...«

»Für mich ist die Zeit mit dir auf keinen Fall auszulöschen. Was du auch für ein Mann sein magst, es war ja meine Zeit! Die kann ich doch einem so wertlosen Mann wie dir nicht einfach überlassen! Aber wie ist das denn bei dir? Ich frage aus reiner, sozusagen intellektueller Neugierde. Von mir aus kannst du dich aus dem Staube machen. Das ist deine Sache! Aber kannst du denn weiterleben, wenn du die ganze Zeit mit mir auslöschst? Ach was, daß du mit mir zusammengewesen bist, ist ja schon ganz egal. Aber du kommst nicht daran vorbei, daß auch du in dieser Zeit gelebt hast. Willst du dir wirklich einreden, daß du nicht gelebt hast, daß du nicht einmal mehr weißt, ob du glücklich oder unglücklich warst, daß so etwas überhaupt nicht existiert hat? Glaubst du im Ernst, daß du danach noch weiterleben kannst? Kann ein Mensch überhaupt so leben? Das will ich wissen.«

»...«

»Ich jedenfalls könnte das nicht. Was bleibt denn schließlich übrig, wenn man auf diese Weise sich selbst Stück für Stück ausradiert? Alle müssen einmal sterben, aber wenn man auf diese Weise das vergangene Ich auslöscht, löscht man doch auch das gegenwärtige aus. – Wie schön muß das Gefühl sein, wenn man ganz sauber und ohne Reste verschwindet! Wenn man sich selbst vernichtet und bei dieser Gelegenheit auch das Gegenüber, dann bleibt ja nichts mehr übrig, nicht wahr? – Das ist es. Ich habe es ja auch gerade eben gesagt, daß eine Frau zu allem fähig wird, wenn es ihr erst einmal nichts mehr ausmacht, ihre Würde zu verlieren.«

»...«

»Du brauchst keine Angst zu haben. Ich werde schon nichts anstellen, bilde dir das bloß nicht ein. Wo es sich doch gar nicht lohnt, für einen wie dich sein Leben zu verpfuschen. Aber wenn ich jemanden fertigmachen wollte, dann dich, und nicht deine Kleine da. Und wenn ich's täte, dann nur, um die Zeit mit dir abzuschließen. Das wäre besser, als sich ständig fragen zu müssen, ob man glücklich oder unglücklich ist. Jetzt hab' ich's! Das beste wäre doch, du brächtest mich um, wie seinerzeit der Professor an ich weiß nicht mehr welcher Universität. Dann würde ich irgendwo in der Erde vergraben werden und ganz ruhig ausharren. Jahrzehnte, Jahrhunderte. Und mich auf keinen Fall finden lassen. Überdies würdest du im Gegensatz zu dem Professor sicherlich ungeschoren davonkommen, kalt und stark wie du bist. Und du wärest fein raus, bräuchtest nicht ständig das Gesicht eines Toten zu machen, mit einem Bein schon im Jenseits und dabei noch den Schmähungen der verhaßten Frau ausgesetzt.«

»...«

»– Von was rede ich da eigentlich die ganze Zeit? Du bist doch für mich schon ein Fremder, was du machst, was aus dir wird, hat mit mir ja schon nichts mehr zu tun, nicht wahr? Wenn du ein Mann von der gemeinsten Sorte bist, dann bin ich die dumme Frau, die sich auf ihn eingelassen hat. Das bleibt, leider. Und das ist es doch, was die Sache zwischen Mann und Frau ausmacht, oder nicht? Wie gemein, wie verderbt der andere auch sein mag, schließlich hat man ihn selbst gewählt! Man ist in allem gleich verantwortlich und also dem anderen gegenüber absolut frei, egal, was man tut. Was auch immer ich tue, du hast mich ja, so wie ich bin, als Partner gewählt und bist also mitverantwortlich. Die Männer sind sich dessen ja schon lange bewußt. Es schadet nichts, wenn auch die Frauen so allmählich dahinterkommen. Dann werden auch sie ohne dieses erbärmliche Theater fertig damit, wenn sie vom Mann abgewiesen, wenn sie von ihm im Stich gelassen werden. Das ist gut! Also, ich lasse dich frei. Und werde selbst auch frei dabei. Ich sage nichts mehr. Geh!«

»...«

»Diesmal meine ich es ernst! Ich halte dich nicht mehr zurück. Wenn du mich das nächste Mal siehst, bin ich eine freie Frau.«

»...«

»Geh! Wirklich.«

Der Mann erhebt sich in aller Ruhe. Die Frau beobachtet seine Bewegungen genau.

»Also dann.«

Der Mann wendet der Frau den Rücken zu, seinen ausdruckslosen Rücken. Plötzlich stößt die Frau einen scharfen Schrei aus.

»Dreh dich um! Sieh mich an!«

Der Mann dreht sich um. Seine Brust und sein Bauch sind der Frau schutzlos ausgesetzt.

In der Hand der Frau blitzt plötzlich ein großes Küchenmesser auf.

Angst im Gesicht des Mannes, es ist der erste Ausdruck, der auf seinem Gesicht erscheint.

Der Mann und die Frau frieren für einen Moment in dieser Stellung fest, für einen endlosen Augenblick.

Wie dieser Moment sich löst – das hängt nun ab von der freien Entscheidung der Frau.

Szenen einer Stadt – 2

1. Exposition oder eine Geschichte im alten Stil

Da, wo die Geschäftsstraße vom Bahnhof allmählich in eine Wohngegend mit vielen Appartementhäusern übergeht, blieb Takao vor einem Buchladen stehen. An einem mit Illustrierten vollgepackten Straßenstand stand ein kleines, gedrungenes Mädchen in einer Latzhose aus Kordstoff und las in einem Comic-Heft. Ab und zu lachte sie leise vor sich hin. Erste oder zweite Klasse Oberschule vielleicht. Auf der Stirn und den Nasenflügeln zeigten sich einige Pickel. Nicht gerade das Gesicht einer Schönheit, aber mit ihren Pausbacken recht lieb.

Nicht schlecht. Aber doch ein bißchen zu kindlich. Was mache ich? Solche Kinder sind hinterher immer so lästig. Vielleicht sollte ich's für heute lieber lassen, überlegte Takao müde.

Heute wollte absolut nichts klappen. Kurz nach Mittag hatte er bei den belebten Stellen der Innenstadt angefangen und war mit seinem kleinen Motorrad langsam herumgefahren bis hinaus zu den Geschäftsstraßen hier in der Vorstadt, von der nun langsam und unmerklich die sommerliche Abenddämmerung Besitz ergriff. Einige Male hatte er wie auch jetzt sein Motorrad auf einem Fahrrad-Abstellplatz gelassen und war zu Fuß gegangen. Um die fünfzehn Mädchen waren es, die er heute schon angesprochen hatte, und bei allen war er sofort abgeblitzt. Natürlich war es auch sonst nicht immer einfach, ein Mädchen aufzureißen, aber heute ließen sie ihn zum ersten Mal ganz einfach stehen, ohne überhaupt zu reagieren. Die fünfzehnmalige Mißachtung hatte sich nun in ihm wie ein Bodensatz abgelagert. Was mochten wohl die anderen Jungs jetzt machen? Er konnte sich nicht von dem Gefühl der Demütigung befreien, nachdem ihm so viele Male hintereinander die Mädchen ganz einfach die kalte Schulter gezeigt hatten. Wenn er noch einmal in die gleiche Situation kommen würde, wäre vielleicht schon die Grenze des Erträglichen überschritten, und er würde sich entweder völlig niedergeschlagen zurückziehen oder im Gegenteil vielleicht sogar brutal werden. Takao hatte Angst.

Na gut, dieses eine Mal noch! Nicht hinter den anderen zurückstecken! Das ist die Herausforderung! Jetzt gilt's! So spornte er sich selber an, während er, der Einundzwanzigjährige, die Augen auf die Wölbungen ihrer Brust heftete. Doch da war diese Angst, eine Hürde, vor der er nun nach einigen nutzlosen Anläufen noch immer stand.

In diesem Moment schaute das Mädchen sich flüchtig um, vergewisserte sich, daß niemand aus dem Laden sie beobachtete, und ließ das Magazin, das sie in der Hand hatte, in die Einkaufstasche an ihrer linken Schulter gleiten. Sofort streckte sie ihre Hand wieder aus, nahm ein anderes Heft und setzte ihre Lektüre ungerührt fort.

Toll! Was Takao noch nicht einmal zu denken gewagt hätte, spielte sich direkt vor seinen Augen ab! Fast ungläubig stieß er einen leisen Bewunderungsruf aus. So ein dickes Magazin! Das Mädchen hatte Mut!

Doch schon im nächsten Moment kam aus dem Ladeninneren ein fast lautloses Signal. Aber das Mädchen hatte es mit scharfen Ohren bemerkt, streifte den Laden mit einem Blick, legte das Magazin aus ihrer Hand zurück auf den Straßenstand und entfernte sich langsam von der Ladenfront. Nach zwei, drei Schritten aber, als sie von drinnen schon nicht mehr zu sehen sein konnte, gab sie ihrem schwerfällig wirkenden Körper vollen Schwung und rannte in Richtung Wohnhäuser los. Im gleichen Moment hörte man einen spitzen Schrei im Laden, und ein junger Mann stürzte heraus. Das Mädchen bog an der ersten Kreuzung nach links ein, doch war es dem Mann in seiner Behendigkeit nicht gewachsen. Völlig undenkbar, daß es ihn auf diese Weise abschütteln würde! Kurzentschlossen setzte Takao sich vor den Mann und rannte hinter dem Mädchen her.

Er bog an der ersten Straßenecke nach links ein und holte es an der nächsten Einbiegung nach rechts ein. Das Mädchen schaute ihn aus verängstigten Augen an. Takao entriß ihm die Einkaufstasche, hängte sie sich um und zischte es an: »Abhauen! Halt durch!«

Dann packte er das Mädchen, das sich schon ganz außer Atem hatte hinsetzen wollen, am linken Handgelenk, rannte weiter und zerrte es hinter sich her.

Nachdem das Mädchen einmal begriffen hatte, daß der Mann, der da ihr Handgelenk gepackt hatte, auf ihrer Seite war, gewann es seinen Mut zurück und lief wieder los. Hinter ihnen überschlug sich die Stimme des Mannes aus dem Buchladen vor Beschimpfungen. Während Takao das Mädchen hinter sich herzog, bog er von einer Gasse zur nächsten ab. Die engen, verschlungenen Häuserreihen in diesem asymmetrisch geformten, kleinen Wohngebiet waren ein Glück für die beiden, und irgendwann war von den Schritten eines Verfolgers nichts mehr zu hören.

Eine halbe Stunde später saßen sie zusammen im kleinen Park des Viertels.

»War das Comic-Heft eigentlich so interessant?«

»...«

Das Mädchen hockte auf dem Zaun, der um die Schaukel herumgezogen war, und schaute nun zu Takao auf.

»Du hast dich doch gerade eben fast krankgelacht, als du darin gelesen hast, oder?«

»Ach so, das Ding. Mm, das ist ganz lustig. Willst du's mal sehen?« antwortete das Mädchen mit leichtem westjapanischen Einschlag, zog das Magazin aus der Tasche und blätterte im Schein der Quecksilber-Laterne darin herum, um die entsprechende Stelle zu suchen. Dabei blieb sie an einer anderen Bildergeschichte hängen, und während sie Takao so stehenließ, vertiefte sie sich, wieder vor sich hin lachend, in die Lektüre.

»Du, wie heißt du denn?«

»Ich?«

Das Mädchen klappte das Magazin zu und sah zu ihm auf.

»Aach, kannst mich ruhig ›Katze‹ nennen. Bin zwar für 'ne Katze ein bißchen mollig, aber so nennen mich alle. Ich hab' auch 'nen richtigen Namen, aber der gefällt mir nicht, so einen, den mir die Eltern verpaßt haben. – Und du, wie heißt du?«

»Ich heiß' Takao. Aber mir ist's lieber, wenn du mich Taka

nennst. So nennen mich nämlich die, mit denen ich mich gut verstehe. Allerdings gibt's nicht mehr als gerade einen oder zwei, mit denen ich mich wirklich gut verstehe, weißt du.«

»Bist wohl so ein Eigenbrötler, was?«

»Eigentlich nicht besonders. Na ja, vielleicht so was Ähnliches.«

»Tja, das gibt's.«

Katze stand auf und stopfte das Magazin, in dem sie bis jetzt gelesen hatte, in den Papierkorb des Parks.

»Mann, was für 'ne Verschwendung! Wo wir uns so dafür abgemüht haben!«

»Was soll's! Mir langt es, Comics im Stehen zu lesen. Die würden doch meinen Charakter verderben, wenn ich die mit in meine Unterkunft nähme. Und wenn man dann erst mal anfängt, Geld für so was auszugeben...«

Katze lachte Takao neckisch an wie einen Komplizen.

Die beiden kehrten um und gelangten auf einem großzügigen Umweg zum Fahrradabstellplatz am Bahnhof zurück. Nachdem sie die Einkaufstasche in einem Schließfach verstaut hatten, verließen die beiden auf Takaos Motorrad die kleine Geschäftsstraße. Katze saß hinten und umschlang Takaos Hüften mit ihren Armen. Dabei umschloß sie Takao mit ihren Schenkeln und lehnte sich mit dem Oberkörper leicht an seinen Rücken.

»Wohin fahren wir?« rief Takao nach hinten, während sie langsam durch den abendlichen Stau der Fernverkehrsstraße fuhren.

»Ist mir gleich! Irgendwohin weit weg!«

»Gut!«

Während Takao die Geschwindigkeit seines kleinen Motorrades allmählich steigerte, fühlte er sich schrecklich glücklich.

Bei der immer wieder unterbrochenen Unterhaltung während der Fahrt erfuhr er, daß Katze schon auf der Universität war. Sie erzählte, daß sie sich in diesem Jahr immatrikuliert hätte, nach Tōkyō gekommen sei und nun hier auf einer Bude wohne. Das gab Takao erst recht das Gefühl, daß es voll hingehauen hatte. Takao hatte aus einer Nebenbemerkung seines Deutschlehrers an der Universität erfahren, daß man im mittelalterlichen Europa ein Mädchen als erwachsen betrachtet hatte, wenn es erst einmal vierzehn Jahre alt war. Und auch Takao fand, daß ein Mädchen, das die höhere Schule hinter sich gebracht hatte, erwachsen sei und es nur die zwei selber anginge, was auch immer man treibt. Heutzutage waren so manche Mädchen wohl auch mit sechzehn oder siebzehn schon ganz toll, aber wenn Takao hörte, daß eine noch zur Schule ging, hatte er immer ein schlechtes Gewissen gehabt. Aber wenn eine schon auf die Universität ging, dann war das klasse.

Das Motorrad schlängelte sich mit Leichtigkeit durch den abendlichen Verkehrsstau und fuhr über den Zubringerring auf die nach Süden gehende Autobahn. Mit steigender Geschwindigkeit hatte sich Katzes Körper nun immer fester an Takao geheftet.

»Du, Taka...«, schrie Katze von hinten.

Aber Takao konnte sie wegen des Fahrtwindes und des Motorenlärms nicht verstehen.

»Was ist?« schrie er zurück und drosselte den Motor etwas.

Aber nun kamen von hinten fürchterlich laute Auspuffgeräusche, und es war nach wie vor nichts zu verstehen. Im Rückspiegel sah Takao jetzt drei mit seiner eigenen Maschine überhaupt nicht vergleichbare, große Motorräder, die trotz ihrer mäßigen Geschwindigkeit immer näher kamen.

Im Nu waren die Maschinen auf derselben Höhe wie Takao und Katze. Die Gesichter der Fahrer waren wegen ihrer Helme und Visiere nicht zu sehen, und Takao konnte auch nicht ausmachen, was für Leute es wohl waren. Von den drei Maschinen her, die abwechselnd vor und hinter ihnen fuhren, wurden sie mit groben Späßen überhäuft. Takao hätte gerne Gas gegeben, um sie abzuschütteln, doch bei diesen Gegnern war das nicht möglich, und so blieb ihm nichts anderes übrig, als im Gegenteil die Geschwindigkeit zu drosseln und mit ihnen Kolonne zu fahren. Nach einer Weile schienen die drei den Spaß an der Sache verloren zu haben, drehten plötzlich voll auf und rasten, Takaos Maschine beinahe streifend, davon.

»Widerliches Pack!« schrie Katze von hinten.

»Was hast du eigentlich vorhin gesagt?« rief Takao, während er die Geschwindigkeit so weit drosselte, daß Katze ihn verstehen konnte.

»Hä?«

»Na, gerade eben, bevor diese Typen ankamen! Da hast du doch von irgendwas angefangen, oder?«

»Aaach so, ich hab' gesagt, es wäre irgendwie ein tolles Gefühl und daß ich am liebsten die ganze Nacht so mit dir herumfahren würde.«

Bei diesen Worten vergaß Takao, auf die Hauptsache hinzuarbeiten, und auch er bekam Lust, die Nacht hindurch weiterzufahren.

»Alles klar! Dann fahr'n wir einfach bis nach Kyūshū durch, einverstanden?« rief er zurück und gab Gas.

Hinter ihm rief Katze wieder irgend etwas.

»Hä? Was?«

»Ach, nichts. Hab' nur gemeint, daß die Typen gerade eben wirklich ekelhaft waren.«

»Ach, mach dir nichts draus! Die waren doch bloß eifersüchtig«, brüllte er zurück, doch für einen kleinen Moment streifte ihn eine grundlose Unruhe. Aber der gleichmäßige Rhythmus des Auspuffgeräusches löschte die Besorgnis sogleich wieder aus. Takao drehte voll auf und beschleunigte diesen Rhythmus noch.

Die beiden hielten an der nächsten Raststätte an. Als sie auf den Parkplatz fuhren, sahen sie am Rand der gegenüberliegenden Straßenseite drei Gestalten, scheinbar die Kerle von vorhin. Doch noch ehe Takao sein Motorrad abgestellt hatte, waren sie schon mit mächtigem Dröhnen davongefahren. Die beiden gingen in die Gaststätte und aßen eine Kleinigkeit. Im Fernseher war gerade der Komiker Kinchan zu sehen, der – mit einer Postkarte in der Hand – aufgeregt redete. Nach dem Essen ging Takao auf die Toilette und kaufte Kondome aus einem Automaten.

Etwa eine halbe Stunde später fuhren die beiden wieder los. Mit den sanften Schwingungen des Motorrades vibrierte auch Katzes Körper, der von hinten ganz eng an Takao geschmiegt war. Die beiden hatten eben bei Spaghetti und Curry-Reis beschlossen, so weit wie möglich zu fahren und dann irgendwo zu übernachten. Genug Geld für eine Übernachtung hätte sie dabei, sagte Katze von sich aus.

Takao stellte den Gaszug fest, und sie fuhren immer geradeaus, ihre Körper dem Rhythmus der Maschine überlassend. Beim Anblick der roten Rücklichter der vor ihnen fahrenden Autos, die sich durch die Nacht schlängelten wie eine Halskette aus Rubinen, hatten sie bald das Gefühl, daß die Straße, auf der sie fuhren, sich bis in die Ewigkeit erstrecken würde. Ich werde es wohl mein ganzes Leben nicht vergessen, an einem solchen Abend mit einem solchen Mädchen auf einer solchen Straße gefahren zu sein, dachte Takao bei sich.

Sie überwanden eine lange, sanfte Steigung und fuhren mit ruhiger Geschwindigkeit einer Linkskurve nach. Als sie an der Standspur vorbeifuhren, sahen sie, daß dort die drei Motorräder von vorhin hielten. Die schon völlig vergessene Unruhe nahm plötzlich in seinem Inneren wieder zu.

»Halt dich gut fest! Ich geb' Gas!« schrie Takao nach hinten und gab Vollgas. Zum Glück begann hier ein leichtes Gefälle. Takaos Maschine beschleunigte ohne Schwierigkeiten und stieß ins Dunkel der Nacht vor. Doch bald schon drang von hinten wieder das wohlbekannte, sich miteinander vermengende Dröhnen der drei Maschinen an ihr Ohr, und im Nu waren sie wieder herangekommen. Takaos Maschine gab alles her, doch ehe sie sich versahen, waren sie wieder eingeholt worden. Und dann fuhr wie in einer Eskorte eine der Maschinen neben ihnen, eine dicht hinter ihnen und eine vor ihnen, als wolle sie Takaos Maschine führen. Katze, die seine Hüften fest mit ihren Armen umschlungen hatte, preßte sich mit ihrem ganzen Körper an Takao.

»He! Laßt den Quatsch!« schrie Takao.

Aber ob die drei das beim Dröhnen ihrer Maschinen hören konnten, war zweifelhaft. Takao versuchte wieder, sie loszuwerden, indem er die Geschwindigkeit drosselte, doch die dicht hinter ihm fahrende Maschine schob ihn mit lautem Hupen nach vorne. Die Maschinen der anderen hatten mit Sicherheit das Dreifache an Hubraum und Gewicht. Ob hinten oder seitlich: bei dieser Geschwindigkeit hätte die kleinste Berührung ausgereicht, seine Maschine umzuwerfen. Überdies war links eine Leitplanke, und die Geschwindigkeit zu erhöhen und nach vorne auszuscheren, war schon überhaupt nicht möglich. Von den überholenden Autos aus gesehen schienen sie schließlich nur ein Konvoi von vier Motorrädern zu sein. Er hätte schreien, brüllen, hupen können, so viel er wollte, es würde doch bloß nach Freunden aussehen, die sich irgend etwas zuriefen und herumalberten.

Die vier Motorräder fuhren eine Weile in der Geschwindigkeit, die das kleine so gerade eben erreichte, im Verbund über die nächtliche Autobahn. Takao empfand in seiner Angst eine schreckliche Einsamkeit, und Katze, die sich hinten an ihn geklammert hatte, schien ihm unendlich weit weg zu sein. Sie fühlte sich wie ein seltsam unangenehmer, lauwarmer Fleischklumpen an, der fest an seinem Rücken klebte. Takao betete inständig darum, bemühte sich, fest daran zu glauben, daß dies alles nur ein Traum sei und er gekrümmt wie eine Garnele auf dem Bett in seinem Zimmer läge, wenn er aufwachte.

Schließlich kam vor ihnen die nächste Abfahrt in Sicht. Am vorausfahrenden Motorrad wurde jetzt der linke Blinker gesetzt, und nur eine halbe Fahrzeuglänge vor Takao bog es links ab. Da schnitt auch die Maschine auf der rechten Seite nach links, und Takao blieb nichts übrig, als ebenfalls links herauszufahren. Und weil die letzte, hinter ihnen fahrende Maschine noch immer in Abständen mit der Hupe dröhnend dicht aufschloß, konnte er auch nicht die Geschwindigkeit drosseln. Mit dem Fleischklumpen auf seinem Rücken balancierte er die Maschine gerade noch aus, ohne bei der Kurvendurchfahrt zu stürzen.

Auch nach dem Verlassen der Autobahn klammerten die drei Maschinen sie unverändert ein, und von den Autos, die ihnen auf der dunklen Straße durch die Felder entgegenkamen und beim Vorbeifahren kurz ihr Licht aufblitzen ließen, war keine Hilfe zu erwarten. Noch ehe sie ein größeres Stück weit gefahren waren, wurde Takaos Maschine auf ein Zeichen des vorderen Motorrades in einen Seitenweg gedrängt. Er war enger als die Straße, aber gut asphaltiert und führte einen steilen Hügel hinauf. Sie fuhren in einem Schwung nach oben, wo der Straßenbelag plötzlich aufhörte und sich im Dunkeln ein weites Plateau mit blanker roter Erde ausbreitete. Die drei Motorräder drängten Takaos Maschine bis zum äußersten Rand des Plateaus, und als ihre Maschinen verstummten, stellte auch er seine ab.

Anscheinend sollte hier ein Wohngebiet auf einer dem Meer zugewandten Anhöhe entstehen. Mit dem Verstummen der Motoren war es plötzlich still geworden, und nun war von unten her das Rauschen des Meeres zu hören. In einer Ecke wurden die Umrisse eines wie vergessen dastehenden Bulldozers sichtbar. Dort, wohin man die beiden getrieben hatte, war die Grenze des Baugebiets, ohne Absperrung fiel nach vorne die Küste steil zum Meer hin ab, und zur Linken streckte sich ein mit Mischwald dunkel bedeckter, unberührter Hügel in den schwarzen Nachthimmel.

»He! Absteigen!«

Der stämmige, junge Mann, der auf der vordersten Maschine gesessen hatte, war nun abgestiegen, auf die beiden zugekommen und sprach sie an, ohne den Helm abzunehmen oder das Visier aufzuklappen. Die beiden anderen Motorradfahrer hatten sich etwas entfernt postiert und waren bereit, den Weg zu versperren, falls Takao und Katze zu fliehen versuchten.

»Los! Sofort runter!«

Der Mann hatte sich nun direkt vor ihnen aufgebaut. Seiner Figur nach zu schließen, trieb der Mann täglich Sport oder ging einer körperlichen Arbeit nach. Mit der kümmerlichen Gestalt Takaos war sie jedenfalls nicht zu vergleichen.

Nachdem Takao abgestiegen war, schickte sich auch Katze an, zögerte aber etwas.

»Mach schon!« zischte der Mann und zog sie an der Schulter mit seiner noch im Lederhandschuh steckenden Hand herunter.

»Was soll'n das!« fauchte Katze den Mann an, schob mit der Rechten seine Hand weg und riß ihm mit den Fingernägeln rote Striemen in den Hals. Blitzschnell zog der Mann den Handschuh aus und schlug Katze mit Wucht ins Gesicht. Das scharfe Klatschen des Handtellers auf die Wange durchriß die nächtliche Stille; Katze taumelte.

»Mach keine Faxen! Wenn ihr einen Aufstand macht, habt ihr nichts zu lachen!«

Dann wandte der Mann sich an Takao.

»Warst ja ganz schön frech, die ganze Zeit eben. Spiel dich bloß nicht auf!«

Im selben Augenblick schmetterte er ihm die rechte Faust gegen die Wange, vor Takaos Augen flammte es für einen Moment rot auf. Er wankte und fiel auf die Knie. In seinem Mund breitete sich eine lauwarme Flüssigkeit aus und füllte ihn mit Blutgeschmack.

»Wir leih'n uns bloß die Frau 'n bißchen aus. Du machst keinen Mucks und schaust brav zu!«

Der Mann schaute nun auf Takao herunter, der sich mühsam aufrappelte, und in seinem Ton lag Stolz auf den leichten Sieg.

»Wenn du keine Zicken machst, lassen wir dich in Ruhe, aber Wegrennen oder so was läuft nicht! Fängst du irgendwelchen Quatsch an, dann fliegst du mit deinem Motorrad von der Klippe runter ins Meer, verstanden? – He, komm her!«

Mit der freien Hand packte er Katze und zog sie brutal zu sich. Katze wankte zwei, drei Schritte vor. Takao sah, daß sie die Zähne zusammenbiß, um nicht zu weinen.

»Los, da rüber!«

Der Mann zeigte auf ein kleines Wiesenstück zwischen dem Wohngebiet und dem Hügel, auf dem kniehoch dichtes Sommergras wuchs.

»Schneller!«

Katze taumelte mit langsamen Schritten darauf zu, von dem Mann brutal in den Rücken gestoßen. Er zog den Helm ab, warf ihn hin und stampfte dann mit nach außen gespreizten Füßen hinter Katze her wie der Schlächter hinter einem Stück Vieh.

2. Alternative (a) oder ›Fortsetzung im Stil des modernen Romantizismus‹

Der Abstand zwischen Takao (a) und Katze mit dem Mann betrug noch nicht drei Meter, der Abstand zwischen Takao (a) und dem Wiesenstück weniger als zehn Meter. Und doch hatte Takao (a) das Gefühl, daß Katze und der Mann sich von ihm weg auf ein grenzenlos weites Jenseits zubewegen würden. Takao (a) fragte sich, was ihm das Mädchen eigentlich bedeutete, eine Frage, bei der es ihm für einen Augenblick schwindelig wurde. Eigentlich kenne ich sie doch auch erst seit heute, hab' sie ganz zufällig getroffen. Was hab' ich denn damit zu tun, wenn's jetzt mit ihr getrieben wird! Ich selbst hatte doch auch vor, sie heute abend herzunehmen. Der einzige Unterschied ist doch, ob sie's von mir oder von den Typen da gemacht kriegt. Sag kein Wort und rühr dich nicht vom Fleck! Mit den dreien hier wirst du eh nicht fertig!

Aber als er den Rücken von Katze sah, die sich jetzt mit zusammengebissenen Zähnen und ohne um Hilfe zu rufen langsam von ihm wegbewegte, stieß in Takao(a) eine ganz fremde Stimme einen Schrei aus: ›Katze ist dein Freund!‹ Und in diesem Wort ›Freund‹ waren alle Bedeutungen, die in der Beziehung zwischen Mitmenschen existieren können, eingeschlossen.

All diese Gedanken schwirrten ihm in einem einzigen Moment durch den Kopf. Zwischen dem Anfang dieses Gedankenganges und seinem Ende hatten sich Katze und der Mann noch nicht einen Schritt weiterbewegt. Nein, es war ein Augenblicksgedanke, zu einem Klumpen geronnen, ohne Anfang und ohne Ende. Takaos(a) Blick war jetzt auf die Rücken von Katze und dem Mann fixiert, die sich anschickten, in Richtung Ewigkeit zu entschwinden. Takaos(a) rechte Hand öffnete im Dunkeln rasch, aber geräuschlos die Werkzeugtasche des Motorrades direkt vor ihm und wählte daraus den dicksten Schraubenschlüssel. Im nächsten Moment rannte Takao(a) einige Schritte durch die Dunkelheit, wobei er jeden Laut so unterdrückte, als würde er fliegen, zielte auf die linke Schläfe des Mannes, der sich gerade in einer Ahnung umwenden wollte, und ließ den eisernen Schraubenschlüssel mit aller Gewalt niederfahren. Bei dem ungehemmten Zusammenprall der zwei harten Massen übertrug sich ein ekliger Widerstand vom Schraubenschlüssel durch den dünnen Lederhandschuh bis zu Takaos Arm, so daß er sich wie taub anfühlte.

»Katze, lauf weg!« schrie Takao(a), nahm den Schraubenschlüssel noch einmal fest in den Griff und zielte auf den Nasenrücken des wie versteinert dastehenden Mannes.

Der aber war ihm fast noch im Wanken ausgewichen, und der Schlüssel traf mit einem dumpfen Schlag hinter das Ohr. Katze hatte für einen Moment zurückgeschaut, wandte sich dann aber dem Hügel vor ihr zu, rannte wie von einer Feder getrieben nach oben, um sich im Dickicht von Büschen und Gräsern des Abhanges zu verstecken.

Der Mann war zu Takaos(a) Füßen eingekrümmt zusammengebrochen, die beiden anderen, die ihn von hinten beobachtet hatten, hatten nun ihre Motorräder fallengelassen und kamen angerannt, einer von den beiden auf Takao(a) zu, der andere jagte den Hang hinauf hinter Katze her.

Gut, wenn eine Flucht möglich ist, dann jetzt!, überlegte Takao(a) für einen Moment. Wenn ich dem Kerl, der auf mich zukommt, ausweiche und zum Motorrad zurückrenne, ist alles klar. Der wird mir nicht sofort nachsetzen, weil er dem Kerl am Boden helfen muß. Und der andere wird Katze nicht einfach laufen lassen. Und wenn ich auf der Straße verfolgt werde – mit einer Maschine allein würde ich schon fertig. Ich brauche doch bloß vor ihm die Autobahn zu erreichen, dann kann ich hupen, Lichtzeichen geben und vorbeifahrende Autos um Hilfe bitten.

Statt dessen aber trieb es Takaos(a) Schritte in die andere Richtung. Nachdem er den eigenen Verfolger hatte abschütteln können, rannte er hinter Katzes Verfolger her, holte ihn bei den ersten Schritten auf dem Abhang ein und packte ihn am linken Fuß. Der Mann trat mit dem rechten Lederstiefel auf Takaos(a) Gesicht ein. Die Lippen schwollen an wie Gummi, und im Mund vermischten sich Blut und Dreck. Zwei-, dreimal traf die harte Sohle auf den Backenknochen. Takao(a) schnellte mit seinem ganzen Körpergewicht dem Mann entgegen, riß ihm die Füße weg und rutschte kopfüber, kopfunter zusammen mit ihm den Abhang hinunter.

Katze würde mit wenigen Schritten den Abhang ganz erklommen haben und dann im dunklen Mischwald dort oben verschwinden. Sie drehte sich um und rief leise »Taka!« Takao(a) hatte sich einen Moment früher als sein Gegner aufgerappelt. Als dieser nun auch aufstand, schmetterte er ihn von oben mit einem Fußtritt ins Gesicht nieder und kroch Katze hinterher auf den Hügel nach oben.

»Nicht stehenbleiben! Rein in den Wald! Ich komm' gleich nach!«

Katze verschwand in der Dunkelheit des Waldes, während Takao(a) sich an Grasbüscheln und Sträuchern festhielt und keuchend den steilen Abhang erklomm. Weiter unten war der Mann, den er niedergetreten hatte, wieder auf den Beinen, und der andere, der sich um den Zusammengebrochenen gekümmert hatte, stand nun mit ihm beisammen. Die beiden nahmen von neuem die Verfolgung Takaos (a) auf. Alles hing jetzt davon ab, ob er den Schutz des Waldes rechtzeitig würde erreichen können oder nicht. Takao (a) rannte weiter, was die Beine hergaben.

2. Alternative (b) oder ›Wahrscheinlichkeit‹

Der Abstand zwischen Takao (b) und Katze mit dem Mann betrug noch nicht drei Meter, der Abstand zwischen Takao (b) und dem Wiesenstück weniger als zehn Meter. Und doch hatte Takao (b) das Gefühl, daß Katze und der Mann sich von ihm weg auf ein grenzenlos weites Jenseits zubewegen würden. Takao (b) fragte sich, was ihm das Mädchen eigentlich bedeutete, eine Frage, bei der es ihm für einen Augenblick schwindelig wurde.

…

…

…

…

Nein, es war ein Augenblicksgedanke, zu einem Klumpen geronnen, ohne Anfang und ohne Ende. Takaos (b) Blick war jetzt auf die Rücken von Katze und dem Mann fixiert, die sich anschickten, in Richtung Ewigkeit zu entschwinden. Takaos (b) rechte Hand öffnete im Dunkeln rasch, aber geräuschlos die Werkzeugtasche des Motorrades direkt vor ihm und wählte daraus den dicksten Schraubenschlüssel. Im nächsten Moment rannte Takao (b) einige Schritte durch die Dunkelheit, wobei er jeden Laut so unterdrückte, als würde er fliegen, zielte auf die linke Schläfe des Mannes, der sich gerade in einer Ahnung umwenden wollte, und ließ seinen eisernen Schraubenschlüssel mit aller Gewalt niederfahren. Doch der Mann wich einen Moment früher nach rechts aus und Takaos (b) Arm sauste ins Leere. Takao (b) wankte, konnte sich aber gerade noch auf den Beinen halten. Da trat ihn der andere mit seinem schweren Lederstiefel mit voller Wucht in den Unterleib. Ein Schock, als wäre ihm ein großer Bleiklumpen hineingedreht worden, breitete sich im ganzen Bauch aus, und Takaos (b) Oberkörper krümmte sich nach vorne. Da schmetterte der Mann seine Faust mit der Härte eines dicken Knüppels gegen Takaos(b) Kinn.

Von hinten war jetzt einer der Kumpanen angerannt gekommen, drehte ihm die Arme auf den Rücken und riß ihn zu Boden. Der Mann trat Takao(b) noch einmal ins Gesicht und wandte sich dann Katze zu. »Hau ab!« schrie Takao(b) von unten her. Wie von einer Feder getrieben, lief Katze los, erreichte den Fuß des steilen, mit Büschen und Gräsern dicht bewachsenen Abhanges und machte sich daran, ihn zu erklimmen. Doch der Mann holte sie mühelos ein, packte sie an den Füßen und zog sie wieder herunter. Dann packte er sie mit der Linken an der Brust, riß sie hoch und schlug ihr wie wahnsinnig mit der flachen Rechten immer wieder ins Gesicht. Bei jedem Schlag stieß Katze einen spitzen Schrei aus.

Als Katze ihre Widerstandskraft verloren hatte und zusammengekrümmt dalag, riß der Mann ihr ein Kleidungsstück nach dem anderen vom Leib. Die Sachen blieben an ihren Händen und Füßen hängen, der Mann wurde wieder wütend, schlug brutal auf Katze ein und drehte ihr die Arme nach oben. Von Katze war nur noch ein Jammern zu hören wie von einer kaputten Flöte. Takao(b) wand sich herum, um hochzukommen, seine Arme wurden jedoch sofort hart nach oben gedreht und sein Gesicht wieder auf den Boden gepreßt.

»He, was machen wir denn mit dem hier?« fragte der Mann, der ihn auf dem Boden hielt, leise.

»Ach, halt ihn noch 'n bißchen unten. Wenn wir fertig sind, schmeißen wir die beiden ja sowieso mit der Maschine von der Klippe ins Meer. Hätten die keine Zicken gemacht, dann hätten wir sie ja laufen lassen...« gab der andere genauso leise zurück.

Für eine kurze Weile drang aus der Dunkelheit des Gebüsches dort drüben noch Katzes schwaches Wimmern, dann verstummte es.

2. Alternative (c) ›Das Verbrechen des Schweigens oder Fortlaufende Zeit‹

Der Abstand zwischen Takao (c) und Katze mit dem Mann betrug noch nicht drei Meter, der Abstand zwischen Takao (c) und dem Wiesenstück weniger als zehn Meter. Und doch hatte Takao (c) das Gefühl, daß Katze und der Mann sich von ihm weg zu einem grenzenlos weiten Jenseits hinbewegen würden. Takao (c) fragte sich, was ihm das Mädchen eigentlich bedeutete, eine Frage, bei der es ihm für einen Augenblick schwindelig wurde. Eigentlich kenne ich sie doch auch erst seit heute, hab' sie zufällig getroffen. Was hab' ich denn damit zu tun, wenn's jetzt mit ihr getrieben wird! Ich selbst hatte doch auch vor, sie heute abend herzunehmen. Der einzige Unterschied ist doch, ob sie's von mir oder von den Typen da gemacht kriegt. Sag kein Wort und rühr dich nicht vom Fleck! Mit den dreien wirst du eh nicht fertig!

Katze bewegte sich mit zusammengebissenen Zähnen langsam von ihm weg, ohne auch nur um Hilfe zu rufen. Als sie bei dem Wiesenstück angekommen waren, stieß der Mann sie von hinten an, und sie sank auf die Knie.

»Mach mir keine Mühe, zieh dich selbst aus!« zischte der Mann und schlug Katze, die gerade wieder aufstehen wollte, brutal ins Gesicht. Katze stürzte wieder zu Boden, gab aber keinen Laut von sich.

Sie stand auf, legte ihre Kleidung Stück für Stück ab, und als nichts mehr abzulegen war, legte sie ihren Körper ins Gras.

Und dann verging fast eine Stunde. Jeder der Männer vergewaltigte Katze zweimal, zuerst jeder einmal, und dann in einer zweiten Runde noch einmal. Das zweite Mal zog sich lange hin. Katze gab währenddessen keinen Laut von sich.

Nachdem die Männer ihr Verlangen ausgiebig befriedigt hatten, verschwanden sie nacheinander auf ihren Motorrädern in der Dunkelheit. Als das Dröhnen der drei Maschinen verhallt war, sah Takao (c), wie Katze sich langsam erhob. Takao (c) ging auf sie zu.

»Mach mir den Dreck vom Rücken«, sagte Katze mit dunkler, müder Stimme zu Takao (c), und während er ihren nackten Rükken von Gras und Dreck befreite, fuhr sie im gleichen Ton fort: »Jetzt ist es vorbei, nicht?«

Takao (c) nickte ihr mit lautloser Stimme zu. Plötzlich kauerte Katze an der Stelle zusammen und begann – nackt wie sie war – heftig zu weinen.

Gerade eben habe ich gemeint, daß diese Frau hier nichts weiter als eine zufällige Bekanntschaft sei. Das werde ich mit Sicherheit nicht vergessen können. Und solange ich das nicht vergessen kann, werde ich wohl auch die Sache mit dieser Frau nicht vergessen können.

... Das waren Takaos (c) Gedanken, während er den Rücken von Katze, die jetzt heftig schluchzte, betrachtete.

»Los, zieh dich an. Laß uns was suchen, wo du dich waschen kannst«, wandte sich Takao (c) ihr zu, doch Katze weinte heftig weiter, so, als hätte sie vergessen, daß Takao (c) dabei war.

Ayako Sono
Morgenlicht am Montag

Es war leicht für Shiina Yūsuke, die Angstwelt seiner Frau als absurd zu verurteilen.

Wenn nachts ihr Puls schneller wurde, stand sie auf und öffnete die Schiebetür, egal ob es Winter oder ein Regentag war. Sie saß in sich zusammengesunken da und schnappte wie ein sterbender Goldfisch nach Luft.

»Du.«

Nachdem Machiko ein paarmal durchgeatmet hatte, sagte sie zu ihrem Mann: »Findest du nicht auch, daß der Sauerstoff in der Stadt immer knapper wird?«

Dies fragte Machiko mit Tränen in den Augen.

»Kann sein.«

Die Umweltverschmutzung war schließlich nicht zu leugnen. In Ushigome Yanagichō, wo das Verkehrsaufkommen stark war, gab es Asthmakranke, und vor ein paar Jahren wurde viel Aufhebens davon gemacht. Aber der Lärm hatte sich irgendwann gelegt. Selbstverständlich war das Problem damit noch nicht gelöst. Nach wie vor war die Umgebung vom Gestank der Auspuffgase erfüllt; jedoch die Menschen lebten trotzdem.

Die Krankheit seiner Frau war kein Asthma. Es war eine nervöse Ataxie, die mit Herzrhythmusstörungen einherging. Bei manchen Leuten setzt der Herzschlag ab und zu ohne besonderen Grund aus. Bei Machiko schlug das Herz hingegen übermäßig schnell. Wenn es ihr gut ging, schlug ihr Herz pro Minute 120mal, aber es konnten auch bis zu 240 Schläge sein. Dadurch wurde ihr das Atmen schwer. Aber ihr Arzt sagte: »Sterben werden Sie davon nicht.« Beim Lesen von medizinischen Büchern für Laien erfährt man: ›Die Krankheit selbst braucht man nicht zu fürchten, aber der Kranke befindet sich in einer extremen

Angstsituation. So ist es wichtig, daß die Menschen in seiner Umgebung Verständnis und Rücksicht zeigen.‹

»Es gibt sicher noch genug Plätze mit Luftverschmutzung, aber der Smog ist doch mit Sicherheit weniger geworden«, sagte Yūsuke.

»Die Zeitungen haben früher oft Photos gebracht, wo die Umrisse der Hochhäuser vor Smog nicht zu sehen waren.«

»Nein, so meinte ich das nicht. Ich finde, auf der ganzen Welt wird der Sauerstoff immer knapper«, sagte Machiko, und fügte dann hinzu: »In Kanada wäre es besser, weil es dort viele Wälder gibt.«

»So, sollten wir dann nach Kanada gehen?«

Wenn ein Umzug leicht möglich gewesen wäre, hätte die Familie längst nach Fukuoka ziehen können, wohin Yūsuke versetzt worden war. Der ältere Sohn war dieses Jahr in der zweiten Klasse der Oberschule und die jüngere Kayoko in einer katholischen Missionsmittelschule im ersten Schuljahr. Weil die beiden nicht an einen Schulwechsel denken konnten, wohnte Yūsuke allein in Fukuoka und kam einmal im Monat am Freitagabend heim, und flog am Montagmorgen mit der Frühmaschine zurück.

Beim ersten Anfall – ungefähr vor anderthalb Jahren – hatten Yūsuke und die Kinder gedacht, daß Machiko sterben würde. Da ihr Hausarzt abwesend war, rief Yūsuke einen Krankenwagen und ließ seine Frau ins Krankenhaus einweisen. Als sich aber herausstellte, daß ihre Krankheit keine echte Herzkrankheit war, waren Yūsuke und die Kinder beruhigt und atmeten wieder auf. Aber gleich nachdem seine Frau aus dem Krankenhaus entlassen worden war, kamen die Anfälle laufend wieder, wenn auch schwächer.

Es schien, als würde Machiko sich den halben Tag lang am eigenen Handgelenk fassen, um ihren Puls zu fühlen. Wenn ein Anfall kam, dann sprang sie selbst aus dem Schlaf auf und schnappte wie ein sterbender Goldfisch nach Luft.

Seit dieser Zeit mußte er, wenn er von der Arbeit heimkehrte, sich erst einmal anhören, was Machiko über ihren Gesundheitszustand zu berichten hatte. Man kann zwar nicht sagen, daß er sich darüber keine Sorgen machte, aber er hatte es ein bißchen satt, weil dies jeden Tag geschah. An Tagen, an denen er in der

Firma Probleme gehabt hatte, hätte er am liebsten gesagt: »Alle arbeiten, um das tägliche Brot zu verdienen, auch wenn es ihnen gesundheitlich mal ein bißchen schlechter geht.«

Der Sohn und die Tochter wurden noch deutlicher. Seitdem der Arzt gesagt hatte, daß ihr Leben nicht gefährdet sei, hörten sie nicht mehr ernstlich zu, wenn die Mutter klagte. Wahrscheinlich hatten die beiden gehört, Herzrhythmusstörungen gehörten zu den Beschwerden der Wechseljahre, und außerdem schienen viele Hausfrauen die verschiedensten Krankheiten geradezu zu sammeln und fühlten sich schon beim Aufstehen immer irgendwie krank.

Es war jetzt halb drei Uhr in der Nacht. Ohne sich darum zu kümmern, daß die Wärme des Zimmers entwich, sog Machiko die kühle Luft von außen begierig ein. Endlich beruhigte sich ihr Atem ein bißchen, und sie sagte dann zu Yūsuke: »Schließ bitte die Regentür«, und ging ins Bett zurück. »Niemand auf der Erde merkt es, aber ich fühle, daß auf der Erde der Sauerstoff wirklich immer dünner wird.«

Yūsuke hörte seiner Frau schweigend zu. »Ich merke es immer früher als andere, ob es nun ein Gasrohrbruch oder ein Erdbeben gibt. Als sich meine Bronchitis zu bessern begann, sagte ich, hier in der linken Brustseite ist immer noch eine Entzündung. Der Arzt war darüber sehr erstaunt und sagte, normalerweise hätte die Lunge keine Empfindung. Bei mir sei es sonderbarerweise anders. So ausgeprägt sei mein Instinkt – fast wie bei einem Tier.«

Bei solcher Art von Gesprächen wußte Yūsuke nicht, was er antworten sollte. Es war nicht so, daß Machiko unbedingt auf ihren eigenen ausgeprägten Instinkt stolz gewesen wäre. Sie schien vielmehr den Worten von Yūsuke zu glauben, wonach tierischer Instinkt eher bei Menschen mit niedrigem Intellekt entwickelt sei. Aber daß Machiko als erste eine Sauerstoffveränderung auf der Erde wahrnahm, dem konnte Yūsuke weder widersprechen noch zustimmen.

»Das Sauerstoffproblem macht mir am meisten Angst. Bei einem Atomkrieg braucht man nur von dem betreffenden Ort wegzulaufen, aber wenn sich der Sauerstoff im allgemeinen immer mehr verringert, wohin soll man dann fliehen?«

»Dann wäre es wohl besser in Kanada.« Es war offensichtlich kein ernsthaftes Gespräch.

»Ja, du hast recht. Wo es viele Wälder gibt, wäre es besser, denke ich. Übrigens, gestern hab' ich's im Fernsehen gesehen, ich möchte zum Toten Meer fahren.«

»Wohin?«

»Zum Toten Meer in Israel. Das Tote Meer soll 400 Meter unter dem Meeresspiegel liegen. Weil die Luft da ganz dick ist, fällt einem dort das Atmen leichter. Aus diesem Grund sind dort Kureinrichtungen entstanden, und viele Hautkranke kommen dorthin.«

»Ist viel Sauerstoff auch bei Hautkrankheiten gut?«

»Nein, nein, aber Leute mit Hautkrankheiten sollen durch das Baden im Toten Meer Besserung erlangen.«

›Wenn mit so einer Therapie Besserung erzielt werden könnte, so würde ich sie überall hinschicken, ob zum Toten Meer oder sonstwohin‹, dachte er. ›Aber das ganze Leben lang 400 Meter unter dem Meeresspiegel zu leben, das wird man wohl nicht können.‹

Heute abend ging es ihr eher besser. Wenn sich ihr Puls nicht beruhigen wollte, pflegte Machiko zu sagen: »Ich möchte lieber sterben, als mein ganzes Leben mit diesen Atembeschwerden verbringen zu müssen.«

Man konnte ihr nicht helfen. Die Atembeschwerden waren für seine Frau eine Tatsache. Es war einzusehen, daß für sie die Schmerzen real waren und ihre ganze Existenz bestimmten. Aber objektiv betrachtet, waren sie an sich nichts anderes als die Konkretisierung ihrer Empfindungen.

»Hängt das Ganze vielleicht mit deiner Versetzung zusammen?«

Bei einem Klassentreffen hatte dies ein befreundeter Arzt einmal zu Yūsuke gesagt.

»Mag sein, aber es hat ja schon vor meiner Versetzung begonnen.«

»Wenn du mal zu spät heimkommst, versucht sie vielleicht, dich mit allen Mitteln festzuhalten. Ich meine, je besser eine Ehefrau ist, desto weniger wird sie ihrem Mann durch Egoismus bei der Arbeit im Wege stehen dürfen. So bleibt ihr eben kein anderer Ausweg, als krank zu werden. Wenn sie krank wird, dann fühlt sie sich berechtigt, ihren Ehemann an sich zu fesseln.«

Er hatte das Gefühl, nun von ihrer psychischen Verfassung ausreichend unterrichtet zu sein.

»Ach ja, das Tote Meer. Dahin würde ich auch gern mal fahren, aber am Ufer gibt es Landminen, habe ich gelesen.«

»Ach so, wann war denn das?«

»Vor zwei oder drei Jahren, glaube ich.«

»Gestern im Fernsehen hat man das gar nicht erwähnt. Die Luft sei dort voller Sauerstoff, und das Atmen soll viel leichter fallen.«

Auf diese Weise blieb ihm nichts anderes übrig, als ihr etwas vorzugaukeln und zu warten, was die Zeit brachte. Es war nämlich nicht so, daß man nicht friedlich zusammenleben konnte. Immer wenn er einmal im Monat heimkam, briet sie ihm ein Steak. Aber wenn der Montag kam, fühlte er sich sichtlich erleichtert. Jetzt ist meine Rolle als Krankenpfleger beendet, dachte er. Daß seine Frau, wenn sie allein war, mit Angstzuständen und Atemnot zu kämpfen hatte, tat ihm wohl leid, aber würde er sich ernsthaft damit beschäftigen, könnte Yūsuke seiner Arbeit nicht nachkommen.

Wenn er einmal im Monat in die Frühmaschine einstieg, dann gingen immer die gleichen fünf oder sechs Personen mit ihm an Bord. Jeder von diesen Männern ist wohl in der gleichen Lebenslage wie ich, dachte er. Aber an jenem Montag entdeckte Yūsuke in der Wartehalle am Flughafen ein anderes Gesicht.

Es war die jüngere Schwester eines Klassenkameraden aus der Mittelschulzeit. Sie war Journalistin bei einer Frauenzeitschrift und hieß Nakata Saeko.

»Hallo«, er klopfte ihr auf die Schulter wie zur Schulzeit.

»Wohin fliegst du denn?« fragte er.

»Nach Fukuoka, dienstlich.«

»Das freut mich für dich.«

Er hatte Saeko zuletzt vor etwa fünf Jahren gesehen.

»Lebst du allein in Kyūshū?«

»Ja.«

»Bist du nicht einsam? Wenn du heimkommst, hast du gar keine Aufgabe.«

»Hm.«

Nakata Saeko hatte nie geheiratet. Er wußte zwar nicht, ob sie an ihrem Arbeitsplatz bei ihren Kollegen beliebt war, aber soweit er aus diesem kurzen Gespräch mit ihr entnehmen konnte, hatte sie nichts Schrulliges und Altjüngferliches an sich, und auch nach ihrem Äußeren erschien sie gut zehn Jahre jünger, als sie eigentlich war.

»Wenn man schon ein bißchen älter geworden ist und wegen der Arbeit wieder allein leben muß, so ist das hart. Das ist wohl die allgemeine Ansicht.«

»Stimmt denn das etwa nicht?«

»Ich weiß nicht, wie es den anderen geht, aber mir tut es wirklich ganz gut, und wenn ich daran denke, daß ich ab jetzt wieder einen Monat lang die Familiensorgen los bin, dann kann ich meine Freude kaum verbergen. Ich habe gehört, du arbeitest bei einer Frauenzeitschrift. Deshalb habe ich dir mal die Wahrheit verraten.«

Saeko dachte einige Sekunden lang nach.

»Ja richtig. Deswegen läuft alles so weiter. Denn wenn es den Menschen wirklich zuwider wäre, müßten sie ja nicht so weitermachen – Arbeit hin oder her.«

»Ja, genauso ist es.«

»Aber weil ich eine böse Redakteurin bin, werde ich nicht schreiben, daß die Ehemänner, die nach einer Versetzung allein am Dienstort leben, mit ihrem Los ganz schön zufrieden sind.«

»Wieso denn nicht?«

»Ich denke, wenn man die Annahme bestehen läßt, daß sie unglücklich sind, bleibt die Eintracht in der Gesellschaft erhalten. Die Frauen sind zufrieden, und die Firmen entschädigen die Männer für ihre Mühen.«

»Es ist doch kaum zu glauben, daß dich niemand heiraten will, wo du doch eine so großartige Frau geworden bist.«

Mit diesen Worten ging Yūsuke neben ihr her und begann, in Richtung Bus zu laufen. Ich weiß nicht, warum ausgerechnet am Montagmorgen der Himmel immer so gnadenlos strahlend ist.

Koromoyama

Koyasu Chieko saß ihrem Mann gegenüber am Eßtisch und trank einen Instantkaffee, der schon fast kalt war. Ohne es eigentlich zu wollen, hörte sie dabei ein Telephongespräch ihrer Tochter Wakako mit.

»Sicher, aber wenn du mit so etwas rechnest, kann man ja gar nichts mehr unternehmen.«

»...«

»Ja, es ist trotzdem in Ordnung. Wenn du meinst, daß du das unbedingt tun mußt, ist es in Ordnung.«

»...«

»Nur... tja, wie soll ich es bloß ausdrücken? Die Zeit läuft uns davon, nicht wahr? Bis du es dir dann überlegt hast, ist es am Ende unmöglich geworden.«

»...«

»Ich finde es grotesk, was du dir für Sorgen machst. So gesehen könnten wir auch nicht mehr Auto fahren.«

»...«

»Das weiß ich doch! Aber selbst wenn man nach Kyūshū reist, nimmt man normalerweise doch ein Flugzeug. Somit bleibt es sich gleich, oder?«

»...«

»Na ja, dann...«

»...«

»Gut, ich habe ja nur einen Wunsch geäußert. Letzten Endes akzeptiere ich es so, wie du entscheidest.«

Koyasu Chieko glaubte, fast vollständig erschließen zu können, was der Gesprächspartner sagte, obwohl sie ihn nicht hören konnte. Ihre Tochter Wakako besprach nämlich mit Tone Shunsuke, den sie im März nächsten Jahres heiraten sollte, das Ziel ihrer Hochzeitsreise. Shunsuke und Wakako hatten im gleichen Semester studiert. Da Shunsuke jedoch ein Jahr auf seine Zulassung zum Studium hatte warten müssen, war er um ein Jahr älter. Beide waren in die Theatergruppe gegangen, hatten sich dort angefreundet und nach einiger Zeit beschlossen zu heiraten. Ein Freund erzählte, ihre Kommilitonen hätten schon im zweiten Studienjahr vermutet, daß sie einmal heiraten würden. So kam es, daß die Eltern die einzigen waren, die bis zuletzt nichts gemerkt hatten.

Ob sie dafür oder dagegen waren, kam nicht mehr zur Sprache. Die Kinder meinten, sie hätten ihren Entschluß eigenständig gefaßt und wüßten sich ihr Leben selbst einzurichten. Tone Shunsuke arbeitete bei einer Firma, die sich auf Kunstdrucke spezialisiert hatte. Konnte man Wakako schon nicht die Begabung zusprechen, es in der Schauspielgruppe zum Star zu bringen, so war dies bei Tone ganz ausgeschlossen. Er war zwar von durchschnittlicher Statur, sein Gesicht erinnerte jedoch irgendwie an eine Kartoffel.

»Mit *dem* Gesicht Theater zu spielen – na, ich weiß nicht!« sagte Chieko einmal, doch Wakako fuhr ihr über den Mund: »Mutter, du hast vollkommen altmodische Vorstellungen! Theater heißt heutzutage nicht mehr, daß nur Schönheiten auftreten.«

Wakako wollte ihre Hochzeitsreise gerne nach Hawaii machen. Guam sei ihr notfalls auch recht. Tone schien anfangs auf ihren Wunsch eingehen zu wollen. Aber offenbar hatten seine Eltern zu Hause vorgeschlagen, sich lieber für eine Rundreise durch Kyūshū oder dergleichen zu entscheiden. Über einen Bekannten der Familie hatten sie von einem Ehepaar gehört, das ausgerechnet auf seiner Hochzeitsreise bei einem Flugzeugabsturz den Tod gefunden hatte. »Freudige Anlässe nützt das Unglück nämlich gern aus«, soll Tones Mutter fortwährend gesagt und ihm geraten haben, doch höchstens nach Kyūshū zu reisen.

»Das ist doch Unsinn! Selbst nach Kyūshū nimmt jeder ein Flugzeug!«

Wakako hatte recht, doch Chieko glaubte, daß auch die Bedenken von Tones Mutter nicht unberechtigt waren. Zwar reise man nach Kyūshū genausogut mit dem Flugzeug wie nach Hawaii, aber in der Flugdauer bestehe immer noch ein Unterschied, und sicher wüchse mit der Länge des Fluges auch die Gefahr...

Das Paar schwieg schon eine Weile. Nur einmal hatte Shūichi, ihr Mann, Chieko aufgefordert, Wasser heiß zu machen. Sie hatte es nach dem Kochen in eine Thermoskanne neuesten Modells gefüllt; drückte man auf den Knopf, kam es aus der Tülle herausgelaufen. Eigentlich hatten beide keine ausgesprochene Vorliebe für Kaffee, und sie verstanden es auch nicht, ihn auf die richtige Weise zuzubereiten. Doch sie glaubten, daß Kaffee – mochte es auch Instantkaffee sein – in stärkerem Maße als schwarzer Tee Stoffe enthielt, die dem Herzen guttun.

Wakakos langes Telephongespräch dauerte noch an. Da Sonntag war, hatte Tone in seiner Tōkyōter Pension wohl bis in den Tag hinein geschlafen und nach dem Aufstehen gleich angerufen. Wakako hatte nicht vor, gegen den Widerstand der Tones an einer Reise nach Hawaii oder Guam festzuhalten. Aber eines sah sie klar voraus: Außer als Ziel einer Hochzeitsreise würde es wohl nie mehr in Frage kommen, selbst wenn man sich auf später vertröstete. Kinder würden da sein, und für die Frau eines einfachen Angestellten wäre es dann mit einer Auslandsreise ein für allemal vorbei.

»Die Chrysanthemen sind nun auch schon verblüht«, sagte Chieko zu ihrem Mann.

Sie wollte den Eindruck vermeiden, als würde sie das ganze Gespräch zwischen ihrer Tochter und ihrem Verlobten mit anhören.

»Ja, ja!« antwortete Shūichi. Er hielt eine Katze auf seinem Schoß, ein dreifarbiges, häßliches Tier mit schmalen Augen. Sie war ihm zugelaufen. Daß er ihr noch selbst die Milch gegeben hatte, ganz gefangen von ihrer grenzenlosen Zutraulichkeit, war sein letztes Glück. Seine beiden Söhne hatten in Tōkyō und Ōsaka einen eigenen Hausstand gegründet, und nun mußte er sich auch noch von seiner Tochter trennen. Fürchtete er sich vielleicht vor der Leere, die sie zurücklassen würde, und nahm deshalb die Katze häufiger auf den Schoß?

Fünf Minuten später ging das Telephonat zu Ende.

Wenigstens brauchte man sich wegen der Gebühren keine Sorgen zu machen.

»Wirklich, das ist mir doch zu dumm!« meinte Wakako, kaum daß sie den Hörer aufgelegt hatte. »Wenn wir fliegen, stürzen wir ab, und fahren wir mit dem Wagen, stoßen wir zusammen. Wer so argumentiert, kann doch nicht mehr weiterleben!«

»Es ist besser, wenn ihr nach Kyūshū reist«, bemerkte Shūichi eher beiläufig. »Wenn man bei Kleinigkeiten nachgiebig ist, kommt man bei den wichtigen Dingen durch, ohne nachzugeben.«

»Vater, sei du bitte ruhig! Du bist es ja schließlich nicht, der heiratet!«

Niemand hätte in diesem Moment einen Vater tiefer verletzen können als seine eigene Tochter.

»Aber Wakako, du heiratest ja wohl nicht nur, um eine Hochzeitsreise zu machen, oder? Zu zweit zu verreisen ist doch immer ein Vergnügen – egal, wohin es geht!«

»Nein, nein. Ich habe das mit Tone schon vor längerer Zeit abgemacht und brauche mich jetzt nicht davon abbringen zu lassen. Es ist mir ganz gleich, ob das Flugzeug abstürzt!« entgegnete Wakako aufgebracht.

»Stimmt!« pflichtete Chieko ihr bei. »Wenn man sich wirklich liebt, ist es ein Glück, auf solche Art gemeinsam sterben zu können. Es gibt Ehepaare, die keine frohen Tage mehr haben, wenn sie lange zusammenleben. Wären beide frühzeitig gestorben, hätten sie sich immer nur geliebt. Doch!«

Es war gar nicht so direkt gemeint, aber als Wakako Chiekos Worte gehört hatte, schien ihr der Elan genommen zu sein. Sie stand auf und ging.

»Na, geh spielen! Draußen ist es ja schon wärmer geworden«, sagte Shūichi in einschmeichelndem Ton zu der Katze, als er seinen Kaffee ausgetrunken hatte, öffnete eigens die Glastür und setzte sie sanft auf ein sonniges Plätzchen an der Seite der Veranda.

Kurz darauf stieg er in seinen kleinen Wagen und machte sich auf den Weg zur Arbeit. Am Rande einer Nationalstraße führte er eine Tankstelle, an der er einen Jungen beschäftigte. Um das Jahr 1941, als Chieko in seine Familie einheiratete, hatten die Koyasus ausschließlich Landwirtschaft betrieben. Aber Chieko war eine »schlechte« Braut, das heißt, sie war für die Landarbeit nicht geeignet. Solange die Schwiegereltern noch gelebt hatten, war sie mit aufs Feld gegangen, aber kurz nachdem sie gestorben waren, hatten sie den Bergwald und den größten Teil der Felder einem Geschäftsmann überlassen, der sie in Baugrund umwandeln und verkaufen wollte. Zu jener Zeit hatte ihr Mann Shūichi auch die Reisfelder an der Nationalstraße aufgeschüttet und dort seine Tankstelle eröffnet. Heute gehörte den Koyasus nur noch das mit dem Erlös aus dem Verkauf der Felder erbaute Haus, ein Stück Land von etwa zwanzig Ar zum Anbau von Gemüse ausschließlich für den eigenen Bedarf, ein kleines Wäldchen und außerdem die Tankstelle. Für das rund 2000 Quadratmeter große Feld war immer noch Chieko verantwortlich. Auf einem Teil davon hatte sie unter anderem auch Blumen und roten Pfeffer ausgesät.

»Mutter, wohin seid ihr denn auf eurer Hochzeitsreise gefahren?« fragte Wakako, als sie nach einer Weile – die frischlackierten Fingernägel trocknend – wieder in die Küche kam.

»Wir?«

»Ihr habt mir noch nie etwas davon erzählt.«

»Weil es da auch nichts zu erzählen gibt«, antwortete Chieko. »Eine richtige Hochzeitsreise haben wir überhaupt nicht gemacht.«

»Was?!«

»Damals war Vater gerade eben von der Militärausbildung zurückgekehrt. Er rechnete jeden Tag mit seiner eigentlichen Einberufung. Da man ihn zuvor verheiraten wollte, war große Eile geboten. Ich hörte, er suche eine junge Frau aus dem näheren Bekanntenkreis, und so bin ich seine Braut geworden.«

Chieko war nämlich Shūichis Cousine zweiten Grades.

»Es fand eine Art provisorischer Hochzeit statt. Ich borgte mir den Festkimono, den Tante Nitta schon getragen hatte, und wir luden nur die engste Verwandtschaft ein... Früher war es auch nicht so üblich, unbedingt eine Hochzeitsreise zu unternehmen, und wenn wir an den Einberufungsbefehl dachten, verging uns von selbst die Lust dazu. Ungefähr nach drei Tagen dann schlug unser verstorbener Opa uns beiden vor, wir sollten zur Kirschblütenschau auf den Koromoyama gehen.«

»Was!? Zum Koromoyama...?«

Der Koromoyama lag etwa zehn Kilometer entfernt; er war berühmt für seine Kirschblüte.

»So sind wir dann an jenem Nachmittag aufgebrochen, nur wir zwei. Deine Mutter hatte blaue Bauernhosen und Arbeitsschlappen an. Vater hat auch Arbeitsschlappen getragen, ich entsinne mich jedoch nicht mehr, ob er über der Volksuniform, die zu der Zeit jeder tragen mußte, Gamaschen angehabt hat.«

Der Ort war zwar schon damals für seine Kirschblüte bekannt, aber noch nicht so überlaufen wie heutzutage. Als die beiden am Nachmittag dort anlangten, trafen sie bereits kaum mehr eine Menschenseele. Shūichi war recht stattlich und besaß ein sehr männliches Gesicht, aber da Chieko ihn schon eine Zeitlang kannte, verspürte sie kein banges Herzklopfen. Worüber sie gesprochen hatten, war ihr nicht mehr in Erinnerung. Sie konnte sich nicht einmal darauf besinnen, ob er ihre Hand ergriffen und seinen Arm um sie gelegt hatte. Noch weniger hatte sie weitergehende Zeichen einer Intimität erwartet. Es war ihr gar nicht in den Sinn gekommen. Sie hatten bloß etliche Stunden unter den Blüten gesessen. Schließlich war die Sonne untergegangen, der Mond kam heraus. Dank der Kirschblüten wurde das durchdringend klare Mondlicht matt und sanft und schien wärmer. Verschwommen spiegelte es sich in der Farbe der Blüten, und die beiden umschloß eine Pracht, wie man sie sich auf dieser Welt nicht vorstellen kann. Es war so bestrikkend, daß Chieko sogar glaubte, sie würden am Ende darin vergehen. Zuletzt hatten sich beide einen Kirschblütenzweig gebrochen und den Heimweg angetreten. In ihren Arbeitsschlappen tappten sie die Wegstrecke von zehn Kilometern zurück, Shūichi immer voraus. Sie zogen scharf umrissene, dunkle Schatten hinter sich her.

Weil sie bis in die Nacht zur Kirschblütenschau ausgeblieben waren, sprach die Schwiegermutter noch lange Zeit danach schlecht von ihnen.

»Das war alles?«

»Ja! Seitdem bin ich nicht mehr verreist, außer zur Hochzeitsfeier von Tsunetarō und Yasujirō.«

Das Telephon läutete. Wakako ging hinaus, doch diesmal war das Gespräch innerhalb kürzester Zeit beendet.

»Mutter, Tone hat mir gesagt, daß wir nun doch nach Hawaii fliegen!«

»Wirklich? Na, wie schön!«

Aus irgendeinem Grund ließ Wakako sich nur hören und zeigte sich ihrer Mutter nicht.

Yūko Tsushima
Im Bad

Einen Gecko hatte ich schon lange nicht mehr gesehen. Jetzt klebte einer außen am Milchglasfenster des Badezimmers. Sein Schatten war nur klein, hob sich aber wie ein scharf umrissener Scherenschnitt überdeutlich ab. Nachdem ich ihn einen Augenblick lang gedankenverloren angestarrt hatte, rief ich meinen sechsjährigen Jungen.

Es war im alten Haus meiner Mutter, in dem sie nun schon lange allein lebte. Weil wir in derselben Stadt wohnten, besuchten meine beiden Kinder und ich sie gewöhnlich alle ein bis zwei Wochen. Ich hatte dort keine festen Aufgaben, und so pflegte ich meinen Gedanken nachzuhängen, während ich den Kindern beim Spielen vor dem Haus zusah; es kam deshalb auch selten vor, daß ich einmal ins Bad hineinschaute. Es ging auf den Sommer zu, und es war an diesem Sonntag schon ziemlich heiß. Als ich mit meiner Mutter und den Kindern das Abendessen beendet hatte, fühlte ich mich schrecklich verschwitzt und überredete die Kinder, die unbedingt ihr mitgebrachtes Feuerwerk zünden wollten, doch zuerst ein erfrischendes Bad zu nehmen. Ich machte also im Badezimmer, das am Ende des Flurs lag, das Licht an und drehte den Hahn am Gasboiler auf. Da entdeckte ich die Silhouette des Geckos.

Der Junge war schon immer ganz versessen auf Reptilien und Amphibien gewesen und schleppte, wenn wir zu dem alten Haus der Großmutter gingen, wo es Kröten, Eidechsen und Nacktschnecken gab, jedesmal ein Fangnetz und einen Käfig mit. Bisher waren jedoch die Schnecken seine einzige Beute geblieben. Aber unentwegt sagte er sich voller Begeisterung: »Das nächste Mal aber bestimmt!« und trieb sich bis zum Abend ums Haus herum. »Gibt es hier auch Schlangen?« fragte er. Die Großmutter hatte jedoch noch keine gesehen. Auch ich hatte noch nie eine zu Gesicht bekommen, obwohl ich in diesem Haus groß geworden war. »Aber Geckos, die gibt es«, hatte die Großmutter gesagt, »auch wenn es früher mehr waren. Es ist schon recht lange her, da kam es vor, daß man nachts im Schlaf spürte, wie einem etwas übers Gesicht lief, und wenn man mit der Hand danach griff, war es ein Gecko.« Auf den Jungen machte das großen Eindruck, und er starrte seine Großmutter fasziniert an. Die Großmutter hatte ihm sogar schon einmal eine Eidechse gefangen, die sie entdeckt hatte. Und nun gehörten auch Geckos zu den Lebewesen, die der Junge unbedingt für sein Terrarium haben wollte. Einen Salamander und eine große Kaulquappe, deren Gliedmaßen sich zusehends entwickelten, hatte er bei einem Schreinfest ergattert und eine Kröte einem Nachbarjungen abgetauscht. Eidechsen waren ihm zu seinem großen Ärger schon entwischt, von einem Gecko dagegen hatte er noch nicht einmal den Schatten zu sehen bekommen.

Als der Junge, der auf mein Rufen ins Badezimmer gekommen war, den Umriß des Geckos an der Scheibe entdeckte, stürzte er mit seinem Insektenkescher aufgeregt durch die Hintertür nach draußen. Ich blieb im Bad, um Wache zu halten, obwohl mich niemand darum gebeten hatte; ich betrachtete es als meine Aufgabe, den Gecko nicht aus den Augen zu lassen. Inzwischen standen auch meine Älteste und die Großmutter hinter mir.

Kaum sah man den Jungen ungeschickt mit dem Fangnetz hin- und herwedeln, drehte der Gecko sich schwungvoll, verlor dann anscheinend den Halt und fiel von der Scheibe hinunter ins hohe Gras. Zu spät: Vergeblich schlug der Junge noch zwei-, dreimal mit dem Kescher gegen das Fenster. Wir im Badezimmer begleiteten das Ganze mit einem lauten »Oohh!« »Daneben!« riefen wir dem Jungen durch das Fenster zu. »Im Gras findest du ihn nicht mehr, es ist zu dunkel.« Er antwortete mit wütender Stimme, aber wir verstanden nicht, was er schrie. Das Mädchen und die Großmutter gingen wieder ins Wohnzimmer. Ich redete weiter auf den Jungen vom Badfenster aus ein. »Schnell, komm doch rein. Es hat keinen Zweck mehr. Nächstes Mal kommt bestimmt ein viel größerer.«

Ich kam nicht auf den Gedanken, dem Jungen zu Hilfe zu

eilen. Selbst mittags, wenn die Sonne am höchsten stand, mied ich das von Unkraut überwucherte Gartenstück vor dem Bad, und nach Einbruch der Dunkelheit wollte ich auf keinen Fall dort hinausgehen, wenn der Junge nicht gerade ein lautes Gebrüll anstimmen würde.

Nach ungefähr dreißig Minuten kam er endlich ins Haus zurück. Vor Wut und Ärger, weil die Beute ihm entwischt war, hatte er sich die Augen rot geweint, und sein Gesicht war tränenverschmiert.

Das Mädchen und die Großmutter hatten schon ohne ihn mit dem Feuerwerk angefangen. Mit dem Jungen auf dem Arm trat ich auf die Veranda hinaus. Er war immer noch völlig aufgelöst. Während wir dem Feuerwerk zusahen, erinnerte ich mich plötzlich daran, wie meine Mutter in meiner Kindheit einmal beim Feuerholzmachen im Garten einen Gecko, der zwischen den Scheiten schlief, mit den Fingerspitzen hochgehoben und mir gezeigt hatte. Davon erzählte ich dem Jungen. »Am besten, man sucht im Winter. Wenn man nur gründlich genug unter alten Brettern und Steinen nachsieht, kann man ganz sicher Geckos und Eidechsen finden, die dort ihren Winterschlaf halten, und weil sie schlafen, kann man sie leicht fangen.«

Das alte Haus meiner Mutter stand in einem Viertel im Herzen der Stadt, das zwischen zwei großen Straßen eingezwängt lag, an denen sich ein Hochhaus ans andere reihte. Meine Mutter lebte allein und schaffte es nicht mehr, sich um das Haus und den Garten zu kümmern. Durch die Risse in den Wänden spazierten Scharen von Ameisen ungehindert ein und aus; wenn es Sommer wurde, wucherte das Unkraut wild ums Haus. Und weil sich dort kaum einmal Menschen zeigten, kreuchten und fleuchten inmitten dieser wilden Gräser ungestört alle möglichen Tiere.

Wir drei, meine beiden Kinder und ich, wohnten, zehn Minuten zu Fuß von dort entfernt, im fünften Stock eines Hochhauses, an einer sechsspurigen Schnellstraße. So waren die Geckos, die Eidechsen, ja sogar die Schnecken für die Kinder, die dort aufwuchsen, fast wie Fabelwesen und glichen in ihrer Besonderheit ihrem Vater, der sich nie bei uns blicken ließ. Wenn die Kinder ihre Großmutter besuchten, so nicht unbedingt, um sie zu sehen, sondern wegen dieser kleinen Kreaturen. Es war stets aufregend und ein Genuß für sie, diesen Blick auf eine ihnen unbekannte Welt zu erhaschen.

Allerdings verhielt es sich nicht so, daß das Getier sich vermehrt hätte, weil meine Mutter alt geworden war und alleine lebte. Das letztemal hatte ich im Bad meiner Mutter einen Gecko entdeckt, als ich zwanzig war. Seit ich die Oberschule besuchte, wohnten meine Mutter und ich zu zweit in dem Haus. Mein Vater war früh gestorben, und auch mein älterer Bruder lebte seit meiner Mittelschulzeit nicht mehr. Danach hatte meine ältere Schwester das Haus verlassen. Ich ging mit dreiundzwanzig aus dem Haus, um einem jungen Mann, der aber nicht der Vater der Kinder war, zu folgen. Ich kann nicht sagen, daß ich diesen jungen Mann besonders geliebt hätte, aber so von der Einsamkeit meiner Mutter umklammert zu leben, jagte mir entsetzliche Angst ein. Und mehr noch als die Einsamkeit meiner Mutter ließ mich meine eigene nach Luft ringen. Auch wenn ich mich noch so sehr nach der Zuneigung eines Menschen sehnte, konnte ich mich doch nicht zu meiner Mutter ins Bett legen und in ihren Armen Geborgenheit suchen.

Eines Tages hatte ich – natürlich nackt – im Bad gesessen, als mir plötzlich etwas auffiel: ›Sieh mal an, ein Gecko!‹ dachte ich. Vielleicht waren Geckos schon damals selten, oder aber ich hatte vorher einfach nicht auf sie geachtet. Als ich den Schatten des Tierchens, der sich auf dem Milchglas des Fensters abzeichnete, entdeckte, stand ich auf. Da war noch eins. Und noch eins. ›So viele‹, dachte ich erschrocken, und als ich sie zählte, klebten acht Stück an dem nicht einmal zwei Meter breiten Gitterfenster. Das war an sich schon unheimlich, aber da es zusätzlich in einer Zeit passierte, wo mich die Last meines eigenen Lebens fast erdrückte, wuchs in mir das Gefühl, daß irgendeine gemeine Absicht hinter dem Ganzen steckte und sich alle diese Geckos böswillig über mich lustig machen wollten. ›Acht Stück‹, dachte ich und brach vor Zorn in Tränen aus. Ich begann, mit dem Kübel heißes Wasser aus der Badewanne zu schöpfen und es mit aller Kraft gegen die Scheibe zu schütten. Selbst das Milchglas, das die Dunkelheit draußen nur seltsam verschwommen mitteilte, war mir verhaßt. Wenn man badete, gab nur dieser Teil den Blick auf die Schwärze der Dunkelheit frei. Die meisten der Geckos hatten die Flucht ergriffen. Obwohl ich zum Schluß mit der Hand an die Scheibe schlug, um sie zu verjagen, hatten sich ein oder zwei von ihnen hartnäckig nicht gerührt.

Übrigens hatte ich vor Jahren häufig geträumt, mein toter Bruder stünde vor dem Badezimmerfenster und versuchte, mit mir, seiner jüngeren, noch auf dieser Welt lebenden Schwester, Kontakt aufzunehmen. Das war vor meinem Erlebnis mit den acht Geckos gewesen; jetzt hatte die Erinnerung an sie vielleicht seltsamerweise auch diese Assoziation zu dem Traum hergestellt. Das Badfenster unterschied sich von allen anderen Fenstern im Haus; man bemerkte es fast nur am Abend. Nackt starrt man auf das nächtliche Fenster. Hinter keinem anderen Fenster ist der Mensch so völlig wehrlos. Für einen Toten war es wohl unmöglich, es zu übersehen. So näherte mein toter Bruder sich abends sachte und wehmütig dem erleuchteten Fenster und drückte sein Gesicht gegen die Scheiben. Dieser Traum hatte sich viele Male wiederholt. Ich hielt den Atem an und spürte den Bruder draußen vor dem Fenster mit meinem ganzen Körper. Wie oft wollte er noch auf diese Weise zurückkehren? Er konnte doch nicht mehr hinein; selbst wenn ich gewollt hätte, wußte ich, daß es mir als Lebender unmöglich war, ihn hereinzulassen. Der Gedanke an die Verzweiflung des Toten vor dem Fenster erfüllte mich mit Schrecken. In mir war eine Trauer, die mich aufzulösen drohte. Könnte ich dem Toten doch nur erklären, was der Tod bedeutete – daß es auch in der Zukunft niemals möglich sein wird, den Bruder zu mir hereinzulassen, wie häufig er sich auch an das Fenster des Badezimmers pressen mochte. Mein Bruder war sechzehn Jahre alt geworden, doch sein Kopf konnte Zahlen über zehn nicht fassen, und er war gestorben, ohne seinem Schmerz Ausdruck verleihen zu können. Nun war er tot, verstand aber nicht, was es hieß, tot zu sein. Und deshalb ängstigte ich mich wahrscheinlich die ganze Zeit, daß er sich nicht vollständig in einen Toten verwandelte. Bisher war immer ich, seine jüngere Schwester, es gewesen, die ihm alles, was er neu erlebte, wieder und wieder erklärte, bis er es verstanden hatte. Aber jetzt – so ganz alleingelassen – konnte er nicht begreifen, was mit ihm geschehen war. Während er sich gegen das

Badfenster drückte, fragte er sich völlig ratlos: ›Warum lassen die mich nicht rein? Ich möchte doch schnell ins Haus. Wie komisch, was habe ich denn angestellt?‹ Seither sind wer weiß wie viele Jahre vergangen.

Ich hatte auch überlegt, ob ich meinem Bruder die Bedeutung des Todes mit einfachen Worten, die er verstünde, erklären konnte, vielleicht mit nur einem einzigen Wort, das ich ihm durch das Fenster zurief.

Aber woher sollte ich ein solches Wort nehmen? Mein Vater war gestorben, als ich noch zu jung war, es zu verstehen, und sein Tod bedeutete damals für mich schlicht und einfach seine Abwesenheit. Als unser Hund starb, flossen zwar auch Tränen, aber schließlich hatte es sich doch nur um ein Wesen gehandelt, das außerhalb unseres Hauses gelebt hatte. Die Bedeutung des Todes, wie er mir in meiner Welt begegnet und erstmals angesichts meines Bruders vage in mein Bewußtsein getreten war, war mir keineswegs so klar, daß ich sie anderen hätte erklären können – erst recht nicht meinem Bruder, der keiner Logik zugänglich war. Auch jetzt, nach über zwanzig Jahren, verbirgt der Sinn des Todes sich immer noch vor mir.

Zu Beginn des Frühlings verweigerte die Katze, die wir in unserer Wohnung im fünften Stock hielten, plötzlich die Nahrung und bewegte sich kaum noch. Es handelte sich um einen anderthalbjährigen Kater, den meine Tochter als Katzenbaby mit noch geschlossenen Augen im Park gefunden hatte. Seit der Kater zu unserem Haushalt gehörte, hatten die beiden Kinder und ich das sichere Gefühl, ein neues Familienmitglied in unserer Mitte zu haben. Bisher hatten wir alles zu dritt gemacht, aber immer war da irgendwie eine Lücke gewesen, die nun von dem Kater ausgefüllt wurde. Besonders das Mädchen blühte auf. Vielleicht weckte diese Atmosphäre in ihr, gleich einem feinen, schwer zu unterscheidenden Geruch, die Erinnerung an die Geborgenheit, die sie empfunden hatte, als der Vater noch bei uns lebte. Das unterschied sie von ihrem kleinen Bruder, der damals noch ein Baby gewesen war. Sie ließ den Kater keinen Augenblick aus den Augen. Ich ging tagsüber gewöhnlich zur Arbeit, der Junge war bis abends in der Kinderkrippe, und bis das Mädchen gegen drei

Uhr aus der Schule kam, blieb der Kater allein in der Wohnung. Wenn er dann hörte, wie die Tür aufgeschlossen wurde, rannte er in den Flur. Das Mädchen kam meist als erste nach Hause, und so war sie es, die die eiserne Wohnungstür öffnete. Daher kannte sie auch die Freude am besten, mit der einen der Kater begrüßte, der artig vor der Türe saß und zärtlich miaute. Er war der Mittelpunkt im Leben des Mädchens geworden. Morgens, wenn sie aufstand, drückte sie als erstes den Kater an die Brust; bevor sie in die Schule ging natürlich auch, wenn sie nach Hause kam oder vor dem Schlafengehen: die Katze, die Katze; ob im Aufsatz oder wenn sie malen durften, was sie wollten, immer war es die Katze. Nie hätte ich es für möglich gehalten, Geld für eine zugelaufene Katze auszugeben, aber das Verhalten des Mädchens brachte mich dazu, die Katze, ohne Rücksicht auf die hohen Kosten, in einer nahegelegenen Tierklinik impfen und sogar ihren Stuhl untersuchen zu lassen.

Der Kater war krank geworden. Vielleicht hatte er eine Erkältung. Daher riet ich dem Mädchen am Morgen, ihn vorsichtshalber in die Tierklinik zu bringen. An diesem Tag schaffte ich es nicht, rechtzeitig mit der Arbeit fertig zu werden, und rief, weil ich erst später heimkommen würde, abends zu Hause an, damit das Mädchen ihren kleinen Bruder aus der Kinderkrippe abholte. Da erinnerte ich mich und fragte, was denn mit dem Kater sei. »Ich war doch mit ihm im Krankenhaus«, antwortete das Mädchen. »Sie haben gesagt, er hat eine Geschwulst im Bauch, aber du sollst unbedingt noch einmal anrufen. Am Abend wissen sie vielleicht genau, was es ist.«

Darauf rief ich in der Tierklinik an. Es war mir lästig, und ich wurde ungeduldig, weil ich so viel zu tun hatte.

»Vielen Dank, daß Sie anrufen«, sagte die verbindliche Stimme eines noch jungen Tierarztes. »Wir wußten offen gesagt nicht, ob wir es Ihrer Tochter sagen durften«, fuhr er fort.

Sofort stieg Angst in mir hoch, und ich fühlte mein Herz schneller schlagen.

»Da das Ergebnis der Blutuntersuchung noch nicht da ist, kann ich noch nichts Hundertprozentiges sagen«, setzte der junge Tierarzt höflich mit seiner Erklärung an. Ich verstand soviel, daß sich große lymphatische Geschwülste an Darm und

Herz des Katers gebildet zu haben schienen. »Er hat also Krebs«, antwortete ich hastig. »Ja, wir nehmen an, es ist Blutkrebs«, sagte der Tierarzt. »Es wäre schön, wenn es sich um eine Fehldiagnose handelte, wenn sie aber stimmt, wird er wohl...«

»Er wird sterben, nicht wahr?« fragte ich. »Heute abend noch oder vielleicht erst in zwei oder drei Tagen?«

»Nein, nein, weder noch, das glaube ich nicht«, versicherte mir der Tierarzt aufmunternd.

»Heute abend wird also nichts passieren?«

»Nein. Sollte es wirklich Krebs sein, kann er mit Hilfe von Medikamenten möglicherweise noch ein halbes oder sogar bis zu einem Jahr leben.«

»Aha.«

Niedergeschlagen versprach ich, am nächsten Tag zu kommen, um das Ergebnis der Blutuntersuchung zu erfahren, und legte auf. Mir zitterten die Knie. Außerdem war ich nur halb davon überzeugt, daß am Abend nichts passieren würde. Grauenhaft, wenn die Katze noch vor Ablauf dieses Tages stürbe. Furcht stieg in mir auf. Nur eine Nacht dazwischen schlafen dürfen, und ich würde alles ertragen. Wenn nur der heutige Tag schon heil überstanden wäre, dachte ich voller Angst. Eben noch hatte ich mich in Sicherheit gewähnt und geglaubt, daß er ohne Zwischenfall enden würde. Und nun starb die Katze. Ich hatte keine Ahnung, was das für mich und die Kinder bedeuten würde, aber mir graute davor. »Er lebt mindestens noch zehn Jahre, dann bin ich zwanzig.« So hatte das Mädchen das Alter des Katers und sein eigenes berechnet, und ihn dabei beruhigt an sich gedrückt. Aber ihre Katze würde sterben. Mußte damit nicht etwas im Innern des Mädchens zerbrechen? Die Trauer des Mädchens, seine Panik, seine Verzweiflung, all diese Dinge bedrohten mich. Und dabei hatte ich dieses Kind doch eigentlich schon sich selbst überlassen wollen. Warum nur hatte ausgerechnet unsere zugelaufene Katze sich diese unheimliche Krankheit zugezogen? An diesem Tag ergriff mich auf dem Heimweg eine ganz unsinnige Verbitterung. Das Mädchen gehörte zu jenen Kindern, die sich daran erinnern, wie die Eltern sich zerstritten und es darüber vergaßen. Sie hatte durch mich gelernt, daß seine Mutter nur an sich dachte und ihr Kind im Stich ließ, wenn sie nicht mehr weiter wußte.

Als ich nach Hause kam, lag der Kater durchaus nicht im Sterben; im Gegenteil, sein Appetit war sogar zurückgekehrt. Ich fragte das Mädchen, was denn los sei, und erfuhr, daß man ihm ein appetitanregendes Medikament gespritzt hatte. »Was es nicht alles gibt! Na ja, schließlich muß er ja fressen, sonst kann man gar nichts machen.« Ich nickte zustimmend. Mir fiel ein Stein vom Herzen – fürs erste war ich gerettet. Aber ich brachte es nicht fertig, ihr zu sagen, was ich vom Tierarzt gehört hatte.

Am nächsten Tag stand es fest: Es war Krebs.

Jeder einzelne Tag mußte durch das ständige Einnehmen von Medikamenten gewonnen werden, und ich begann, mir über die Kosten der Behandlung Sorgen zu machen. Ja, ich spielte sogar mit dem Gedanken, den Kater heimlich einschläfern zu lassen. Dennoch brachte ich es nicht übers Herz, dem Mädchen die Wahrheit zu sagen. Und wenn sie mich dann fragte: »Es geht ihm doch bald wieder besser, oder?«, nickte ich bloß unbestimmt.

Die Medikamente schlugen gut an. Die Katze war nur noch Haut und Knochen gewesen, aber nun setzte sie wieder Fleisch an und schien sich ziemlich gut zu erholen. »Es gibt auch Katzen, bei denen die Medikamente kaum Wirkung zeigen«, teilte mir der Tierarzt erfreut mit. »Sogar die Knoten sind kleiner geworden. Wenn es so bleibt, kann es sein, daß sie noch lange lebt.«

Mir fehlte der Mut zu sagen: »Das ist doch sinnlos, wenn sie sowieso stirbt. Bitte setzen Sie die Medikamente ab«, und so zahlte ich weiter.

Nach etwa zwanzig Tagen schien im Hals der Katze ein neuer Knoten entstanden zu sein. Ich wußte nun, daß die Krankheit weiter fortschritt, sagte aber weder dem Mädchen noch dem Arzt etwas davon. Nach zwei, drei Tagen bemerkte das Mädchen es auch. Sie wußte jedoch nicht, was das bedeutete, und hatte es deshalb nicht eilig, dem Arzt Bericht zu erstatten. Dann verschwand der Appetit des Katers plötzlich wieder ganz, und zwei Tage später konnte er sich kaum mehr auf den Beinen halten. Dann bekam er auch Inkontinenz. Bei genauem Hinsehen bemerkte ich, daß die Haare um sein Geschlechtsteil herum begannen auszufallen. Ich konnte den Zustand des Katers immer erst abends in Ruhe begutachten, und an diesem Abend war mir klar, daß er Hilfe benötigte, und ich sagte zu dem Mädchen: »Wenn du morgen aus der Schule kommst, mußt du unbedingt sofort mit ihm ins Krankenhaus.« Ich hatte mich mit seinem Tod eigentlich schon abgefunden, aber als es nun ernst wurde, zitterten mir die Knie.

Am nächsten Tag bekam der Kater in der Klinik verschiedene Injektionen und hatte, als er nach Hause kam, etwas von seinem Appetit zurückgewonnen. Aber seit jenem Abend konnte er keinen Laut mehr von sich geben, auch wenn er den Mund öffnete.

Spät in der Nacht weckte mich ein Geräusch, das wie das Schnarchen eines Menschen klang. Ich dachte zuerst, eines der Kinder schnarche, aber das war es nicht. Da traf mein Blick den Kater, der direkt neben mir lag und mich aus weitgeöffneten durchsichtig-grünen Augen anstarrte. Weil meine Augen auf ihn gerichtet waren, bewegte er das Maul.
Zwei- oder dreimal machte er es noch auf und zu, und wieder gab es in der Stille der tiefen Nacht den gleichen Laut. Schließlich begriff ich, daß der Kater nicht mehr miauen konnte. An Schlaf war nicht zu denken, und so betrachtete ich weiter sein Gesicht. Auch der Kater fuhr fort, mich mit seinen großen Augen anzustarren. Es waren ganz klare, transparente Augen, die nicht versuchten, mir Fragen zu stellen. Aus Sentimentalität konnte ich seinen kranken Körper nicht streicheln.

Der Kater starb am darauffolgenden Tag. Als ich abends nach Hause kam, sprang das Mädchen, das in seinem Zimmer gesessen hatte, auf und lief zur Tür. »Mama, er ist tot«, stieß sie hervor und verstummte. An den Türpfosten geklammert, brach sie weinend zusammen.

Der Tod meines älteren Bruders war ein völlig unerwartetes Ereignis für mich gewesen. Er hatte lange mit einer hartnäckigen Erkältung im Bett gelegen und war eines Tages, als ich von der Schule nach Hause kam, ins Krankenhaus eingeliefert worden. Meine ältere Schwester erklärte mir, daß er Lungenentzündung hatte und man sich, obwohl sein Körper anscheinend sehr geschwächt sei, keine Sorgen machen müsse. Abends kam meine

Mutter nach Hause, um einige Sachen für ihn zu holen, aber auch sie machte keinen übermäßig besorgten Eindruck. »Da haben wir uns getäuscht, nicht wahr. Es war doch nicht bloß eine Erkältung. Ich habe keine Ahnung, wie lange das dauern wird, aber solange er im Krankenhaus ist, gehst du am besten auf dem Rückweg von der Schule dort vorbei. Darüber wird er sich freuen.«

Ich nahm diese Ankündigung meiner Mutter so auf, als sei zu meinen Vergnügungen eine weitere hinzugekommen, denn ich dachte daran, daß, wenn man Leute im Krankenhaus besuchte, man meistens etwas Leckeres bekam, das es nicht alle Tage gab.

Gleich am nächsten Tag machte ich mich in freudiger Erwartung zu dem in der Nachbarschaft gelegenen Hospital auf. Gespannt spähte ich in das Krankenzimmer im ersten Stock, das meine Mutter mir beschrieben hatte. Es stand aber nur ein leeres Eisenbett da, die Laken waren abgezogen. Für den Bruchteil eines Augenblicks erfaßte ich intuitiv, was mit meinem Bruder geschehen war. Sofort gab ich meinen Gedanken eine andere Richtung: ›Bestimmt habe ich mich nur im Zimmer geirrt. Komisch.‹ Ich überlegte, prüfte noch einmal die Zimmernummer und blickte den Flur entlang. ›Welches Zimmer war wohl das richtige? Oder war er vielleicht schon entlassen worden, weil sich die Sache als harmlos herausgestellt hatte?‹ Unschlüssig blieb ich im Gang stehen. Ich konnte mich nicht überwinden, bei der Aufnahme nachzufragen, aber gleich nach Hause gehen, wollte ich auch nicht. Was sollte ich tun? Eine Frau in mittleren Jahren, die einen Patienten zu betreuen schien, kam gerade in den ersten Stock. Da ich den Eindruck hatte, daß sie sich nicht mit allen Zimmern auskannte, faßte ich mir ein Herz und sprach sie an. Ich erwartete die Antwort: »Das weiß ich leider nicht.«

»Ist der sechzehnjährige Junge, der hier war, in einem anderen Zimmer...?«

Ich hatte noch nicht zu Ende gesprochen, da öffnete die Frau schon den Mund: »Ach so, der Junge...« und starrte mich, wie ich so in meiner Schuluniform und mit meiner Mappe unter dem Arm vor ihr stand, mitleidig an. »Das ist sehr traurig, ein schwerer Schlag für die Mutter.«

»Was ist traurig?« fragte ich und tat so, als verstünde ich immer noch nicht.

»Er ist von uns gegangen, schrecklich, so ein junger Mensch. Wegen der Kinderlähmung hat sein Gehirn nicht mehr gearbeitet. Wirklich traurig... Bist du eine Angehörige? Und du bist hergekommen, ohne etwas davon zu wissen...?«

Ich erinnere mich nicht mehr genau, was sie weiter sagte. Ich weiß nur noch, daß die Frau sich anschickte, mir Fragen zu stellen und mich zu trösten, aber ich senkte den Kopf und rannte davon. Als ich mich auf der Treppe noch einmal umdrehte, stand die Frau noch immer auf dem Flur und schien mir mit solch tiefer Bewegung nachzuschauen, daß es mir kalt den Rücken herunterlief.

Es war ein schöner Tag. Das Hospital lag weniger als zehn Minuten zu Fuß von unserem Haus entfernt. Aber ich brauchte eine geschlagene halbe Stunde und machte mir, während ich wie benommen vor mich hintrödelte, die ganze Zeit Gedanken über den Verbleib meines Bruders. ›Darauf, was eine so taktlose Person sagt, kann man nichts geben‹, dachte ich wütend. ›Die Frau hat ungereimtes Zeug geredet. Sie wollte sagen, daß er irgendwohin gegangen ist, und hat gesagt, er ist von uns gegangen. Jedenfalls hat sie nicht gesagt, daß er gestorben ist. Sein Gehirn war ja gar nicht gelähmt. Bestimmt gab es noch einen ganz anderen geistig zurückgebliebenen Jungen, und die Frau hat gar nicht von meinem Bruder gesprochen. Wahrscheinlich ist der andere mit dem gelähmten Gehirn, oder wie das heißt, gestorben.‹ Ich bereute es, nicht in noch mehr Krankenzimmer geschaut zu haben. Die Füße wurden mir furchtbar schwer, und ich konnte mich nur Schritt für Schritt vorwärtsschleppen. Aber irgendwann kam ich dann doch zu Hause an. Ich bemühte mich, die hintere Gartenpforte so energisch wie gewohnt aufzumachen. Der Hund, der in seiner Hütte angebunden war, sprang hoch, als er mich sah. Ich starrte auf den Hund, schaffte es aber nicht, den Blick auf die hintere Glastür des Hauses zu wenden. Blaß vor Angst, tat ich dennoch einige Zeit so, als spielte ich aus Langeweile mit dem Hund. Dabei dachte ich: ›Wie blöd von mir, jetzt gehe ich schon extra ins Krankenhaus und dann finde ich das Zimmer nicht!‹ Wann würde jemand aus dem Haus kommen?

Wer weiß, wie lange ich noch so zum Schein mit dem Hund gespielt hätte, wenn meine Tante mich nicht entdeckt, die Glastür geöffnet und mich gerufen hätte.

Ich reagierte mit dem Anschein von Unbekümmertheit: »Ach du bist es, Tante. Hallo.« Das war wohl gut gespielt, denn als ich durch die Hintertür hineingehen wollte, erwiderte meine Tante: »Hast du es denn noch nicht gehört? Dein Bruder ist doch gestorben.« Sie schlug die Hände vors Gesicht und brach in Tränen aus. Selbst nach diesen Worten gelang es mir, noch immer ein ungläubiges Gesicht zu machen. Ich blieb wie angewurzelt vor der Tür stehen und rührte mich nicht, bis die Tante mich endlich an der Schulter ins Haus hineinzog.

Selbst nachdem man mir das Gesicht meines toten Bruders gezeigt und ich meine Mutter hatte weinen sehen, nachdem ich, ohne mich umzuziehen, die Totenwache begrüßt hatte, nachdem im Haus ein Altar aufgestellt war, die Mitschüler und Lehrer meines Bruders kamen, ja sogar als wir zum Krematorium gingen, klammerte ich mich unwillkürlich weiter an mein Erlebnis vor dem Zimmer, in dem mein Bruder gestorben war, und konnte mich nicht davon losreißen, so zu tun, als wüßte ich von nichts.

Hartnäckig lief ich immer noch vor der Bedeutung seines Todes davon.

Über zwei Jahre nach dem Tod meines Bruders fing ich an, von unserem Badezimmer zu träumen.

Auch die Katze war im Krankenhaus gestorben. Der Tierarzt meinte, man könne das tote Tier abholen oder aber gleich auf den Tierfriedhof bringen lassen. Als ich das dem Mädchen berichtete, antwortete sie: »Nein, nein, wir brauchen ihn nicht abzuholen.« Sie war schon alleine im Krankenhaus gewesen und hatte sich vom Tod der Katze überzeugt.

In jener Nacht kam es mir dauernd so vor, als ob ich im Bett das Miauen des Katers hörte, das ja gar nicht mehr zu hören sein konnte. Aber wenn ich mir Mühe gab, hörte ich es wirklich. Ich stand sogar auf und schaute mich im Zimmer um, aber der Kater war natürlich nicht da.

»Mama, warum weinst du nicht?« fragte der kleine Junge

leise, der selbst nicht weinen mußte, wenn das Mädchen weinte. »Weil deine Schwester schon genug weint«, antwortete ich. »O nein, ich weine auch«, sagte der Junge und begann übertriebenes Weinen nachzuahmen. Ich konnte jedoch über den Tod der Katze keine Träne vergießen.

Am nächsten Tag hatte ich frei. Ich wartete, bis meine Tochter aus der Schule zurückkam, und wir brachen zum Krankenhaus auf, um Abschied von der Katze zu nehmen und die Rechnung zu begleichen. Es war ein warmer Nachmittag mit einem schönen klaren Himmel.

»Jetzt weine ich nicht mehr, weil ich gestern schon so viel geweint habe«, sagte das Mädchen.

»Ja, gestern hast du wirklich genug geweint.«

»... Aber als ich gestern den Anruf bekam und ins Krankenhaus gegangen bin, da war er schon tot, obwohl der Arzt noch so viel für ihn gemacht hat. Ich fand es selber ganz komisch, daß ich so ruhig war. Erst als ich dein Gesicht gesehen habe, mußte ich weinen... Vielleicht ist er schon so weit oben wie die Spitze von dem Baum da.«

»Wie bitte?«

»Seine Seele, auf dem Weg zum Himmel«, gab das Mädchen zur Antwort und lachte verlegen.

»Die Seelen von Babys und Tieren kommen immer in den Himmel. Unsere Augen können die Seelen nicht sehen, aber von dort drüben sehen sie uns sehr gut.« So hatte ich am Abend zuvor, nur um etwas zu sagen, auf das schluchzende Mädchen eingeredet.

Ich blickte am Gingkobaum hinauf, auf den das Mädchen gezeigt hatte. Seine Krone mit den sprießenden jungen Knospen leuchtete, überflutet vom Sonnenlicht.

Im Krankenhaus holte der junge Arzt die Katze für uns aus einer Art Kühlschrank heraus. Sie lag in einem kleinen Käfig, alle Viere von sich gestreckt und die Augen geschlossen. Das Fell, das ihren Körper bedeckte, ließ die Spuren des Todes weniger sichtbar werden als beim Menschen.

»Darf ich ihn mal halten?« fragte das Mädchen den Tierarzt. Sie hatte einen Finger durch die Stäbe des Käfigs gesteckt und streichelte den Kater.

»Nein, das geht nicht. Es ist noch Schmutz in seinem Körper drin, der würde dann herauslaufen.«

Der Arzt klappte den Deckel des Käfigs hoch, damit das Mädchen die Katze besser streicheln konnte. Sie nickte und fing an, ihren Kater vom Kopf bis zur Schwanzspitze zu streicheln. Dabei schwieg sie und hielt den Kopf gesenkt; nur ihre Hände bewegten sich unablässig.

Ich ging mit dem Arzt ins Nebenzimmer und beglich die Rechnung, die die Benutzungsgebühr für den Friedhof einschloß.

»Sogar unsereinen nimmt so etwas mit, und so ein sensibles Kind wie sie eben besonders. Man muß sich davor hüten, etwas Unbedachtes zu sagen, weil man sie noch für ein Kind hält. Sie hat ihre Katze sehr geliebt, nicht wahr, und da hilft auch kein falscher Trost. Als ich ihr gestern erklärt habe, was das für eine Krankheit war, hat sie es nämlich akzeptiert.«

Wie freundlich der Arzt sich um das Mädchen gekümmert hatte! Während ich den Kopf senkte, kamen mir fast die Tränen.

Nach fünf Minuten gingen wir wieder zu dem Mädchen hinüber und ließen sie die Käfigklappe schließen.

»Jetzt ist es genug, oder?« vergewisserte sich der Arzt ernst.

Das Mädchen nickte artig.

Nachdem wir uns die Hände gewaschen und desinfiziert hatten, traten wir nach draußen. Das Mädchen sah erleichtert aus, blinzelte in den strahlenden Himmel und seufzte. Dann lächelte sie mir zu. So war also doch kein Teil im Innern des Mädchens mit der Katze gestorben. Seine Augen waren fest und voller Leben auf mich gerichtet.

Wie ich mich nachträglich erinnere, bekam das Mädchen einen Monat darauf von Bekannten zwei Kätzchen geschenkt, die gerade um jene Zeit geboren worden waren. Eins sollte für sie sein und eins für ihren kleinen Bruder.

Und wieder drehte sich unser Leben um Katzen. Die beiden Kätzchen wuchsen eingesperrt in unserer Wohnung im fünften Stock auf. Sie gediehen prächtig, obwohl sie außer dieser Wohnung nichts kannten, und hatten freundlicherweise beschlossen, daß diese Welt, in der sie lebten, die ganze Welt sein mußte. Nur deshalb hielten wir sie, eigentlich gegen unsere eigene Überzeugung, so gefangen. Doch für uns selbst war es nicht gleichgültig, wo wir wohnten. Für uns war unsere Wohnung ein Zufluchtsort, wo wir Ruhe fanden. Wir konnten unbesorgt nach Hause kommen, nachts beruhigt schlafen und in Sicherheit den Morgen erwarten. Dank der Katzen, die mit den Vorhängen und den Bleistiften und der Unterwäsche der Kinder spielten und mit unerschöpflicher Neugierde die Molche und Frösche des Jungen beobachteten, behielt unsere Wohnung, auch wenn wir tagsüber weg waren, eine gewisse Körperwärme.

Unsere frühere Katze hatte sich, immer wenn jemand im Bad war, davor gesetzt, obwohl sie heißes Wasser nicht mochte. Sie wollte wissen, was darin geschah, und miaute mit einer seltsamen Stimme, so als wollte sie sagen: »Könnt ihr die Tür nicht ein bißchen aufmachen?« Wir hatten uns daran gewöhnt, den schwarzen Schatten der Katze hinter der Glastür zu sehen. Aber wir hatten uns damit abgefunden, daß der Kater, seit er krank geworden war, nicht mehr an die Badezimmertür kam, und diese Gewohnheit bald vergessen.

Deshalb traute ich meinen Augen nicht, als nach fast zwei Monaten, spät abends, nachdem die Kinder schon eingeschlafen waren, und ich allein im Bad war, ein Kätzchen durch die Glastür schaute. Der Umriß einer Katze, der sich nicht im geringsten von dem, an den ich gewöhnt gewesen war, unterschied, zeichnete sich dort ab. Nur weil er braun war, erkannte ich sofort, daß es eines der Kätzchen war, aber sonst glich er dem der früheren Katze aufs Haar. Es hatte wie sie die Vorderpfoten zierlich nebeneinandergestellt, die Brust herausgestreckt, das Gesicht in meine Richtung gewandt und saß unbeweglich da. Vielleicht hatte das herangewachsene Kätzchen seine Erkundungen nun bis zum Bad ausgedehnt.

Ob wir uns wohl wieder an den braunen Schatten hinter der Glastür zum Badezimmer gewöhnen werden, fragte ich mich, während ich, nackt wie ich war, meine Augen nicht von dem Schatten abwenden konnte.

So überließ ich mich im Bad den verschiedensten Gedanken über die Schatten, die sich auf dem Milchglas abzeichneten.

Meine Mutter sieht keine Katzen, dafür aber manchmal die Silhouette eines Geckos an ihrem Badezimmerfenster. Ich weiß nicht, welchen Gedanken sie beim Anblick eines solchen Geckoschattens nachhängt, aber meine Mutter ist nun einmal meine Mutter und nicht ich. Und so wird sie wohl auf ihrer Seite des Fensters bleiben und ihren nackten Körper in aller Ruhe weiterwaschen.

Biobibliographische Hinweise

Takashi Atōda, geb. am 13.1.1935 in Tōkyō. Romanistikstudium an der Waseda-Universität. Dann Bibliothekar und Zeitungskolumnist. Atōda ist sehr populär in Japan. Besonders erfolgreich sind seine Kurzgeschichten, für die schwarzer Humor und überraschende, makabre Pointen charakteristisch sind. Atōda selbst sieht sich von westlichen Autoren, wie z. B. Henry Slesar und Roald Dahl beeinflußt. 1979 erhielt er den Naoki-Preis. Werke (u. a.): *Naporeon kyō* (1979), (»Der Napoleonfan«).

»Tod eines Angestellten« (*Sararīman no shī*): Übersetzt von Heike Boudalfa-Paesler, aus: *Saigo no messēji* (»Die letzte Botschaft«), (Kōdansha bunko, 1985).

»Zigeunerprophezeiung« (*Jipushi uranai*): Übersetzt von Heike Boudalfa-Paesler, aus: *Saigo no messēji* (Kōdansha bunko, 1985).

Yoshikichi Furui, geb. am 19.11.1937 in Tōkyō. Germanistikstudium an der Tōkyō-Universität. Übersetzte Broch und Musil; Professur bis 1970 an der Rikkyō-Universität. Seither arbeitet Furui als freier Schriftsteller. Gilt als einer der Hauptvertreter der »Introvertierten Generation« (*Naikō no sedai*). 1970 erhielt er für seine Erzählung *Yōko* den Akutagawa-Preis. Werke (u. a.): *Tsumagomi* (1970), (dt. *Ehebande*, 1981), *Yukigakure* (1972), (»Heimlicher Weggang«), *Sumika* (1980), (»Der Unterschlupf«), *Asago* (1983), (»Die Windenblüte«).

»Das Tal« (*Tani*, 1973): Übersetzt von Mechthild Duppel-Takayama, aus: *Shinchō gendai bungaku*, Bd. 80, (Shinchōsha, 1981).

Shin'ichi Hoshi, geb. am 6.9.1926 in Tōkyō. Er studierte in Tōkyō Agrochemie. Hoshi ist einer der bekanntesten japanischen Vertreter der SF- und Fantasy-Literatur. Seine besondere Stärke liegt in seinen pointenreichen und ironischen Short-Short-Stories, von denen er seit Beginn seiner Karriere über tausend verfaßt hat. Seine Geschichten wurden in zahlreiche Sprachen übersetzt. Werke (u. a.): *Jinzō bijin* (1961), (»Künstliche Schönheit«), *Mōsō ginkō* (1967), (»Bank der Illusionen«), *Toki no uzu* (1968), (dt. *Der Zeitwirbel*, in: K. Okura u. a. [Hg.], *SF aus Japan*, München 1982, S. 82–100).

»He, komm raus!« (*Ooi dete kooi!* 1957): Übersetzt von Heike Boudalfa-Paesler, aus: *Bokkochan* (in: *Shinchō gendai bungaku*, Bd. 67, Shinchōsha, 1979).

»Der Mann im Park« (*Kōen no otoko*, 1977): Übersetzt von Stella Bartels-Wu, aus: *Doko ka no jiken* (in: *Shinchō gendai bungaku*, Bd. 67, Shinchōsha, 1979).

Senji Kuroi (eigentlich Shunjirō Osabe), geb. 1932 in Tōkyō. Studium der Wirtschaftswissenschaften an der Tōkyō-Universität. Danach war er bis 1969 Angestellter bei der Firma Fuji. In dieser Zeit gehörte er auch der Gruppe »Shin Nihon bungakukai« (»Gesellschaft für neue japanische Literatur«) an, zu deren bekanntesten Mitgliedern auch Abe Kōbō zählt. 1968 erhielt er den »Förderpreis für Junge Künstler« des japanischen Kultusministeriums. In seinen Erzählungen setzt sich Kuroi mit der Suche des gesichtslos gewordenen japanischen Angestellten nach Identität und anderen Problematiken der modernen japanischen Gesellschaft auseinander. Werke (u.a.): *Aoi kōjō* (1957), (»Die grüne Fabrik«), *Sei sangyō shūkan* (1967), (»Die heilige Industriewoche«), *Jikan* (1968), (»Die Zeit«).

»Die Finger« (*Yubi*, 1987): Übersetzt von Thomas Schnellbächer, aus: *Bungaku*, 1988 (Kōdansha, 1988).

TOSHIO MORIUCHI, geb. am 12.12.1936. Bis 1960 Studium der russischen Literatur an der Waseda-Universität in Tōkyō. Danach war er Mitherausgeber bei einem Literatur- und Kunstverlag. Seit 1972 ist er ausschließlich als Schriftsteller tätig. Seine Werke setzen sich vor allem mit der Einsamkeit des menschlichen Lebens auseinander. Dabei verwischen sich häufig die Grenzen zwischen Traum und Wirklichkeit. Werke (u.a.): *Kotsugawa ni iku* (1971), (»Nach Kotsugawa gehen«), *Tobu kage* (1972), (»Fliegende Schatten«), *Bishō no machi* (1980), (»Die Stadt des Lächelns«).

»Zeit der Zikaden«, (*Shokugo no kyaku*, 1987): Übersetzt von Regina Hierling, aus: *Bungaku*, 1988 (Kōdansha, 1988).

KUNIKO MUKŌDA, geb. am 28.11.1929 in Tōkyō. Mukōda wurde in den 70er Jahren als Drehbuchautorin von Rundfunk- und Fernsehsendungen bekannt. Thematisch konzentrierte sie sich auf das populäre Genre des »hōmu dorāma« (»home drama«), in dessen Mittelpunkt familiäre Probleme stehen. 1980 erhielt sie den Naoki-Preis für ihren Erzählband *Omoide torampu* (»Spielkarten der Erinnerung«). Nach ihrem plötzlichen Tod bei einem Flugzeugunglück in Taiwan am 22.8.1981 setzte ein regelrechter ›Mukōda-Boom‹ ein. Werke (u.a.): *Terauchi Kantarō ikke* (1975), (»Die Familie des Terauchi Kantarō«), *Tonari no onna* (1981), (»Die Frau nebenan«, Erzählungen), *Yonaka no bara* (1981), (»Mitternachtsrosen«, Essays).

»Der stumme Zeuge« (*Funa*, 1981): Übersetzt von Heike Boudalfa-Paesler, aus: *Odoki medoki*, Shinchō bunko (Shinchōsha, 1987).

Haruki Murakami, geb. am 12.1.1949 in Tōkyō. Studium an der Waseda-Universität. Murakami ist heute einer der populärsten Schriftsteller Japans. Sein Interesse galt schon früh amerikanischen Schriftstellern wie Chandler, Vonnegut und vor allem Scott Fitzgerald, den er auch übersetzte. 1979 schrieb er seinen ersten Roman *Kaze no uta wo kike* (»Höre das Lied des Windes«), für den er den Gunzō-Preis für Debütanten erhielt. Sein bisher letzter Roman *Noruē no mori* (1988, »Die Wälder Norwegens«) wurde mit über drei Millionen verkauften Exemplaren zu einem der erfolgreichsten Bücher der Nachkriegszeit.

»Ein Elefant verschwindet« (*Zō no shōmetsu*, 1985): Übersetzt von Thomas Flögel, aus: *Bungaku*, 1986 (Kōdansha, 1986).

Kunio Ogawa, geb. am 21.12.1927 in Fujieda. Brach sein Studium an der Tōkyō-Universität nach der Veröffentlichung seiner ersten Kurzgeschichte ab, um in Paris und Grenoble weiterzustudieren. 1956 kehrte er nach Japan zurück, beendete aber das Studium nicht. Seine Romane, Kurzgeschichten und Essays sind geprägt von seiner Beschäftigung mit dem christlichen Glauben. 1986 bekam er für seinen Roman *Itsumin* (»Der Müßiggänger«) den Kawabata-Preis. Werke (u.a.): *Aporon no shima* (1975), (»Die Inseln Apolls«).

»Das Sprungbrett« (*Chōyakudai*, 1987): Übersetzt von Gisela Doi, aus: *Bungaku*, 1988 (Kōdansha, 1988).

Mutsumi Okada, geb. am 18.1.1932 in Tōkyō. Studium der Philosophie, Ästhetik und Kunstgeschichte in Tōkyō. Werke (u.a.): *Wani no namida* (»Krokodilstränen«, 1976).

»Die Brust« (*Chibusa*, 1987): Übersetzt von Katrin Strauß, aus: *Bungaku* (Kōdansha, 1988).

Harumi Setouchi, geb. am 15.5.1922 in Tokushima. Studierte bis 1943 an der Frauen-Universität von Tōkyō Japanische Literatur. Ab 1951 begann ihr langer Kampf, sich als Schriftstellerin zu etablieren. Sie veröffentlichte Erzählungen in der Zeitschrift *Bungakusha* (»Literat«). 1956 wurde sie erstmals mit einem Literaturpreis ausgezeichnet. Fünf Jahre später gelang ihr mit ihren Biographien japanischer Autorinnen der Durchbruch; hierin schildert sie das Leben von Frauen, die auf der Suche nach dem eigenen Ich gegen Familie und traditionelle Moral rebellieren. Mit dem Literaturpreis für Frauen, der ihr 1963 für die Erzählung *Natsu no owari* (»Das Ende des Sommers«) zuerkannt wurde, machte sie sich endgültig einen Namen. Seit 1974 lebt sie als buddhistische Nonne unter dem Namen Jakuchō in Kyōto. Werke (u. a.): *Ran wo yaku* (1969), (»Orchideen verbrennen«), *Odayaka na heya* (1978), (»Das stille Zimmer«, Erzählungen), *Kōfuku* (1980), (»Glück«, Erzählungen), *Nyonin Genji monogatari* (1989), (»Die Geschichte vom weiblichen Genji«).

»Verschollen« (*Shissō*, 1980): Übersetzt von Martina Schönbein, aus: *Kōfuku* (Kōdansha, 1984).

Yoshiko Shibaki (eigentlich Ōshima, Y.), geb. am 7.5.1914 in Tōkyō. Sie studierte Anglistik und etablierte sich ab 1941 als Schriftstellerin. Bevorzugte Themen sind bei ihr die japanische Ästhetik, die traditionellen Künste und deren Repräsentanten.

»Purpurberge« (*Murasaki no yama*): Übersetzt von Annette Festerling, aus: *Bungaku*, 1984 (Kōdansha, 1984).

Shō Shibata, geb. am 19. 1. 1935 in Tōkyō. Studierte bis 1960 Germanistik an der Tōkyō-Universität. Ab 1962 zwei Jahre Studium an der Universität Frankfurt. Seit 1969 Professor für Germanistik am Deutschen Seminar der Universität Tōkyō (ab 1985 Lehrstuhlinhaber). Während dieser Zeit Forschungsarbeit zu Goethe; Übersetzung der *Wahlverwandtschaften* und des *Faust I*. 1964 erhielt Shibata für den Roman *Saredo warera gahibi* (»Die Tage sind doch unser«) den Akutagawa-Preis. Werke (u. a.): *Warera sen 'yutachi* (1973), (»Wir Kriegskameraden«), *Tsubame no iru fūkei* (1979), (»Landschaft mit Schwalben«).

»Szenen einer Stadt« (*Machi no jōkei*, 1979): Übersetzt von Guido Woldering, aus: *Tsubame no iru fūkei* (in: Shinchō gendai bungaku, Shinchōsha, 1982).

Ayako Sono, geb. am 17. 9. 1931 in Tōkyō. Studierte bis 1954 Anglistik an einem katholischen College in Tōkyō. 1948 war sie zum Katholizismus übergetreten, und viele, besonders ihrer neueren Werke spiegeln ihre Religiosität wider. Werke (u. a.): *Enrai no kyakutachi* (1955), (»Gäste aus der Ferne«, Erzählungen), *Miroku* (1966), (»Buddha«), *Dare no tame ni aisuru ka* (1970), (»Für wen lieben wir?«), *Kami no yogoreta te* (1980), *Fūfu no jōkei* (1983), (»Eheszenen«), (»Die schmutzigen Hände Gottes«), *Ichimai no shashin* (1989), (»Eine Photographie«).

»Morgenlicht am Montag« (*Getsuyōbi no asa no hikari*): Übersetzt von Doris Jacoby, aus: *Fūfu no jōkei* (Shinchōsha, 1983).

»Koromoyama« (*Koromoyama*, 1979): Übersetzt von Hans-Michael Schlarb, aus: *Fūfu no jōkei* (Shinchōsha, 1986).

Yūko Tsushima, geb. am 30. 3. 1947 als Tochter des berühmten japanischen Schriftstellers Osamu Dazai in Tōkyō. Promotion in Anglistik. Ihre literarische Karriere begann bereits 1966, der Durchbruch gelang ihr 1969 mit einer Erzählung, deren Protagonisten – ein bei ihr immer wiederkehrendes Thema mit autobiographischem Hintergrund – ein behinderter Junge und seine Schwester sind. Ein weiterer Schwerpunkt von Tsushimas Werk ist die kritische Auseinandersetzung mit der problematischen Situation alleinerziehender Mütter in Japan. 1972 erhielt sie für ihren Roman *Chōji* (engl. *Child of Fortune*, übers. v. Geraldine Harcourt, 1976) den Literaturpreis für Schriftstellerinnen und 1983 den begehrten Akutagawa-Preis für ihre Erzählung *Dammari ichi* (engl. *The Silent Traders*, übers. v. Geraldine Harcourt, in: Yūko Tsushima, *The Shooting Gallery and other stories*, London 1988). Werke (u. a.): *Yoru no hikari ni owarete* (1986), (»Vom Licht der Nacht getrieben«), *Mahiru e* (1988), (»Zum Tageslicht«).

»Im Bad« (*Yokushitsu*, 1983): Übersetzt von Ursula Gräfe, aus: *Shōwa Nihon bungaku zenshū* (Kōdansha, Bd. 29, 1988).

Blütenmond
Japanisches Lesebuch 1650–1900
Herausgegeben von Ekkehard May und Martina Schönbein.
376 Seiten. Serie Piper 1192

Die japanische Literatur der Edo-Zeit (1600–1868) ist hauptsächlich durch das Haiku und dessen Hauptrepräsentanten Bashô (1644–1694) bekannt geworden. Die vorliegende Anthologie erweitert den Blick: so auf den berühmtesten Erzähler des 17. Jahrhunderts, Ihara Saikaku, und den Dramatiker Chikamatsu, die mit Bashô zusammen als das Dreigestirn der frühen Edo-Zeit apostrophiert werden. Neben verschiedenen Formen der Lyrik und des lyrischen Tagebuchs, des betrachtenden Essays, der Gespenster- und Abenteuererzählung kommt auch die leichte und witzige Unterhaltungsprosa zu Wort, die in Lebendigkeit und Realitätsnähe, vor allem durch das Mittel des umgangssprachlichen Dialogs, der modernen Erzählung den Weg geebnet hat. Erzählungen der frühen Moderne schließen die Sammlung ab.

PIPER